U0730913

"信毅教材大系"编委会

主　　任　王　乔

副 主 任　卢福财　王秋石　刘子馨

秘 书 长　陈　曦

副秘书长　王联合

编　　委　陆长平　严　武　胡宇辰　匡小平　章卫东

　　　　　袁红林　陈富良　汪　洋　罗良清　方志军

　　　　　吴志军　夏家莉　叶卫华　陈家琪　邓　辉

　　　　　包礼祥　郑志强　陈始发

联络秘书　罗　翔　欧阳薇

信毅教材大系

国民经济核算原理

● 刘小瑜　李海东　主编

The Principle of
National Economic Accounts

复旦大学出版社

内容提要

　　本书以联合国等国际组织颁布实施的《2008国民账户体系》为蓝本，涵盖了国民经济核算的最新修订成果，提供了一个系统完整的国民经济核算的理论框架。在结构安排上，除了核算理论的阐述之外，还选择性地介绍了2008年的重要修正议题，同时列示了未来的研究趋势，以帮助读者理解国民经济核算体系的动态演进与未来研究方向。

　　全书共分四个部分：第一部分（第一章）为总论；第二部分（第二章至第六章）系统介绍生产、收入分配、收入使用、积累和存量核算；第三部分（第七章）为对外经济核算；第四部分（第八章至第九章）重点阐述国民经济核算的附属核算与动态比较。

　　本书可以作为高等院校统计学、国民经济管理、经济学等专业本科生以及研究生的教学用书，也可作为宏观经济管理人员的参考用书。

总　序

　　世界高等教育的起源可以追溯到 1088 年意大利建立的博洛尼亚大学,它运用社会化组织成批量培养社会所需要的人才,改变了知识、技能主要在师徒间、个体间传授的教育方式,满足了大家获取知识的需要,史称"博洛尼亚传统"。

　　19 世纪初期,德国的教育家洪堡提出"教学与研究相统一"和"学术自由"的原则,并指出大学的主要职能是追求真理,学术研究在大学应当具有第一位的重要性,即"洪堡理念",强调大学对学术研究人才的培养。

　　在洪堡理念广为传播和接受之际,英国的教育家纽曼发表了"大学的理想"的著名演说,旗帜鲜明地指出"从本质上讲,大学是教育的场所","我们不能借口履行大学的使命职责,而把它引向不属于它本身的目标。"强调培养人才是大学的唯一职能。纽曼关于"大学的理想"的演说让人们重新审视和思考大学为何而设、为谁而设的问题。

　　19 世纪后期到 20 世纪初,美国威斯康星大学查尔斯·范海斯校长提出"大学必须为社会发展服务"的办学理念,更加关注大学与社会需求的结合,从而使大学走出了象牙塔。

　　2011 年 4 月 24 日,胡锦涛总书记在清华大学百年校庆庆典上,指出高等教育是优秀文化传承的重要载体和思想文化创新的重要源泉,强调要充分发挥大学文化育人和文化传承创新的职能。

　　总而言之,随着社会的进步与变革,高等教育不断发展,大学的功能不断扩展,但始终都在围绕着人才培养这一大学的根本使命,致力于不断提高人才培养的质量和水平。

　　对大学而言,优秀人才的培养,离不开一些必要的物质条件保障,但更重要的是高效的执行体系。高效的执行体系应该体现在三个方面:一是科学合理的学科专业结构,二是能洞悉学科前沿的优秀的师资队伍,三是作为知识载体和传播媒介的优秀教材。教材是体现教学内容与教学方法的知识载体,是进行教学的基本工具,也是深化教育教学改革，提高人才培养质量的重要保证。

一本好的教材，要能反映该学科领域的学术水平和科研成就，能引导学生沿着正确的学术方向步入所向往的科学殿堂。因此，加强高校教材建设，对于提高教育质量、稳定教学秩序、实现高等教育人才培养目标起着重要的作用。正是基于这样的考虑，江西财经大学与复旦大学出版社达成共识，准备通过编写出版一套高质量的教材系列，以期进一步锻炼学校教师队伍，提高教师素质和教学水平，最终将学校的学科、师资等优势转化为人才培养优势，提升人才培养质量。为凸显江财特色，我们取校训"信敏廉毅"中一前一尾两个字，将这个系列的教材命名为"信毅教材大系"。

"信毅教材大系"将分期分批出版问世，江西财经大学教师将积极参与这一具有重大意义的学术事业，精益求精地不断提高写作质量，力争将"信毅教材大系"打造成业内有影响力的高端品牌。"信毅教材大系"的出版，得到了复旦大学出版社的大力支持，没有他们卓越视野和精心组织，就不可能有这套系列教材的问世。作为"信毅教材大系"的合作方和复旦大学出版社的一位多年的合作者，对他们的敬业精神和远见卓识，我感到由衷的钦佩。

王 乔

2012 年 9 月 19 日

前　言

　　《2008 国民账户体系》(*System of National Accounts 2008*,SNA‐2008)的颁布实施,标志着国民经济核算的发展进入了一个新的历史时期。通过对 SNA‐1993 进行修订而产生的 SNA‐2008,采纳了近几十年来核算方法的创新成果,对新经济环境下的一些新问题、新现象提出了处理建议,使之能够更好地服务于经济分析、政策制定和国际比较的需要。

　　一般认为,国民经济核算是理解一国复杂经济现象的钥匙,是宏观经济管理与研究的基础;国民经济核算将统计学、经济学和会计学等学科的基本原理融为一体,因而属于交叉性学科。到目前为止,由于编撰目的、侧重点和年代不同,国民经济核算的教材具有以下一些特点:

　　1. 定位不同。一些教材定位于国民经济统计,将国民经济核算作为国民经济统计的一个核心部分,重点展示国民经济核算与部门统计之间的关系;另一些教材以国民经济核算体系为研究对象,全面阐述核算对象、方法、原理和原则等,并已成为教材编撰的主流。

　　2. 主线不同。一是以五大核算为主线,如钱伯海(1999、2003),高敏雪、李静萍、许健(2006)等;二是以国民账户为主线,如袁寿庄、赵彦云、高敏雪、阮健弘(1999),李连友(2000),邱东、蒋萍、杨仲山(2002)等。综合来看,以五大核算为主线与国家统计部门的实际工作流程相一致,而以国民账户为主线使学生能更容易理解经济运行过程和各环节之间的衔接关系,整体感更强。

　　在教学实践中,通过五大核算掌握主要内容是方便且可行的,但国民经济核算已经发展成为一套成熟完整的核算体系,讲求核算整体的一致性,故教材编撰时宜特别关注学生系统分析能力的培养,即通过国民账户的前后衔接将核算内容连接起来,以综合描述一国经济运行的全景。还有一点需要指出的是,当前教材大多以1993 年国民经济核算体系(SNA‐1993)为蓝本编撰而成,没有反映 2008 年的修订成果,或者描述得不够全面充分。尽管与 SNA - 1993 相比,SNA - 2008 并没有根本性的改变,但对经济社会发展中的一些新的现象以及国际关注的一些重点问题进行了核算改进,涉及机构部门、产出核算、资本形成、金融工具与公共部门等若干方面。这些改进会在一定程度上影响国民核算的结果,自然也应该体现在教材之中。

经过两年多的学习研究,我们深感重新编写一本以 SNA - 2008 为基础的国民经济核算教材势在必行,且迫在眉睫。基于以上分析,本教材以国民账户为主线,系统阐述国民经济核算的基本原理,充分展示国民经济循环全过程的经济交易、非经济交易及其复杂的数量关系,使学生能够综合掌握国民经济核算的基本理论、内容和方法,对国民经济的运行过程和数量关系有比较清晰的了解,以提高经济分析和经济信息处理的能力。在每一章中,除核算原理的介绍之外,还选择性地介绍了 2008 年的修正议题,同时列示了未来的研究趋势。如此不仅有利于动态了解国民经济核算的发展历史,而且可满足多层次教学的需要,如在应用层次上考虑本科与研究生的不同需求,在使用范围上考虑外专业与本专业的不同需求,便于选择使用。在编写过程中,本教材力求做到深入浅出,言简意赅;易于学生理解,便于教师讲授;涵盖学术前沿并启迪学生思维。

本教材由刘小瑜、李海东担任主编,负责拟定大纲、框架、确定章节、写作要求与总纂定稿。具体参加各章写作的是:刘小瑜(第一章、第三章)、陶春海(第二章)、李海东(第四章、第五章)、郭露(第六章、第九章)、曹俊文(第七章、第八章)以及李晶(第八章)。

在教材编写过程中,我们参考了诸多学者的研究成果,在此表示诚挚的谢意! 由于国民经济核算体系一直处于发展演进之中,加之作者的理论知识和实践水平有限,本书的错误和缺点在所难免,敬请广大读者和专家学者批评赐教,我们将不胜感激!

编　者
2013 年 8 月

目　录

第一章 总 论

引 言

联合国、欧盟委员会、经济合作与发展组织、国际货币基金组织、世界银行联合编写的《2008国民账户体系》(*System of National Accounts 2008*,SNA‐2008)的问世,标志着国民经济核算的发展进入了一个新的历史时期,随之而来的是世界范围内解读、研究SNA‐2008,探索SNA‐2008在本国的适用条件热潮。作为一名经济统计学者置身于这一历史时期,投身于这一学术研究是历史的机遇,也是不可或缺的学术历练。

本章将从国民经济核算的基本问题、发展脉络、体系框架和内容组成等方面予以介绍。

第一节 国民经济核算的基本问题

国民经济核算作为宏观经济核算,它是什么、如何发展而来、建立在什么理论基础之上、在宏观经济管理中起着怎样的作用,这些将是本节重点阐述的问题。

一、国民经济核算与国民经济核算体系

关于国民经济核算概念的描述有很多,比较准确地说,国民经济核算是以一定的经济理论为指导,用统计、会计和数学等方法,对一国在一定时期内各类经济主体的经济活动(流量),以及它在特定时候的结果(存量)等重要指标及其构成进行系统、综合、全面的测度,用以描述一国国民经济的联系和结构的全貌。

国民经济核算起源于国民收入统计,经过长期的发展至今,已形成完整的国民经济核算体系。依据SNA‐2008的定义,国民经济核算体系(SNA)是一套基于经济学原理的严格核算规则进行经济活动测度的国际公认的标准建议。这些建议的表现形式是一套完整的概念、定义、分类与核算规则,其中包含了测度诸如国内生产总值(GDP)之类项目的国际公认标准[①]。

---

① 联合国、欧盟委员会、经济合作与发展组织、国际货币基金组织、世界银行编,《2008国民账户体系》,中国统计出版社2012年版,第1页。

▶ 二、国民经济核算体系的产生和发展

从历史上看，在世界范围内曾出现过两大经济核算体系：一是国民账户体系（System of National Accounts, SNA），另一是物质产品平衡体系（The Material Products Balance System, MPS）。国民账户体系起源于英、美，它以西方的"效用价值论"为理论基础，适用于市场经济，故又被称为"西方体系"。而物质产品平衡体系最早启用于苏联和东欧经济互助委员会（简称"经互会"）计划经济国家，它以"劳动价值论"为基础，适用于产品经济，人们又称之为"东方体系"。随着经济的全球化，到20世纪90年代末，世界上绝大部分国家已按联合国统计委员会的推荐采用了国民账户体系。

国民经济核算是在国民收入统计的基础上发展而来的。国民收入统计的产生可追溯到1665年英国经济学家威廉·配第对英国国民收入的估算工作。从那时起直至20世纪30年代末，主要是对国民收入总量进行估算，而未对描述国民经济运行过程的系统理论和方法进行研究，也未形成对整个国民经济的核算。1665—1920年的250年间，对国民收入统计的研究主要是民间的部分学者出于学术兴趣编制过一些国家的国民收入，目的是为国家经济实力对比或为税收政策的制定提供依据，估算工作在时间上是间断的，数据是零星的，也未形成系统的方法论研究。但"综合性生产"和"限制性生产"的概念已初步形成。这一阶段可否作为国民经济核算体系产生的历史时期，学者们有不同的观点。

1920—1939年，国民收入统计受到政府的重视，政府定期进行这项工作。美国于20世纪20年代初成立了"全国经济研究所"（The National Bureau of Economic Research, NBER），由国民收入专家库兹涅茨带领该所人员按年编制国民收入；从1925年开始，加拿大、苏联开始由政府定期进行国民收入统计。1936年凯恩斯《就业、利息和货币通论》的发表不仅为宏观经济学奠定了基础，也为建立完整的国民经济核算体系作了理论和方法上的准备。可以认为，这是国民经济核算体系形成的准备阶段。

1939—1953年，这一时期的特点是：由国民收入统计发展为国民经济核算。这时正处于第二次世界大战期间，各国为了筹备战争经费和战后复兴工作，也为满足国际机构进行国际比较的需要，统计国民收入的国家成倍增加，国民收入统计工作发展迅速。战后各国重视宏观经济管理，因为制定宏观经济政策不仅需要统计国民收入，而且还需要编制反映部门联系的投入产出表、测度金融流量的资金流量表、反映经济存量的资产负债表以及测算国际收支的国际收支平衡表，由此五大核算应运而生，在此基础上形成了国民经济核算体系。

国民经济核算一词最早被称为国民核算（National Accounting），是由荷兰经济学家范·克利夫首先提出的。他在1941年荷兰《经济学家》杂志7月号上发表了题为《国民核算：荷兰年度报告，1938》的文章，在这篇论文中公布了他采用会计账户形式编制的1938年荷兰国民核算表。同年11月，他又在该杂志上发表论文《论国民经济核算的意义和组织》，两篇论文中均使用了"国民核算"一词。1941年4月，在凯恩斯的指导下

由英国经济学家J·米德和R·斯通共同完成了英国财政部公布的《战争资金来源分析和 1939 年、1940 年国民收入和支出估计数字》白皮书,书中包括了国民收入和支出核算表的估计数字。1941 年英国《经济学杂志》7—9 月号上发表了米德和斯通的文章《国民收入、支出、储蓄和投资表的编制》,但尚未使用"国民核算"一词。

国民经济核算体系思想的形成应该说是在不同的国家不约而同地同时产生的。1942 年,英国经济学家J·希克斯在《社会结构》一书中专门阐述国民收入核算理论,提出了社会核算(Social Accounting)的概念,其著作是参照企业会计的方法为整个社会建立起系统描述经济过程的账户与核算表体系。这一用语因易于与包括文化、教育、卫生等非经济统计在内的社会统计混淆而未能得到广泛持久地应用。

1953 年,联合国统计委员会公布了以斯通为主席的国际专家小组的研究成果《国民经济账户体系和辅助表》(*A System of National Accounting*)标志着国民账户体系的诞生。与此同时,原苏联形成了物质产品平衡体系。这一时期是国民经济核算体系的初创时期。

1954—1971 年,随着宏观经济理论和核算技术的发展,联合国统计委员会吸纳各国在国民经济核算的成功经验和研究成果,对 SNA－1953 进行了重大修订和补充,公布了 1968 年的 SNA,简称为 SNA－1968。SNA－1968 对初创时期形成的 SNA－1953 内容的补充主要是:将投入产出核算、资金流量核算、国际收支核算纳入国民经济核算体系,并为资产负债核算的融入作了前期的准备。SNA－1968 形成了更为完整的国民经济核算体系框架。同期,原经互会统计委员会正式制定《国民经济平衡表体系的核算原理》,1971 年联合国统计委员会通过了 MPS 成为国际上另一重要核算体系的决议。这一时期可视为国民经济核算体系的成长时期。

1972—1993 年,联合国统计委员会和其他国际组织为沟通两大核算体系和完善国民账户核算体系进行了长期的努力。1984 年经互会统计常设委员会对 MPS 进行了重大修订,形成了《编制国民经济统计平衡表的基本方法原则》,称之为新 MPS。这个文件与原 MPS 相比增加了部门联系平衡表、居民收入和消费指标、非物质服务平衡表,扩展了劳动平衡表[①]。

1993 年由联合国、欧盟委员会、经济合作与发展组织、国际货币基金组织、世界银行五个国际组织联合修订的 SNA,被称为 SNA－1993。随着市场经济在世界范围内的扩展,联合国向世界各国推荐使用 SNA－1993,至此两大核算体系向一体化发展。SNA－1993 的诞生与公布实施标志着国民经济核算体系进入了成熟期。

2008 年联合国、欧盟委员会、经济合作与发展组织、国际货币基金组织、世界银行五个国际组织联合在 SNA－1993 的基础上又一次进行了修订,形成国民经济核算体系 2008 年版本,简称为 SNA－2008。SNA－2008 反映了用户不断提高的需求、经济环境的新变化和方法论研究方面的新进展。

本教材将以 SNA－2008 为蓝本对国民经济核算体系进行介绍。

---

① 邱东主编,《国民经济统计学》,东北财经大学出版社 2001 年版,第 454 页。

第二节 国民经济核算的对象

国民账户体系(SNA)的理论基础是效用价值论。这一理论认为：人类的各种物质生产和非物质生产活动都是生产活动,生产的本质不在于是否提供物质产品,而在于是否创造了新的使用价值或效用。这使得 SNA 的生产范围与物质产品平衡体系(MPS)大不相同,它包括了所有生产"货物"和提供"服务"的部门,这些部门分布于第一、第二、第三产业的所有行业领域内。

▶ 一、国民经济核算的范围

（一）国民经济核算范围的界定

国民经济核算范围的界定标准是生产,正如钱伯海先生所说的,"生产在哪里分界,中间消耗与最终使用就在那里分界,初次分配与再分配就在那里分界,原始收入与再分配收入就在那里分界"。由此,在"综合性生产"观念的指导下,SNA 的核算对象是全社会所有能创造效用的机构部门或生产部门间的交易活动。

（二）一国经济核算的范围

SNA - 2008 中国民经济核算的范围是：一国经济领土上的常住单位。国民经济核算范围的概念中形成了经济领土和常住单位两个概念。

经济领土(Economic Territory)并不等同于地理疆域,它是指由一国政府控制或管理的地理领土,在该领土上,该国公民、货物、资本可以自由流动,不受国界的限制。一国经济领土是以该国的地理疆域为基础,在地理领土上加上本国在国外的"飞地"、减去国外在本国的"飞地"。所谓"飞地"是一个国家出于外交、军事、科研或其他目的,在地理疆域之外拥有或控制的某些地域,比如驻外使领馆、科研站、军事基地、新闻办事处及援助机构等,这些都属于该国政府不可分割的一部分,在此领域内,人员和各种活动都是受到保护的,因此,我们要以此对地理领土进行调整,形成经济领土。另外,在那些具有流动性的设施上的生产活动,比如一国的飞机、轮船可以在该国地理疆域之外作业,但无论如何,围绕该设施所发生的活动依然属于该国的国民经济的生产活动,这些也应纳入其核算范围。这就是说,一国国民经济的空间范围是该国的经济领土范围。

常住单位(Resident Unit)是指在一国经济领土上具有显著经济利益中心的单位和个人。具有显著经济利益中心是指拥有一定的活动场所(住宅、厂房或其他建筑物),从事一定规模的经济活动,并超过一定的时期(一般以一年为标准)。只有常住单位的活动才构成该国国民经济的组成部分。否则,被称为该国的非常住单位,即被视为国外(Rest of the World),其活动不能纳入该国国民经济的范围。一国经济领土上存在着各种形式的常住单位,包括个人或住户,也包括企业、政府行政及事业单位等法律或社会实体。

一个单位的常住性,一是指它与其所在的经济领土有着最紧密的联系,不是其国籍或法律准则下的财产所有关系。例如,在一国领土上的外商投资企业,尽管从财产所有上看不属于该国(而是属于国外),但由于外商投资企业位于该国经济领土范围内并从事长期的经济活动,与该国具有密切的关系,从而应视其为该国(即企业所在国)国民经济的组成部分,而不是按财产所有关系将其划归国外;同样,一个国家在其经济领土外建立的经济单位应视为国外经济的组成部分,而不属于该国国民经济。特别需要指出的是,如果在某国拥有土地或建筑物,那就可视为其所有者在该国具有利益中心,是该国的一个常住单位,即使它没有进行任何其他经济活动。二是时间的长期性(以一年作为原则标准)在此具有很重要的意义。照此标准,那些短期出国访问、旅游的人员、赴国外就医者,短期存在于一国的机构,不能作为该国的常住单位。对于赴国外留学人员SNA–2008有特别的规定。

(三)国民经济中的交易者

交易是国民经济核算的对象,即市场的经济活动。它是发生在一国常住单位之间或常住单位与非常住单位之间的活动。而交易者正是以这些常住单位为主体。

国民经济中的交易者是由众多常住单位组成的。这些单位既包括按照法律程序设立的企业和政府行政、事业单位,也包括自然人和居民住户。由于国民经济核算属于宏观经济核算,旨在核算整个国民经济的生产、收入分配、使用、积累和对外交往全过程周而复始的循环交易,它不以单个的个体为核算对象,而是按照一定标志将性质相同的单位归为一个部门,以不同的部门为单位进行核算,以反映国民经济的组成结构,反映不同部门之间的关系。

1. 机构单位与机构部门分类

机构单位是指能够以自己的名义拥有资产、发生负债、从事经济活动并与其他实体进行交易的经济实体。机构单位的主要属性可描述如下:

(1)机构单位有权以自己的名义拥有货物或资产,并因此能够通过与其他机构单位的交易变更对货物或资产的所有权;

(2)机构单位能够做出经济决策、从事经济活动,并以自己的名义在法律上承担相应的直接责任;

(3)机构单位能够代表自己发生负债,或承担其他的义务、承诺,签订合同等。

机构单位能够编制由一套包括资产负债表在内的全套账户,或者在被要求时,有能力编制出这样的全套账户,而且从经济观点看,这些编制是有意义的。

在现实社会中,具备成为机构单位条件的单位主要有两类:一类是以住户形式出现的个人或一群个人,另一类是法律或社会实体。

SNA–2008认为,"住户是指这样的一群人:他们共用生活设施,把成员的部分或全部收入或财产汇聚起来使用,集体性地消费某些货物和服务——主要是住房和食物"。除了个体住户之外,还有所谓的机构住户,是指长期住在医院、养老院、宗教场所、监狱等地的人员所组成的住户。在中国国民经济核算中又将住户称为居民。

多成员住户中的每个个体不作为单独的机构单位处理。这是因为:第一,许多资产拥有或负债发生是由住户中的两个或更多成员共同承担;第二,为了共同的利益,住户中的个体成员们往往将获得的部分或全部收入汇集起来共同分享;第三,许多支出决策,尤其是与饮食、居住消费相关的决策,是为了住户整体而集体做出的。这样,要为住户成员个体构建有意义的资产负债表或其他账户几乎是不可能的。因此,SNA 必须把住户整体而不是其中的个体处理为机构单位。

第二类机构单位是代表自身从事经济活动和交易的法律或社会实体,例如公司、非营利机构(Non-Profit Institution Serving House Holds, NPISH)、政府等。一个法律或社会实体是指,被法律或社会承认的、独立于可能拥有或控制它的自然人或其他实体而存在的实体。这些单位都要为其所做出的经济决策或行为负责,即使是其自主权可能在一定程度上受制于其他机构单位的情况下,比如从根本上说由股东们控制的公司。有些属于住户或政府的非法人公司在运作模式上可能与公司大体相同,若其能提供全套账户,则将之视为准公司[①]。

一个机构单位的属性不是依据名称而是要通过衡量其目的和功能来判断的。营利性机构可用不同的公司名称来描述,如公司、法人企业、公营有限责任公司、公营公司、私营公司、股份公司、有限责任公司、有限责任合伙公司等。另外,一些具有非营利机构性质的法律实体有时也称作"公司",在 SNA 中,公司这一术语,覆盖依法成立的法人公司,以及合作公司、有限责任合伙公司、名义常住单位和准公司等。

非营利机构是出于生产货物或服务的目的而建立的法律或社会实体,但其法律地位不允许那些建立它们、控制它们或为其提供资金的单位利用该实体获得收入、利润或其他财务收益。实践中,非营利机构的生产活动一定会有盈余或亏损,只不过产生的任何盈余都不能为其他机构单位占有。通常在建立非营利机构的章程中会有明文规定:控制或管理非营利机构的机构单位无权分享所产生的任何利润或其他收入。同时由于此原因,非营利机构常常会被免征多项税收。

政府单位是唯一一类通过政治程序设立的、在特定区域内具有对其他机构单位行使立法、司法或行政权的法律实体。政府单位作为机构单位,其根本功能在于:用来源于税收或其他收入的资金承担为社会和住户提供货物和服务的责任;通过转移的手段进行收入和财产的再分配;从事非市场生产。

综上所述,可以将国民经济的机构部门分为五大类,它们分别是:非金融公司部门、金融公司部门、一般政府部门、为住户服务的非营利机构部门(NPISH)和住户部门。每个常住机构单位都要归属于五个机构部门中的某一个且唯一一个部门。另外,SNA 将所有的非常住单位归为一个机构部门,称之为国外部门。机构单位与机构部门的关系见图 1-1。

2. 基层单位与产业部门分类

基层单位是指具有生产决策权的经济实体。它的特点是:

(1) 拥有固定的生产场所;

(2) 雇工一般在 16 人以上;

---

① 联合国、欧盟委员会、经济合作与发展组织、国际货币基金组织、世界银行编,《2008 国民账户体系》,中国统计出版社 2012 年版,第 69 页。

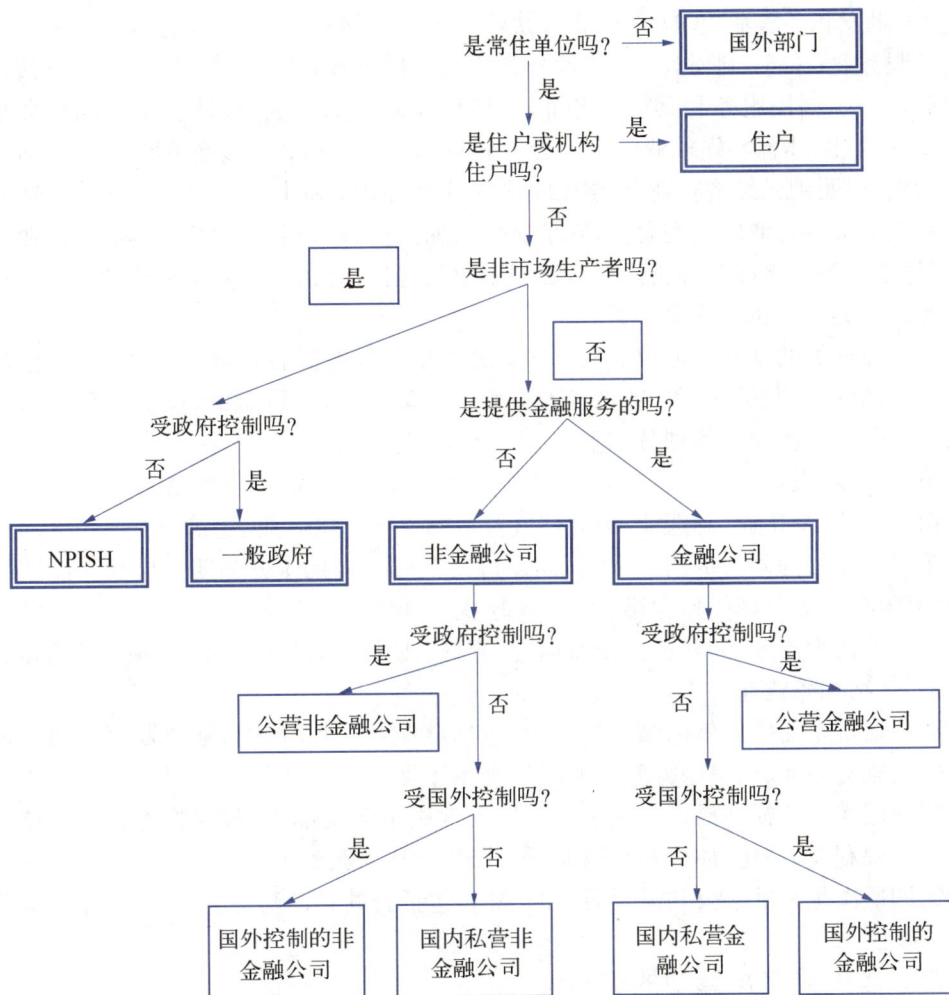

图 1-1　机构单位归属机构部门的流程图[①]

（3）能独立地决定自己的生产和销售。

从生产的视角分析可将各基层单位按生产的工艺、投入的原材料或产品的用途不同进行分类，把性质相同的基层单位归为一类，形成产业部门。以此为标志，就可以把国民经济区分为不同的产业（industry），形成国民经济产业部门分类，其中每一个产业都是由一组从事相同或相似生产活动的经济单位所组成。

我国目前的国民经济行业分类标准采用四级分类，按口径从大到小，分别分为门类、大类、中类和小类四级。其中有 20 个门类，99 个大类，中类和小类又有许多。20 个门类是：（1）农、林、渔业；（2）采矿业；（3）制造业；（4）电力、燃气及水的生产和供应业；（5）建筑业；（6）交通运输、仓储及邮电通信业；（7）信息传输、计算机服务和软件

---

① 联合国、欧盟委员会、经济合作与发展组织、国际货币基金组织、世界银行编，《2008 国民账户体系》，中国统计出版社 2012 年版，第 73 页。

业；(8) 批发和零售业；(9) 住宿和餐饮业；(10) 金融业；(11) 房地产业；(12) 租赁和商务服务业；(13) 科学研究、技术服务和地质勘查业；(14) 水利、环境和公共设施管理业；(15) 居民服务和其他服务业；(16) 教育；(17) 卫生、社会保障和社会福利业；(18) 文化、体育和娱乐业；(19) 公共管理与社会组织；(20) 国际组织。下面以制造业为例，说明国民经济行业分类中的门类、大类、中类和小类之间的关系。制造业是从事制造活动的行业的门类总称，它下属食品加工业、纺织业、石油加工业、炼钢业等大类，而每个大类又含许多种类，例如，纺织工业又包括棉纺织业、毛纺织业、麻纺织业、丝纺织等。中类中又包括许多小类。

在行业分类的基础上形成的三次产业分类是十分重要的分类。三次产业是依据社会经济活动的不同发展阶段，或者说人类生产活动的发展顺序和人类需要程度依次排序所作的分类。我国具体划分如下：

第一产业，农业。

第二产业，采矿业、制造业、电力燃气及水的生产和供应业、建筑业。

第三产业分为两大部门——流通部门和服务部门，具体分为四个层次。流通部门属于第一层次，服务部门包含第二、三、四层次。

第一层次为流通部门，包括交通运输、仓储、邮电通信、批发和零售业、租赁和商务服务业、住宿和餐饮业。

第二层次是为生产生活服务的部门，包括金融业、房地产业、地质勘探、水利、环境和公共设施管理业、居民服务和其他服务业等行业。

第三层次是为提高科学文化水平和居民素质服务的部门，包括教育、卫生、社会保障和社会福利业、文化、体育和娱乐业、科学研究、技术服务等行业。

第四层次是为社会公共需要服务的部门，包括公共管理与社会组织、国际组织等。

▶ 二、国民经济核算中的交易

交易可分为经济交易和非经济交易。

所谓经济交易，是指机构单位之间根据市场经济原则相互协议而进行的经济活动。宏观上主要表现为机构部门之间诸方面交易的有机联系。在市场经济中，交易基本上覆盖市场经济活动的全部内容，因而交易视为各种经济活动的代名词。交易从性质上定义包括经济权益的创造、转移。按照不同的划分方式，交易可分为不同的类型。

非经济交易又称其他积累，它是由非经济的原因引起的国民资产负债的变动。

(一) 按照交易形式可分为三种

(1) 交换式交易。它是指一个机构单位按照市场原则用一种资源等价换取另一种资源。如商品的买卖、工资的发放等。

(2) 转移式交易。它是指一个机构单位单方面无偿地向另一个机构单位提供资源。如税收的缴纳、各种捐赠行为。

(3) 内部交易。它是指机构单位内部发生的自产自用的经济活动。如农民自产自用的粮食、自建房屋建筑物、企业自制设备等。这些活动虽未经过市场交易，但其与为市场交易产生的经济活动本质相同,若国民经济核算忽略此部分,将会造成很大的遗漏与误差。因此我们要对内部交易进行虚拟核算。

（二）按照交易内容可分为四大类

（1）货物和服务交易,又称产品交易。它反映产品的来源和使用。来源指国内生产和进口,使用包含中间使用和最终使用。中间使用又称中间消耗,从产出角度也称中间产品。最终使用包含最终消费、资本形成和出口,从产出的角度统称为最终产品。

（2）分配交易。它是指由各机构部门创造的增加值形成收入,初次分配给劳动力、资本和政府的交易形成初次分配收入,以及初次分配收入和财富的再分配交易。依据综合性生产观念,增加值的初次分配范围包括物质生产和非物质生产的全部增加值。收入和财富再分配主要是指经常转移和资本转移。

（3）金融交易。它是指各类金融资产的净获得（净购买）或负债的净发生过程中债权与债务资金上的交易。例如,银行存款是一类金融手段,如果居民向银行存款,那么居民就获得了银行存款这类金融资产,而银行相应发生了对居民的负债。金融交易有相当一部分是作为非金融交易的对应部分而发生的,也有一部分是作为仅与金融手段有关的交易发生。

（4）其他积累。此外,还有一类非经济交易,主要是非生产资产和因非经济现象（如地下资源的发现或耗减、自然灾害、战争等政治事件）而引起的持有资产损益,以及由于价格变化而产生的持有资产损益,虽不属于直接的经济交易,但这些活动影响国民经济的资产存量,可称其为其他积累交易。

（三）按照交易方式可分为两类

（1）货币交易。国民经济活动中的经济交易主要是以货币进行的交易,称为货币交易。

（2）非货币交易。另一种以易货的形式或以实物形态的转移方式进行的,称为非货币交易。如产品或服务的易货交易、企业支付给职工的实物报酬、由政府免费对居民提供的社会福利等,对这些交易一般称为非货币交易。货币交易的核算一般直接以发生额进行,而非货币交易则往往采用类似的市场交易的产品或服务的价值进行虚拟核算。

在国民经济核算中存在一些现象记录时需改变交易流程,简称改道。有两类情形需改变交易流程,一是要按照不同于实际发生的途径来记录所发生的交易,甲、乙两机构部门间的直接交易,要记录为甲通过第三方丙进行交易,而丙又与乙进行交易来记录。如雇主替雇员代缴社会保险基金的记录。第二类情形是要记录从经济意义上看已经发生但从实际记录看并未发生的交易,从单位甲到单位乙的一项交易要与从单位乙到单位甲的另一项交易匹配来记录。如,外商直接投资企业中外商未分配利润的再投资记录。

▌▶ 三、经济流量和经济存量

为了区分经济运行的不同性质的量,在国民核算中引入经济学中的重要概念——经济流量和经济存量来说明各种交易的数量特点。同时,明确了国民核算指标的归类,保持了经济循环指标的系统衔接。

（一）流量与经济流量

流量反映了一定时期内所有经济活动的变化的数量，如产品产量。

经济流量则反映了一定时期内所有经济活动的变化的价值数量，包括生产、分配和再分配（或转移）、交换、流通、使用，以及资产和负债、物量和物价的变化的价值量。

经济流量的特点包括以下几个方面：（1）按货币单位计量，即表现为价值量；（2）有时间量纲，是一段时期的变化量，即经济流量值与时期长短有关。

（二）存量与经济存量

存量反映一定时点上拥有的财富的实物量，如资源的蕴藏量。

经济存量反映某一时点上拥有国民财产的价值量。在国民经济核算中，经济存量主要是期初和期末的资产、负债以及净值的持有量。资产包含金融资产和非金融资产。金融资产是机构单位或部门拥有的金融债权。非金融资产是指拥有的固定资产、流动资产、土地和无形资产等。所有的负债均为金融性债务，即债权人权益。净值是资产与负债的差额，即所有者权益，净值＝资产－负债。

经济存量的特点包括以下几个方面：（1）按货币单位计量，即表现为价值量；（2）没有时间量纲，是一时点的占有量，即经济存量值与时期长短无关。

（三）经济存量与经济流量的关系

经济存量与经济流量相互联系。期初经济存量是本期经济交易的前提和条件，期末经济存量是以前经济交易和其他流量的积累，它随着核算的交易和其他流量的变化而变化。本期期初存量即为上期期末存量。

四、国民经济核算的价格

国民经济核算按市场原则核算国民经济中市场经济的交易活动，连接市场交易的媒介就是市场价格。市场价格不仅是国民经济核算的同度量因素，而且市场价格水平及其变化也是国民经济核算的重要组成部分。

国民经济核算对于货物与服务原则上是以现行市场价格计量的，对于那些非货币交易或内部交易也是按照现期同类产出市场价格估价核算。市场价格主要有要素价格、基本价格、生产者价格和购买者价格四种形式。采用统一的价格形式是保证国民经济核算数据系统一致的重要条件，国民经济核算主要采用现期购买者价格核算交易活动的价值。不同价格形式所提供的统计信息也有差别，因而它对经济分析也有不同的作用。

（1）要素价格，也称要素收入价格。它是根据生产中全部劳动报酬、固定资本消耗和营业盈余确定的价格形式。要素价格的理论内涵不仅包括单位货物和服务生产过程所包含的劳动报酬、固定资本消耗、营业盈余，而且还包括生产中所使用的中间投入的货物和服务中包含的劳动报酬、固定资本消耗和营业盈余。这种价格形式主要是纯理论概念，实践中难以采用。

（2）基本价格。它是由要素价格加上产品税以外的生产税所确定的价格形式。单位产出的基本价格等于它的要素价格加上它的单位产出所征的产品税以外的生产税净额。产品税以外的生产税是指对生产过程中使用的某些基本生产要素或对某些活动或交易所征的税。

（3）生产者价格。它是生产者生产单位货物和服务的市场价格,包括要素价格和单位产出的生产税净额。相对于基本价格,它把产品税包括进来。产品税是生产税的主要部分,包括国内产品税和进口税,国内产品税主要是销售税、流转税、增值税、出口税、货物税、服务从价税等。

（4）购买者价格。它是购买者购买单位产品(含服务)最终得到的市场价格。它除了包含生产者价格外,还包括从生产者到购买者之间所发生的商业流通费和运输费用。

第三节　国民经济核算的原则

国民经济核算原则决定了国民经济核算体系范围的界定、核算的系统一致性,它在国民经济核算中起到纲领性的作用。国民经济核算原则区分为理论原则和具体原则。理论原则涵盖三个方面,即市场原则、所有权原则、国民三等价原则;具体原则包括权责发生制原则和现行价格原则。

▶一、市场原则

国民经济核算的中心内容是对整个经济循环过程中国民经济及其机构部门从生产、收入分配和使用到积累的市场交易以及非市场交易的市场化核算,它是以市场为中心的。市场原则正是从市场的观点来确定国民经济核算范围、分类、账户划分等方面的空间原则。

生产核算范围是国民经济核算范围的基础,它除了依据生产理论外,在具体统计范围上主要是依据市场原则。凡是以市场交换为目的所组织的生产活动,而不论其产出在市场上的销售,还是自用都统计为生产的产出。市场原则更强调生产活动的社会分工协作,在现实统计中有重要意义。例如,农民自产自用粮食等农产品、自建住房自己使用,企业自制设备这些活动的成果虽然没有通过市场实现,但是它们的生产过程所消耗的中间投入等都来自市场,它们的使用也是市场需求的组成部分,所以它们也作为市场化生产。

市场原则指导国民经济核算概念的界定和类别的划分。例如交易、经济变量区分为经济流量和经济存量均是以市场原则来定义和分类的。对整个经济体的产业部门分类和机构部门分类也是从市场经济活动的交易者出发来界定的。货物和服务交易、分配交易与金融交易等,都是以市场原则来界定概念和划分类别的。

▶二、所有权原则

所有权原则是确定国民经济各部门资产和负债范围的基本原则。国民经济核算把资产界定为机构单位或机构部门能够行使所有权的财产,负债与金融资产相对应,指债权人能行使所有权的财产。从内容上看一个机构部门拥有所有权的资产包括固定资产、流动资产、无形资产和金融资产,对于那些非生产的自然资产,如土地、矿藏、非培育的森林或其他野生动植物等,如果能归属为某个具体机构单位或部门所有,同样具有所有权特征,那么也包括在资产的统计范围之中。而对于无法行使所有权的大气或公海,则不属于资产统计范围。

三、国民三等价原则

国民三等价原则是指国民经济循环过程中国民生产恒等于国民(原始或可支配)收入恒等于国民(最终)支出的等价统计原则。具体来讲,一国常住机构单位所生产的全部增加值总量,与经过初次分配、再分配后的国民原始收入或国民可支配收入总量相等,因为初次分配和再分配中虽然改变了各机构部门之间的收入比例关系,但并不改变其价值总量,它们与最终使用在消费和积累上的国民最终使用支出总量也是相等的,因最终支出所购买的最终产品就是生产的总成果。简而言之,就是生产多少就分配多少,分配多少才能使用多少。犹如生产了一个多大的蛋糕,你只能分配这么大的蛋糕,消费和储存蛋糕的总和一定是与生产的蛋糕等量。特别应当注意的是:国民三等价原则是对一个封闭的经济体而言,它是假定在没有对外经济交往的假定前提下,国民生产、国民收入和国民支出三者恒等。当一国经济出现对外交往的原始收入收支差和来自国外的转移收入收支差时,这种平衡便会被打破。另外,国民三等价原则是对一国经济总体而言,对于机构部门之间不存在这种恒等关系。

国民三等价原则是确定国民经济生产、初次分配、消费和积累核算一致性的重要原则。生产核算范围和原则决定收入分配和消费、积累的核算范围和原则。

四、权责发生制原则

权责发生制原则是指对经济活动中机构部门之间交易按照生产活动中价值转移、创造或消失的时间、其债权债务发生时间进行统计的时间原则。国民经济核算中一笔交易活动将涉及实物流量与金融流量(或两笔金融流量)的同时发生,并且涉及两个交易的机构单位,共有四笔账目需要记录,这种记账原则称为四式记账。在四式记账的过程中应同时遵循权责发生制原则。经济活动的交易除了货物和服务内容外,还包括实物资产、金融资产的交易,同样,也按照资产类别遵循四式记账和权责发生制原则进行核算。

五、现行价格原则

现行价格原则是指国民经济核算体系按核算期当时的市场价格核算交易活动的价值。这是核算生产、收入分配、消费、积累和资产负债各环节市场交易活动要共同遵循的核算原则。未经过市场交易的产出或资产等，也要按同类市场交易的产出或资产的市场价格估价核算。由于市场价格有基本价格、生产者价格、购买者价格等多种价格形式，为了保持国民经济核算整体的一致性，交易各方所使用的市场价格形式应该统一。

第四节　国民经济核算方法与体系

国民经济核算体系是一个庞大而复杂的数据系统，国民经济循环各环节内部的核算、各环节之间的核算都要相互衔接、协调，这就必须遵循统一的核算规则与方法。

一、核算方法

国民经济核算所采用的方法主要有账户法、平衡式、图式和矩阵法。

（一）账户法

SNA 核算系统借助于会计学的账户形式表达机构部门之间的交易状况和经济循环各阶段的衔接关系。SNA 运用的四式记账是垂直复式记账与水平复式记账结合的产物，它源于簿记原理。

依据垂直复式记账法的原理每笔交易在一个机构部门（交易者的一方）最少产生两笔登录。按照传统定义，要在交易者某一方账簿的贷方和借方各做一笔分录，这样确保所有交易的贷方分录合计等于借方分录合计。由此即可保证每一机构部门之账户的一致性。每笔交易需要登录两次。

其他流量在净值变化项下直接登录。因此，垂直复式记账法可以保证一个机构部门之资产负债表的基本恒等，即资产总值等于负债总值加上净值。

水平复式记账法则能保证那些反映不同机构部门之间共同经济关系的账户的一致性。它意味着，如果甲部门提供某物给乙部门，甲和乙双方的账户应该反映相同数额的交易。甲账户的支付即是乙账户的获得。水平复式记账法可以确保有关双方对每笔交易类别进行记录的一致性。

四式记账法就是垂直复式记账法和水平复式记账法的同时应用，通过四式记账法，可以用一致的方法处理多个分别执行垂直复式记账法的交易者或交易者组。这样，一笔交易在对应双方会登录四笔。国民核算是宏观经济核算，它不同于企业会计，需要平行处理大量发生在机构部门之间的交易，尤其要注意一致性问题。例如，一个机构部门的支付必会对应于另一个机构部门的收入，因此需要在估价、时间分配以及分类上保持一致，以避免按部门或经济总体汇总时出现矛盾。

SNA 使用下列惯例和术语记录与国外之间的往来流量。例如，进口来自国外而被国内经济使用，进口支付对国内经济而言是财富的减少，但却是国外的资金来源。通过设定一个国外账户部门，可以应用四式记账核算原则，实现所有存量和流量在经济体内和国外之间的完全平衡。国际收支平衡表以合并方式描述了所有国内部门与国外部门之间的总体情况,因此可以作为 SNA 中之国外部门账户的准确镜像。尽管 SNA 和国际收支平衡表在具体项目设置上存在差异,但两个体系在范围、测算方法和分类上是一致的①。

(二) 平衡式

国民经济核算运用了大量的平衡等式表明各经济指标之间的相互关系。例如,

$$期初资产负债 + 本期积累 = 期末资产负债$$
$$总产出 - 中间消耗 = 增加值$$

诸如此类将会在以后的章节中大量出现。

(三) 图式

国民经济核算还会运用框图的方法来表达经济现象或统计指标之间的逻辑关系。如本章的图 1-1。

(四) 矩阵法

国民经济核算中的投入产出核算大量地运用了线性代数的矩阵法,以反映各产品部门间的技术经济联系。这将在以后章节详细介绍。

▌▶ 二、方法体系

(一) 账户体系

国民经济账户体系是按国民经济循环过程的生产、分配、消费、积累和资产负债存量设置的一系列账户。整个账户体系分为经常账户、积累账户和资产负债账户。经常账户包含生产账户、收入形成账户、收入分配和使用账户。从第二个账户开始,每一账户的平衡项就是下一账户的起始项。经常账户的最大一个平衡项是储蓄,它表示所有可支配收入用于最终消费之后的余额,是当期产出可用于投资的来源。积累账户包含资本账户、金融账户、资产数量其他变化账户和重估价账户,它记录资产、负债和净值的变化。资产负债账户包含期初和期末资产负债账户,它反映资产、负债和净值的存量。积累账户体现了期初资产负债账户到期末资产负债账户之间的全部变化量。各账户之间是通过平衡项相联系的。国民经济核算对宏观经济循环过程中各项交易进行核算,它是站在部门或国民经济整体的视角,因而账户体系的设置主要是机构部门(或产业部门)账户和国民经济综合账户两大类。

机构部门账户是国民经济账户体系的重要部分。机构部门账户反映了国民经济各部门间交易的流量以及部门间流量变化带来的存量变化,流量核算的各账户一环扣一环地描述经济运行,通过平衡项可以考察和分析各经济过程的影响因素和决定关系。

产业部门账户主要描述生产及市场供给和需求的产品与服务。主要在投入产出分

---

① 联合国、欧盟委员会、经济合作与发展组织、国际货币基金组织、世界银行编,《2008 国民账户体系》,中国统计出版社 2012 年版,第 58 页。

析的供给表、使用表、投入产出表和货物与服务账户中使用。产业部门分类是在基层单位基础上,按其生产的特征产品定义和统计的。产业部门分类与货物和服务分类主体上是对应的。产业部门账户主要是内部联系的系统反映,目的是系统反映生产过程的技术经济联系以及生产与最终使用或者说生产与市场供给需求的联系。

国民经济综合账户包括国民经济整体的总量账户、国外帐户和非金融公司、金融公司、一般政府、为住户服务的非营利机构(NPISH)、住户五大机构部门账户。国民经济综合账户将各机构部门账户与国民经济总量账户汇合在一起,这样既描述了国民经济运行过程的总量特征,又揭示其运行中的基本结构关系,反映了各部门占国民经济总量的比重以及各部门间的比例关系。

(二) 平衡表体系

国民经济核算还运用平衡表的形式反映社会再生产过程及各环节、各部门的经济活动。主要采用平衡表和矩阵式平衡。

基本表是对国民经济总体运行情况进行全面、综合、系统的价值量核算的表式,包括国内生产总值及使用表、投入产出表、资金流量表、国际收支平衡表和资产负债表。这五张核算表彼此衔接,连成一体,构成经济循环全过程的描述系统,但它们又是各自具有相对独立性的子体系。五张核算表的中心是国内生产总值及其使用表,它核算生产、分配、消费、投资、进出口等经济循环的基本总量,并对其他核算表中的有关总量起着控制作用,其他基本表是国内生产总值及其使用表的进一步延伸和扩展。投入产出表反映社会产品生产与使用的结构,特别是各产品部门技术经济联系,是国内生产总值及使用表的具体化和延伸;资金流量表反映经济循环过程中与实物运动相对应的各部门之间的收入分配与金融交易等资金运动;国际收支平衡表集中反映对外经济往来的各种联系。以上四种核算表构成了对国民经济总流量和部门之间流量的系统描述。资产负债表核算各种资产与负债的存量,经济存量是经济循环的结果,也是下一轮经济循环的先决条件。流量核算表的进一步延伸,则是把经济流量核算与经济存量核算联系起来,这是通过资产负债表来实现的。资产负债核算将经济流量核算与经济存量核算结合起来,能更为完整地反映国民经济循环的全过程。

总括起来看,经济循环账户与基本核算表都是对国民经济循环某个环节进行系统核算的方法。基本核算表保持五个子体系相对的独立性,每张表侧重于对国民经济循环过程中某一方面的完整描述,可以根据需要和可能进行比较精细的核算,提供更为丰富的信息。经济循环账户将经济循环中经济总体及机构部门的基本指标连成一体,形成有机的指标链,从而综合系统地描述了宏观经济运行的各个环节之间、各部门之间的内在联系,并可通过比较,检验各账户之间的关系,及时发现误差,提高数据的准确性。两者结合起来,可以在资料上、功能上相互补充,更有利于提高国民经济核算水平[1]。

---

① 杨廷干、刘小瑜、蔡定萍编著,《国民经济核算——理论、方法及应用》,经济管理出版社 1998 年版,第29 页。

修订情况及研究趋势

2008国民经济核算体系(SNA-2008)是一个统计框架,它为决策、经济分析研究提供了一套具备综合、一致、灵活等特性的宏观经济账户。这套体系是对1993国民经济核算体系的更新,反映了用户不断提高的需求、经济环境的新变化、方法论研究方面的新进展。随着经济的发展、统计估计和测量技术进展,以及数据收集手段完善等综合作用,SNA也是发展的。全球化进程加快及伴随产生的一些新现象,经济学观点的变化导致出现的一些新兴特征等都促使人们对现有核算体系及方法进行重新考虑和评价。

1. 修订情况

SNA-2008在SNA-1993的基础上,将那些近年来越来越重要的经济特征引入了核算中,对那些日益成为分析焦点的各种观点做了详细阐述,澄清了这一系列广泛主题在国民经济核算中的处理方法。新面貌主要包括以下五个方面:资产;金融部门;全球化及其相关问题;一般政府和公共部门;非正规部门。

资产方面,主要引入了"知识产权产品"这一提法和资本服务这一概念;改进了数据库、原件与拷贝的处理方法,把研究与开发支出作为资本形成处理;完善了几处有关非生产性非金融资产的处理;把武器归类为固定资本。

金融部门方面,主要对金融服务提供了一个更加综合的概括;把金融资产的边界扩展到包括金融衍生合约,无论其是否"交易"或交换;把与利率掉期有关的流量记录为金融交易,而不是利息流量;改进了非寿险服务的核算方法,以便适应那些会带来很大保险赔付的重大事件,提供更显真实的估计;改进了间接测算的金融中介服务(FISIM)的计算方法;对养老金权益的记录方法给出了新的指导。

全球化及相关问题方面,澄清并详细解释了针对那些显示经济全球化特征的存量和流量的处理方法;扩展了来自国外移民的汇款的处理方法;普遍采用了货物所有权变更原则,关注产品所有者和加工者对经济的影响;针对壳公司或铜牌公司之类的"特殊目的实体"提供了有关指导。

一般政府和公共部门方面,澄清了政府和公共部门与经济体其他部门之间的界限;澄清了关于公营公司支付的超级红利、对公共企业的注资等项目的处理方法;为公私合伙企业的处理提供了框架,详细阐明了重组机构的处理方法;澄清了对一般政府部门与有关公营公司之间的交易以及通过证券化工具所完成的交易的核算方法,改进了对那些可能会显著影响到政府债务项目的记录;澄清了几类贷款担保的核算方法,并在诸如出口信贷担保和学生贷款担保等标准化担保中引入了新的核算方法;澄清了附属单位和控股公司,引入了对雇员股票期权的核算。

非正规部门方面,阐述了如何测量在住户内部进行的非正规活动和游离于正规统计测量之外的活动的问题。

2. 研究趋势

SNA 的功能是对经济运行过程进行现实而综合的观察,从而适合于政策和分析之用。随着经济环境的变化和政策与分析需求的演进,必须对 SNA 予以检视,以判断该体系是否能满足这些目的。在 SNA - 2008 修订过程中出现,尚需进一步讨论的议题主要分为四大类:基本核算规则;收入的概念;与金融工具有关的议题;与非金融资产有关的议题。具体有以下 34 个方面。

基本核算规则中,有 SNA 与 IASB 的关系、企业集团的合并、信托机构、公司的最终消费、测算政府服务的产出、对国外的实物社会转移的处理、中央银行的产出、SNA 对基层单位的处理、在 SNA 中包括国际组织这 9 个方面。

收入概念中,有澄清 SNA 中的收入概念、基本价格 GDP、SNA 中税收的作用、人寿保险、再投资收益、SNA 中的应计利息、FISIM 的计算、高通货膨胀、中性和实际持有损益的测量、资产带来的收入、从事非正规经济活动所产生的收入这 11 个方面。

与金融工具有关的议题中,有由金融危机引发的议题、将社会保障权利确认为负债、对贷款更多地使用公允价值、拨备、债务减让、股权估计及其含义、逆向交易这 7 个方面。

与非金融资产有关的议题中,有可交易的排污许可、自然资源使用或开采租赁、扩展固定资产的边界(包括创新、营销资产、人力资本等)、贵重物品和非生产资料的所有权转移费用、经常维修和资本修理之间的区别、对公私合伙的处理、在寿命期内的资产所有权转移这 7 个方面。

以上内容是 SNA 近期的主要研究趋势,我们无法将那些在不久的将来会出现的所有议题全部罗列出来,更多地需要国民经济核算相关人员共同努力,不断完善。此外,SNA - 2008 在中国的运用也需要投入大量的时间精力加以研究。

思考与练习

1. 简述国民经济核算与国民经济核算体系。

2. 国民经济核算的目的是什么?

3. 试述国民经济基层单位、机构单位及其相互联系。

4. 国民经济包括哪些机构部门?

5. 试述常住机构单位的概念与特征。

6. 试述国民经济核算中的交易及其分类。

7. 试述流量、经济流量与存量、经济存量的区别与联系。

8. 何谓三等价原则? 其在 SNA 中的作用是什么?

9. 试述市场原则于 SNA 的意义何在。

10. 试述国民经济核算中所采用的市场价格形式及其相互之间的联系。

第二章　生产总量核算

引　言

　　生产总量核算是国民经济核算的起点,也是整个核算体系的核心部分,它界定了国民经济核算的范围和核算的基本原则,对于收入分配、消费、资本形成、金融交易等核算具有重要决定作用。国民经济核算的其他四大核算都是在此基础上的扩展延伸。生产总量核算是以国内生产总值指标为中心,对国民经济生产与使用指标进行全面系统地核算,综合反映国民经济发展的规模和结构[1]。

第一节　生产总量核算的基本问题

　　要理解生产总量核算的原理,首先要对以下基本问题予以解释:什么是生产,谁在生产,如何计量。

一、生产的概念和核算范围

　　生产是指利用投入获得产出的过程。但是,要在国民经济核算中实现生产的计量,还需要对生产概念进行具体定义,并要具体确定生产核算范围。一般认为,生产是指生产者利用土地、劳动、资本和管理等生产要素的投入以及对货物和服务的全部消耗,创造出新的货物和服务的过程。生产的产出为社会形成了新的货物和服务,按照对新货物和服务的使用分为中间产品和最终产品。中间产品是指用于生产过程的货物和服务,最终产品是指用于最终消费、积累和净出口的货物和服务。最终消费是指用于居民消费和社会公共消费的货物和服务。

　　国民经济活动是一个循环过程,生产是起点,继而是收入分配、消费、金融融资和资本形成,因此,生产概念、生产理论、生产范围和生产总量指标在国民经济核算理论中占据重要基础地位。

　　（一）经济生产的概念

　　生产活动是国民经济中的基本活动,是企业利用投入生产产出的活动。生产活动分为经济生产和非经济生产,国民经济核算中讨论的生产是指经济生产。

---

　　①　许宪春,"国内生产总值核算的重要意义和作用",《中国统计》,2003 年第 2 期,第 8—9 页。

　　所谓经济生产（economic product）是指在一个特定的机构单位负责或控制之下为获得产出而进行的生产，即为得到产出而投入劳动、资本和其他货物和服务的过程。

　　所谓非经济生产是指没有人参与或管理的自然过程。

　　原则上说，没有人类参与和管理的纯自然生产过程不是经济意义上的生产，不能包括在经济生产范围之内。比如，自然水域中鱼类的无控制生长繁殖不是生产活动，只有人工养鱼活动才是生产活动；野生果实的生长不是生产活动，只有人类采摘这些果实的活动才属于生产活动。属于这一类活动的还包括人类的基本活动，如吃、喝、睡和锻炼等。

　　此外，经济生产也不包括人类其他活动（即非生产活动）。所谓非生产活动主要是指不能由他人替代完成的基本的人类活动；而那些可以由其他人或经济单位提供的活动，或者反过来说，可以提供给其他人或经济单位使用的活动，即使发生在私人空间中，也应该属于一般经济生产的范畴。

（二）限制性生产观

　　以上确定的经济生产范围是比较宽泛的，无论物质的生产（比如粮食、钢铁、服装等），还是服务生产（比如运输服务、娱乐服务、医疗服务等），都属于生产活动。但经济学并非一开始就是这样设定经济生产范围的，其间经历了一个不断扩展的过程，形成了不同的生产观，其中对国民经济核算具有重要意义的是从限制性生产观到综合性生产观的演变。

　　限制性生产观是指它对生产的定义只限于物质产品生产和生产性劳务，相应地，社会产品只是从事生产物质产品的部门和提供生产性劳务部门的生产成果。因此，限制性生产观将生产的范围主要限定在提供物质产品的活动，以及附着在物品之上的服务性活动。结合经济产业类别看，物质生产概念下的生产是指农业生产活动（提供各种农产品）、工业生产活动（提供各种工业产品）、建筑业生产活动（提供房屋等建筑产品），以及实现物质产品空间位置移动的货物运输活动和实现物质产品所有权转移的商品贸易活动，一般将此概括为五大物质生产部门。

（三）综合性生产观

　　综合性生产观又称全面生产概念，它突破了限制性生产观的局限，是从有用性即效用角度入手确定生产范围，认为只要一项活动提供了一种对他人的有用性，该活动就具有生产的性质。因此，生产不仅限于物品的生产（这是可以提供给他人的），也应包括那些不能体现为有形的物品，而是体现为无形的服务的活动（这也是可以提供给他人的）。所以，综合性生产观认为，所有创造效用并取得收入的活动，不管是生产物质产品还是提供各类服务，一律看作是生产活动。也就是说，生产范围除了农业、工业、建筑业、货物运输业、商品贸易业等物质生产部门外，还包括了除个人自我服务以外的各个社会服务领域。

　　理论上来说，但凡符合经济生产的生产活动，无论是货物生产还是服务生产，理应都被纳入到生产核算范围中去，以体现综合性生产观。综合性生产观是一种全面的生产观，这种生产观认为经济生产既包括物质产品生产，也包括非物质服务生产，即生产成果包括具有物质形态的货物和不具有物质形态的服务。

表 2 - 1　不同经济生产观及其主要观点

生 产 观	时 间	主 要 观 点
限制性生产观	17 世纪	强调物质(货物)生产,排斥非物质(服务)生产,认为只有物质生产能够创造财富,而非物质生产不能创造财富,只参与收入分配。
中性的生产观	18 世纪	观点一：一切从事物质产品制造和增加物质产品价值的活动均视为生产,它包括货物生产及物质性服务生产。 观点二：服务生产是劳动,但并不是所有的服务均具有生产性,只有营利性的服务生产才是生产,而非营利服务则不是生产。
综合性生产观	20 世纪	生产既包括物质产品生产,也包括非物质服务生产,即生产成果包括具有物质形态的货物和不具有物质形态的服务。

在不同生产观基础上形成了不同的国民经济核算体系。原计划经济国家应用的物质产品平衡体系(MPS)以物质生产概念为基础构建,综合生产概念则是市场经济国家应用的国民账户体系(SNA)的基础。由于依据不同的生产概念,两个体系所计量的经济活动总量指标在范围上不可比,因为 MPS 计量的国民收入是物质生产活动的产出成果,而 SNA 计量的国内生产总值(或国民生产总值)则是针对货物和服务所形成的产出成果。现行国民经济核算在 SNA 基础上实现了全球一体化,限制性生产观已经和MPS 一起成为历史概念,由此,经济生产在综合性生产观意义上得以确立①。

（四）生产核算范围的确定

1. 符合生产核算范围的条件

（1）生产性原则(Production Principle)。

生产性原则又称支配性原则。生产性原则强调,产品必须是在人类行为的作用下产生的,凡在人类的劳动、负责、控制及管理下形成的生产活动成果,都要纳入生产核算的范围之内。

生产性原则在实践中应用比较复杂,可以有一个等价的处理原则——所有权原则,即通过判断某种所有权特征来判断某种活动的生产性。

（2）交易性原则(Exchange Principle)。

交易性原则又称社会性原则。生产的目的是交易(包括虚拟交易),因此,交易性原则要求生产核算中的经济流量必须具有商品或准商品的性质。它应该能进行交易活动,至少这种活动可以被有效地虚拟。

市场化程度依次递减的经济流量有以下几种：

① 为能在市场上换回货币而生产的产品；

② 实物交换的产品；

③ 非市场产出的供给(不以获利为目的)；

---

① 高敏雪、李静萍、许健编著,《国民经济核算原理与中国实践》,中国人民大学出版社 2000 年版。

④ 为自给性消费而生产的产品;

⑤ 消费者对自我所有固定资产的使用;

⑥ 在家中生产、不在市场交换的产品。

当今各国的国民核算都适当体现了市场性或社会性要求,但并非绝对严格,有时还需根据实际分析要求作出变通处理。在进行国际对比时,必须注意资料的"可比性"。

(3) 时间性原则(Time Principle)。

时间性原则有以下三层含义:

① 生产成果在什么时间被确定为产品。

本期形成的产品在本期记录,产品不在本期形成的则不记录。

在这一原则指导下,具体做法是:

A. 货物在其结束全部生产过程,经检验合格并办完入库手续时记录;

B. 服务在其结束全部活动,被服务对象完全满意时记录。

② 生产总量统计的时间序列问题。

一方面,由于经济流量是一个连续不断的过程,所以对它的计量应该是一个时期、一个时期不间断地进行。否则,就容易出现重复或遗漏现象,计算结果的准确性难以得到保证;

另一方面,应注意生产核算的时效性要求。

③ 时间参数的处理问题。

生产核算中包含了一些与时间密切相关的经济流量,如固定资本消耗问题。

(4) 存在性原则(Existence Principle)。

在生产核算中,判断一个活动是否属于生产活动,通常不以该活动是否公开或是否合法为标准,而是以这种活动的客观存在性为标准,即只要这些货物和服务的生产过程是真实存在的,其产出有实际市场需求,这些经济流量就在生产核算范围之内。

按照这一原则,生产核算的范围包括了非法生产和地下经济活动。

2. 生产核算范围的确定

生产活动是最基本的活动。在 SNA-2008 中,生产被理解为是在机构单位负责、控制和管理下进行的一种物理过程,在此过程中,劳动和资产用于将货物服务投入转化为另一些货物服务产出。作为产出的所有货物和服务都必须能够在市场上出售,或者至少能够有偿或无偿地由一个单位提供给另一个单位。因此,SNA-2008 将实际上注定要进入市场的全部生产——无论是用于销售还是用于以货易货——均列入生产范围。它也包括由政府单位或为住户服务的非营利机构(NPISH)无偿提供给单个住户或社会团体的所有货物或服务。SNA-2008 的生产范围具体包括以下几类活动:

第一,生产者提供或准备提供其他单位的所有货物或服务的生产,包括在生产这些货物或服务过程中所消耗的货物或服务的生产;

第二,生产者为了自身的最终消费或资本形成所保留的所有货物的自给性生产;

第三,生产者为了自身的最终消费或资本形成所保留的知识载体产品的自给性生产,但(按照惯例)不包括住户部门的自给性产品生产;

第四,自有住房者的自给性住房服务;

第五,雇佣付酬家政人员提供的家庭和个人服务的生产。

（1）住户部门的生产范围。

要界定 SNA－2008 生产账户所记录活动的范围，所面临的主要问题在于如何处理本来能够通过市场提供给其他单位，但实际上生产者却留作自用的那部分货物服务的生产活动。这类生产性活动所涵盖的范围很广，特别是：

第一，住户企业自身最终消费所进行的农产品生产；

第二，住户为自身最终使用目的所进行的其他货物的生产，包括住宅建造、食物和服务的生产等；

第三，自有住房者为自身最终消费所进行的住房服务的生产；

第四，供同一住户内消费的家庭服务和个人服务的生产，包括做饭、照顾和培育儿童、清洗、修理等。

从经济角度看，上述所有活动都是生产性活动。然而，把这些活动纳入 SNA，不仅仅是如何估计这些活动产出之货币价值的问题。如果给这些产出赋予价值，则也就给其生产所形成的收入以及产出的消费分配赋予了价值。显然，这些流量的经济意义完全不同于货币流量。例如，其所形成的收入将自动地与所生产的货物服务的消费相联系，而与经济中的通货膨胀、通货紧缩或其他失衡现象的分析却几乎没有任何关联。将大量的这类非货币流量与货币流量一起纳入账户，会使市场上发生的问题含糊不清，并降低数据的分析效果。

设计 SNA 的目的是在广泛范围内满足分析和政策的需要。因此，一方面需要使账户的核算范围尽可能地全面，另一方面又要防止用于市场行为和市场失衡分析的流量数据受到非货币价值的影响，生产范围的确定需要在这两种需求之间寻求平衡。因此，SNA 的生产范围包含所有自产自用的货物，因为生产者可以在货物被生产出来之后再确定是将其出售还是自用。但是，SNA 把为住户自身最终消费而进行的全部服务生产排除在生产范围之外（付酬家庭雇员所生产的服务和自有住房者的自给性住房服务生产除外）。因为，在提供这些服务之前，生产者已经明确该服务是用于住户内部消费的。SNA 关于生产范围的界定其实是一种妥协，但作为一个严谨的体系，它充分考虑了绝大多数用户的需求。应该指出的是，在劳动力统计中，经济活动人口被定义为从事如 SNA 所定义的生产活动的那些人口。如果将生产范围扩展为包括住户成员为其自身最终消费所从事的个人和家庭服务的生产，那么所有从事这些活动的人口都将是自雇人口，这将导致无法对失业做出定义。这说明在 SNA 和其他相关的统计体系中，将生产范围限定于市场活动或准市场活动的必要性。

（2）其他生产范围问题。

自然过程是否可以作为生产活动，要取决于所发生的环境。将某项活动视为生产活动的一个必要条件是：该活动必须在机构单位的推动、控制和管理下进行，并且该机构单位对所生产的货物享有所有权。例如，公海中鱼类数量的自然增长不能作为生产活动，因为这个过程没有受到任何机构单位的管理，并且这些鱼类也不属于任何机构单位所有。但另一方面，养殖场内的鱼的生长则是生产过程，同样畜牧饲养业也是生产活动。类似地，野生的、未经培育的森林、野果或野浆果的自然生产不属于生产活动，而经济林木的培育，以及为用作木材或其他用途而种植的树木，则与各种一年生作物的生长一样,都属于生产活动。但是,在野生森林中砍伐树木、采集野果野浆果和拾捡木柴等活动则属于生产活动。同样,降雨以及天然河道的水流不属于生产活动,而水库和水坝的蓄水以及利用管道或运输工具把水从一处输送到另一处则属于生产活动。

这些例子表明,给既是生产者又是消费者的机构单位带来好处的许多活动或过程,并不都是经济学意义上的生产过程。降雨可能对一国的农业生产至关重要,但它却不是生产过程,其产出不能包括在该国的 GDP 中[1]。

按照一般定义,经济生产是指其产出可以提供给他人使用的活动。在一个市场经济体系里,提供给其他单位使用,最典型的方式是通过市场销售,这样的生产就是市场化生产。但是,整个经济的生产不仅仅限于市场化生产。第一,提供给其他单位使用还有其他方式,比如有些生产者可能免费或以无经济意义价格向使用者提供产出,政府及非营利机构的生产常常属于这种方式;第二,还存在着生产者自产自用的情况,没有提供给其他部门,比如企业自己制造生产用设备,农民生产供自己消费的粮食。这些,被统称为非市场生产,其中后者是为自己最终使用的生产,前者是其他非市场化生产。

如果我们无视非市场化生产,国民经济核算就无法全面度量国民经济生产总量;但国民经济核算毕竟是针对市场经济而设定的核算体系,宏观管理的目标主要是那些市场经济活动,至少是与市场具有联系的活动。因此,实际确定的生产核算范围是一个折中的结果:

① 所有货物的生产,包括市场化生产和非市场化生产,都在核算范围之内;

② 对于服务生产,则主要包括市场化和其他非市场化这两种方式下的生产,除了住户自有住房服务以外,基本不包括为自己最终使用的服务生产。

其中,被排除在外的,主要就是发生在住户内部的、由家庭成员所完成的家务活动,即住户内部自给性服务生产。表2-2列示了核算范围的具体内容,只要属于所确定的范围,就应该作为生产予以核算,即使是非法的经济活动(比如毒品活动)和隐蔽的地下经济活动(比如逃避政府监管的小煤窑、小铁矿等),也应包括在内,因为核算本身不是要进行道德判断,只要这些活动是真实发生的,就构成了国民经济的一部分,核算就不能漠视其存在。

表2-2　生产核算范围的确定

生产活动类别	市 场 化 生 产	为自己最终使用的生产	其他非市场化生产
货物生产	所有生产,无论是否实际出售	所有生产,包括用于自己消费的生产和用于自己积累的生产	所有生产
服务生产	所有生产,其中包括对住户提供的市场化服务生产	住户自有住房所提供的服务	所有生产
未被核算的生产		住户内部自给性服务生产	

[1]　联合国、欧盟委员会、经济合作与发展组织、国际货币基金组织、世界银行编,《2008 国民账户体系》,中国统计出版社 2012 年版,第 7—8 页。

3. 生产范围界定的国际比较

我国 GDP 核算在生产范围的界定上力求与 SNA-2008 的国际规定基本一致,两者均包括以下内容:

(1)所有提供给其他单位的货物或服务的生产;

(2)生产者用于自身最终消费或资本形成的一切货物的自给性生产;

(3)自有住房服务和付酬家庭雇员提供的家庭或个人服务的自给性生产。

但在 SNA-2008 中明确规定将诸如麻醉品的制造、销售和走私、卖淫等非法生产活动包括在生产范围之内。与合法生产产生的收入和用于购买合法货物和服务的支出一样,非法生产同样会导致金融资产或负债的变动,这不仅仅是为了全面核算的需要,也是为了避免其收支给金融账户和对外贸易账户带来的误差。而在我国的传统理念中,非法经济作为地下经济的一种,所带来的收入微不足道,甚至是负值,加上本身有意逃避政府监控和管理的性质难以获得相应资料,而没有列入核算范围之内。

此外,我国特殊的国情转变及加入世贸后社会经济各方面带来的生活压力,迫使从事第二职业和无证经营的人数不断增加。由于两者透明度低,偷税漏税十分严重,尤其是城市闲置人员组成的街头服务组织,经常变更活动地点,使大部分经济活动未做申报。与西方发达国家相比,因不确定性而无法统计的经济团体在我国比重和变化波动较大,这是造成生产范围不一致的主要因素之一。

▌▶ 二、产出及其类别

产出(output)是生产的成果,是指生产者向社会提供有形的货物(goods)产出和无形的服务(service)产出,有形的货物产出包括食品、机器设备、日常用品等;无形的服务产出包括医疗服务、信息服务、金融服务、旅游服务等。生产者在生产过程中创造的各种有用的货物和服务都可以用于消费或用于进一步生产。产出不包括:

第一,基层单位在生产中使用的不承担风险的任何货物和服务的价值;

第二,同一基层单位消耗的货物和服务的价值,但用于资本形成(固定资本或存货变动)或自身最终消费的货物和服务除外[①]。

(一) 产出的类别一——货物与服务

将产出区分为货物和服务两个类别,体现了产出在外在形态上的基本差异——有形产出和无形产出。

1. 货物

货物是指对它有某种需求、并能够确定其所有权的有形生产成果,这种所有权可以通过市场交易从一个机构单位转移给另一个机构单位。由于货物不仅可以用于满足住户或社会需要,而且可以用于生产其他货物或服务,因此,它们是社会所需要的。货物

---

① 联合国、欧盟委员会、经济合作与发展组织、国际货币基金组织、世界银行编,《2008 国民账户体系》,中国统计出版社 2012 年版,第 118—119 页。

的生产和交换是完全独立的两种活动。有些货物可能从不交换，而另一些货物可能被买卖多次。货物的生产可以与其随后的销售或转售相分离。不仅在时间上是分离的，在空间上也是可以分离的①。例如，计算机的生产与计算机的出售是两项活动，生产出来以后，什么时间卖、怎么卖以及被谁买走都与生产没有直接关系，而且，计算机可以在甲地生产然后卖给乙地的用户。今年生产然后留待明年出售。这样，货物的生产具有两个明显的特性：第一，可以存储；第二，可以运输。

2. 服务

服务也是生产活动的结果，通过这些生产活动，可以改变消费单位的状况，或促进产品或金融资产的交换。这些服务大体可以分为两类，一类是变化促成服务（change-effecting service），一类是增值服务（margin service）。所谓变化促成服务，是指生产者按照消费者需求进行的活动，以实现消费单位状况的改变。此类服务不是能够确定其所有权的独立存在实体，无法脱离生产单位单独交易。生产一旦完成，它们必定已经提供给了消费者②。比如，患者必须直接与医生接触才能接受医疗服务；但医疗服务完成时，也正是患者完全接受这项服务产出之时。由于服务是以运动形态生产出来，因此，它不可能存储起来，不可能将今年的产出留到明年；也不可能被运输到另一个地方，即不可能在甲地生产出来提供给乙地的消费者。

如果一个机构单位为另外两个机构单位之间的货物、知识载体产品、某些服务或金融资产的所有权变更提供了便利，就产生了增值服务。增值服务是由批发商、零售商和各类金融机构所提供的。增值服务与变化促成服务类似，也不是能够确定其所有权的独立实体，不能脱离生产单位单独交易；当生产完成时，它们必定已经提供给消费者了。

服务消费者通过聘请服务生产者提供服务所能获得的变化，可以表现为如下多种不同形式：

第一，改变消费品的状况：生产者通过运输、清洁、修理或其他改变货物的方式，直接作用于消费者所拥有的货物上；

第二，改变消费者的身体状况：生产者向消费者提供运输、食宿、医疗或手术、美容等服务；

第三，改变消费者的精神状况：生产者向消费者提供教育、信息、咨询、娱乐或类似的面对面服务。

上述改变可能是暂时的，也可能是永久的。举例来说，医疗或教育服务可能引起消费者状况的永久性变化，消费者可以从中收益多年。而参加一场足球比赛则是一种短暂的经验。一般而言，可以姑且认为这些变化是一种改善，因为服务是按照消费者的需求提供的。这种改善通常体现在消费者个人身上或他们所拥有的货物上，而不是属于生产者的独立实体。生产者服务将这些改善作为存货持有，也不能将它们脱离生产而

---

① 联合国、欧盟委员会、经济合作与发展组织、国际货币基金组织、世界银行编，《2008 国民账户体系》，中国统计出版社 2012 年版，第 107 页。

② 同上。

单独交易①。

在某些情况下,货物与服务之间的界限并不十分清晰。有些服务是以货物为对象衍生出来的,比如运输、维修等服务;有些服务则依托一个物品外壳而存在,比如被制作成光盘、磁带的信息、娱乐服务。因此可以说两者的区分具有相对性。

国内生产总值核算中比较重视货物与服务的区分,因为服务生产在整个生产中占有越来越大的比重是产出结构变化的重要趋势,服务消费在整个最终消费中占有越来越大的比重也是伴随生活水平提高所发生的产品使用结构变化的重要趋势。对货物与服务分别计量,是观察这些结构及其变化趋势的前提。

(二)产出的类别二——中间产品和最终产品

根据产出的不同使用性质,可将其分为中间产品和最终产品。

1.中间产品

中间产品(intermediate products)是指在一个生产过程中被完全消耗掉或形态被改变的产品。它们可以是货物,如被面粉厂消耗掉的小麦,被炼铁厂消耗掉的矿石,被粮食生产消耗的化肥农药,被运输生产消耗掉的柴油、汽油;也可以是服务,以一个企业的生产为例,所消耗的服务包括金融服务、技术服务、广告服务、会计和法律服务等。

中间产品的多少,主要取决于工业生产规模和产品生产周期。工业生产规模越大,产品生产周期越长,中间产品越多。在国民经济投入产出表中,中间产品由各部门属于生产性消耗的劳动对象构成,某一部门的中间产品等于该部门的总产品扣除其最终产品的余额。它是安排国民经济计划和各种产品生产,使各部门间保持合理比例关系的重要依据。因中间产品占用大量物资和资金,又不能直接满足最终消费需要,一般要求尽可能降低其在整个社会产品中的比重。

2.最终产品

产品如果不被其他生产过程所消耗,还有哪些去向呢?第一是在非生产过程中消耗的货物和服务,比如,消费者获得的食品、服装、家具、电器等货物,以及教育、保健、美容、娱乐等服务;政府公务车辆燃油、维修,公务接待,会务支出,办公用品及耗材等,这些被称为最终消费;第二是积累起来的货物,增加了使用者的资产,比如运输公司购买的汽车,贸易公司当期形成的库存,这些被称为积累或资本形成;第三是被出口到国外的货物和服务。当期生产的被用于最终消费、积累和出口的产品,就是所谓的最终产品(final product)。

最终产品从国民经济投入产出平衡的角度来考察经济工作成果,其体现了一定时期整个国民经济的最终成果,是衡量经济发展水平的最重要最基本指标,也是计算国内生产总值的基础。

在国内生产总值核算中,区分中间产品和最终产品很重要,因为国内生产总值在实物形态上只对应最终产品,中间产品只是获得最终产品的过渡性产品。这在下面关于国内生产总值的概念定义中即可体现出来。

---

① 联合国、欧盟委员会、经济合作与发展组织、国际货币基金组织、世界银行编,《2008 国民账户体系》,中国统计出版社 2012 年版,第 107—108 页。

（三）产出的类别三——市场产出、为自身最终使用的产出和非市场产出

根据产出的不同估价方法,可将其分为市场产出、为自身最终使用的产出和非市场产出。

1. 市场产出

由于产出的估价方法不同,市场产出和非市场产出在 SNA 中具有根本性区别。市场产出是指准备以有显著经济意义的价格予以销售的产出。市场产出的价值由下列各项之和构成:

第一,以有显著经济意义的价格出售的货物和服务的价值;

第二,用于交换其他货物、服务或资产的货物或服务的价值;

第三,用于实物支付(包括实物报酬)的货物或服务的价值;

第四,一个基层单位向属于同一市场企业的另一个基层单位提供的、用于中间投入的货物或服务的价值,继续生产的相关风险也随货物而转移;

第五,准备用于上述某种用途的制成品和在制品存货的变动价值;

第六,提供货物和服务收取的服务费、运输费、金融资产获得和处置的附加费等。

市场产出是市场经济的一般情形,生产者根据预期的需求水平和供给成本来决定生产什么以及生产多少。生产决策背后的决定性因素是起主导作用的有显著经济意义的价格。有显著经济意义的价格是指对生产者愿意提供和购买者愿意购买的产品数量有重要影响的价格。这些价格通常产生于如下情形出现时:

第一,处于长期盈利,或至少也能弥补资本和其他成本等目的,生产者有调整供给的动机;

第二,消费者有购买或不购买的自由并根据价格做出选择[①]。

2. 为自身最终使用的产出

为自身最终使用的产出是指生产者为自身最终消费或资本形成而留用的产品。它的内容包含:

第一,住户非法人企业生产的、被同一住户消费的货物的价值;

第二,付酬家政人员为住户提供的服务的价值;

第三,自有住房服务的虚拟价值;

第四,企业某一基层单位生产的、并被同一企业为将来在生产中使用而留用的固定资产的价值(自给性固定资本形成总额);

第五,打算用于上述某一用途的制成品和在制品存货变化价值;

第六,在例外情形下,可能有用于自身中间消耗的产出。

为自身最终使用的产出应该以这些货物和服务如在市场上销售所能得到的基本价格来估价。为此,同类货物或服务在市场上必须拥有足够多的买卖量,以计算用于估价的可靠的市场价格。"在市场上"这一表述是指,在货物和服务生产的某一时间和地点,价格是在有意愿的买方和卖方之间起支配作用的因素。以农业生产为例,由于可能包

---

① 联合国、欧盟委员会、经济合作与发展组织、国际货币基金组织、世界银行编,《2008 国民账户体系》,中国统计出版社 2012 年版,第 119—120 页。

含运输成本和批发商的商业毛利,当地市场的价格不一定等于基本价格,最接近的替代价格可能是所谓的"农场出厂"价格,即农场主向直接去农场收购农产品之购买者出售其产品的价格。

如果无法获得可靠的市场价格,可以使用次优方法来计算:为自身最终使用而生产的货物或服务的产值等于其生产成本之和,也就是下列各项之和:

第一,中间消耗;

第二,雇员报酬;

第三,固定资本消耗;

第四,固定资本净收益;

第五,其他生产税(减生产补贴)[①]。

3. 非市场产出

非市场产出是指由为住户服务的非营利机构(NPISH)或政府生产的、免费或以没有显著经济意义的价格提供给其他机构单位或全社会的货物和个人(公共)服务。如果某一价格对生产者准备提供的产品数量没有或只有很少的影响,并且对需求量的影响也很小,则称该价格不具有显著经济意义。无论从供给角度还是需求角度看,此价格都不具有数量显著性。以此价格定价可能是为了获得一些收入,或是抑制免费服务所引起的过度需求,但目的并不是消除这种过度需求,一旦基于行政管理、社会或政治方面的原因,对某一非市场货物或服务的总供应量做出决定,其定价将会故意低于使市场出清的均衡价格。因此,无显著经济意义的价格和零价格之间的区别,只是程度上的不同。无显著经济意义的价格只能拟制那些需求最不迫切的单位的购买,而不会大幅度削减总需求量。向住户部门免费提供的非市场产出的价值按以下生产成本之和核算:

第一,中间消耗;

第二,雇员报酬;

第三,固定资本消耗;

第四,其他生产税(减生产补贴)。

非市场产出的生产可能出于以下两方面原因:

第一,要让个人为公共服务付费从技术上来说是不可行的,因为无法对这些消费进行检测和控制。当交易费用过高且存在市场失灵时,价格机制将无法发挥作用。因此,这类服务的生产必须由政府单位集中组织,资金来源不是销售收入,而是税收或者其他政府收入。

第二,政府单位和 NPISH 本来也可以向住户提供收费的货物与服务,但由于社会或经济政策方面的原因他们没有这样做。最常见的例子是免费或按无显著经济意义的价格提供教育或卫生服务,当然也可以提供其他种类的货物和服务。

尽管非市场产出在收入使用账户中显示为政府和 NPISH 的获得,但是不能将它与自用性生产混淆。虽然非市场产出的支付由政府和 NPISH 承担,但是个人货物与

---

① 联合国、欧盟委员会、经济合作与发展组织、国际货币基金组织、世界银行编,《2008 国民账户体系》,中国统计出版社 2012 年版,第 123 页。

服务的使用者是住户,公共服务的使用者是住户或其他常住机构。对于自用产出来说,生产单位不但要虚拟相关支出,而且还是产出的实际使用者。因此,决不能将非市场产出与自用产出混淆。

另外,政府单位和 NPISH 可能同时从事市场和非市场生产活动。只要有可能,就应该将从事这两种活动的基层单位区分开来,但这有时可能行不通。因此,非市场基层单位也可能销售其作为次要活动生产的市场产出,从而获得一些收入,例如,非市场性博物馆可以销售各种复制品。然而,即使非市场基层单位可能有销售收入,其总产出(包括市场和非市场产出)仍然按生产成本估价。市场产出的价值等于市场产品的销售收入,非市场产出的价格等于总产出与市场产出之间的差额。以无显著经济意义的价格出售非市场货物或服务所获得的收入是非市场产出价值的一部分[①]。

▌▶ 三、国内生产总值的概念与核算思路

如何核算一个经济体在某时期生产活动的产出成果? 这不是一个可以简单回答的问题。

生产的产出成果可以用实物量指标表现,比如粮食产量、钢铁产量、石油天然气产量等。利用实物量指标核算产出成果,其优点是直观,可以给人以具体印象,但由于使用价值不同,计量单位也不尽相同,不同产品的产量难以加总,因此,仅仅依靠实物量产出指标,我们难以获得一个单位、一个部门乃至一个国家在一段时间内的产出总量。要达到此目的,就需要借助于价格,将不同产品的产量转化为用货币单位表示的产出,然后加总为产出总价值量。

将各单位当期产出按照其价格进行加总,结果是国内总产出。但这样累加的结果并不适合表现某一时期国民经济的生产成果,因为产业分工前提下各种产品之间是相互联系的,一种产品的生产赖于对其他产品的消耗,在该产品的价值中必然包含所消耗的其他产品的价值,如果就不同产品产出价值做简单加总,则全社会总产出中必然会包含大量的重复计算。比如从矿石到生铁,再到钢、钢材,将各产品价值简单相加的结果,矿石的价值将会被计算若干次。

要消除这种重复计算,可以从两个方面入手。第一是在每个生产环节上扣除所消耗的其他产品的价值,只保留本生产环节新增加的价值,即从产出总价值中扣除中间性消耗价值,用增加值作为本单位的产出成果;然后将各单位的增加值加总起来作为整个国民经济的产出总量。第二是从宏观上只就最终产品计算其产品价值,把中间产品价值摒除在外,因为中间产品就是用于其他生产过程所消耗的产品,是获得最终产品的中间过渡性产出,其价值已经包含在最终产品价值之中了。

这样核算的结果,就是国内生产总值(gross domestic product,GDP)。在价值构成上,国内生产总值是一国范围内各生产单位当期增加值的总和,是从各单位总产出价值

---

① 联合国、欧盟委员会、经济合作与发展组织、国际货币基金组织、世界银行编,《2008 国民账户体系》,中国统计出版社 2012 年版,第 124—125 页。

中扣除中间消耗之后的余额,代表该时期内各单位通过生产活动而新增的价值;从实物构成上看,国内生产总值是某一时期一国范围内各生产单位所生产的最终产品的价值总和,如前所述,最终产品是指用于最终消费、积累和出口的产品。

以概念定义为基础,可以确定国内生产总值的计算方法。一方面可以通过各产业部门增加值加总计算国内生产总值,包括生产法和收入法;另一方面可以通过最终产品的使用去向计算国内生产总值,即所谓支出法。现实中,如果具备条件,应该同时采用不同方法,这样做的结果,不仅可以验证国内生产总值的核算结果,更重要的是,不同方法所提供的具体数据,构成了研究分析不同问题的基础。

美国经济学家萨缪尔森(经济学诺贝尔奖获得者)和诺德豪斯在他们的著名教科书《经济学》中指出:国内生产总值是 20 世纪最伟大的发明之一。与太空中的卫星能够描述整个大陆的天气情况非常相似,国内生产总值能够提供经济状况的完整图像,它能够帮助总统、国会和联邦储备委员会判断经济是在萎缩还是在膨胀,是需要刺激还是需要控制,是处于严重衰退还是处于通胀威胁之中。没有像国内生产总值这样的总量指标,政策制定者就会陷入杂乱无章的数字海洋而不知所措。国内生产总值和有关数据就像灯塔一样,帮助政策制定者引导经济向着主要的经济目标发展①。

美国总统经济顾问委员会前主席马丁·贝利指出:很难想象,如果没有及时的和准确的国内生产总值或国民生产总值数据,我和其他人怎样谈论美国经济和商业周期。

美国财政部前部长罗伯特·鲁宾指出:国内生产总值核算向国会和其他部门提供了美国经济健康状况的极其重要的特征。今天,我们制定出较好的经济政策,因为国内生产总值核算使我们较好地了解政策的作用。我们应当为实现国内生产总值核算的现代化提供更多的资源,以保持我们的统计基础建设跟上迅速发展的经济②。

四、生产核算的时空边界

生产核算是分区域、分时期进行的,如何确定这一时空边界是另外一个重要问题。

(一)生产核算的空间界定

生产核算的基本统计单位是一个经济体的常住机构单位,但并不是所有的基层单位及机构单位都在本国生产核算的统计范围之内,只有一国"常住单位"才被统计。也就是说统计单位只有具备了常住性,才是国内单位,才能成为生产核算的统计单位。

(二)生产核算的时间界定

生产核算是一个流量核算,一般而言,最常见的年度核算通常以自然年份为起止点。当然,为了更好地服务于宏观管理,季度核算、月度核算也非常必要,此时生产核算的核算期间就小得多了。

在核算过程中,还有一个生产成果在什么时间内被记录的问题。基本的原则是按权责发生制处理,即在经济价值被创造、转换、交换、转移或消失时记录经济流量。这个

① [美]萨缪尔森、诺德豪斯著,萧琛主译,《经济学》,人民邮电出版社 2008 年版。
② 许宪春,"国内生产总值核算的重要意义和作用",《中国统计》,2003 年第 2 期,第 8—9 页。

原则对一个连续的、跨越多个核算期的生产过程非常重要。在这个原则下,产品按其制造时间进行统计,而不论其是否销售出去,是否收到货款。同样,根据这一原则,某一时期生产核算的对象,不仅包括当期完成的产品,还应该包括半成品和在制品中的当期生产完成部分[①]。

第二节 增加值核算:生产法和收入法 GDP

增加值核算是国内生产总值核算的基石。通过增加值核算,可以显现不同产业对国民经济生产的贡献,还可以显现最初分配所形成的利益关系。这些数据资料,都是国民经济管理和分析的重要依据。

▌▶ 一、增加值核算的基本问题

增加值核算是对生产过程及其成果的核算。尽管生产核算是从各个生产单位开始的,但在宏观上并不关注单个生产单位的生产成果,而是要对生产者进行归集,在部门层次提供增加值核算数据。由第一章可知,国民经济核算针对各经济单位进行了两种分类:机构部门分类和产业部门分类,由此可以分别按照这两种部门分类提供增加值核算数据。

但是,按照两种分类提供数据,不等于要分别进行两套核算。增加值核算是对生产的核算,从生产活动看,比较适合于从产业部门类别来刻画其特征(产业部门分类就是按照各单位生产活动的特征来构造的),只是在于其他核算内容(收入分配核算)的衔接意义上才有必要区分不同机构部门的增加值。因此,以下主要是从产业部门分类的角度讨论增加值核算的概念和方法。

增加值可以从两个角度计量。一是从形成的过程看,增加值是生产者当期生产的产品价值扣除所消耗的其他产品价值后的余值,即总产出减去中间投入之差,这是生产法增加值核算的思路;二是从分配角度看,增加值被各生产参与者所获得,由此可以通过各不同要素收入项目加总来计算增加值,这是收入法增加值核算的思路。两种思路间关系可以用下式表示:

$$增加值 = 总产出 - 中间投入$$
$$= 增加值要素收入项目之和 \qquad (公式2-1)$$

因此,所谓增加值核算,归结起来,就是以下三部分内容的核算:总产出核算、中间投入核算和增加值各要素构成项目的核算。

---

① 邱东主编,《国民经济核算分析》,格致出版社、上海人民出版社2009年版,第60—61页。

▌▶ 二、增加值的不同测度

SNA 中,中间投入在其进入生产过程的时候进行估价和记录,而产出则在它们从生产过程中出现的时候进行估价和记录。中间投入通常按购买者价格计算,而产出按基本价格计算,当基本价格无法获得时就按生产者价格计算。中间投入的价值与产出价值之间就是总增加值,总增加值在扣除固定资本消耗、生产税净额和雇员报酬后的余值便是营业盈余净额或混合净收入。

如上所述,通过将不同的价格基础与一组投入量和产出量相结合,可以计算得到不同的总增加值。下面介绍使用 SNA 认可的不同价格基础所计算的各种总增加值。

（一）按基本价格计算的总增加值

按基本价格计算的总增加值是指按基本价格估价的产出减去按购买者价格估价的中间消耗。虽然产出和投入按不同的价格标准估价,但为了简洁起见,这里用估价产出的价格来描述增加值。从生产者的角度看,估价投入的购买者价格和估价产出的基本价格代表了实际的收付价格,使用这些价格得到的总增加值特别适合于生产者角度的测算。

（二）按生产者价格计算的总增加值

按生产者价格计算的总增加值是指按生产者价格估价的产出减去按购买者价格估价的中间消耗。如果没有增值税,无论按生产者价格还是购买者价格计算,消耗的中间投入的总价值都是一样的,在这种情况下,按生产者价格计算的总增加值与同时用生产者价格计算投入和产出所得到的结果是相同的。因此,用这种方法计算的总增加值具有经济意义,它相当于传统上所说的按市场价格计算的总增加值。但是,如果存在增值税,由于生产者价格不包括发票单列增值税,因此把这种总增加值描述为按"市场"价格计算就不合适。

这种总增加值与按基本价格计算的增加值都使用购买者价格估算中间投入。这两种总增加值的区别完全在于对产出上应付的产品税或产品补贴(不包括发票单列的增值税)的不同处理方式。按照定义,按生产者价格计算的产出超出按基本价格计算的产出的部分(如果有的话),其数额应等于产品税减产品补贴,因此上述两种相关联的总增加值的差额也必定等于这一数额。

（三）按要素成本计算的总增加值

按要素成本计算的总增加值这一概念在 SNA 中并未明确提出,但它很容易从上述任何一种总增加值中推算出来,即从以上定义的一种总增加值中减去应付生产税减补贴。例如,在按基本价格计算的总增加值中,应付生产税只有"其他生产税"。其他生产税主要是对车辆或房屋征收的经常税等。因此,按基本价格计算的总增加值减去"其他生产税(减其他生产补贴)"便可得到按要素成本计算的总增加值。

按要素成本计算的总增加值在概念上的难点在于它缺少可观测的价格,如果存在合适的价格,用它乘以产量即可直接得到按要素成本计算的增加值。按照定义,"其他生产税或生产补贴"不是产品税或产品补贴,后者能从投入和产出价格中扣除。因此,尽管按要素成本计算的增加值这一名称由来已久,但严格来说它不是增加值的一个测度指标,它实质上是一个收入测度指标而非产出测度指标。按要素成本计算的增加值反映了从总增加值(无论如何界定)中扣除所有应付生产税(减生产补贴)后的待分配余额。至于选用哪种总增加值是无关紧要的,因为上述几种计算方法的差异仅在于总增加值中应扣除的生产税或生产补贴的数额。

▎▶ 三、总产出核算

总产出是生产核算的基础指标,其作用主要表现在两个方面。第一,它是计算增加值指标的基础;第二,作为当期生产产品总价值,可以在一定程度上表现国民经济生产的规模,并为描述各产业间投入产出关系提供基础。

(一)总产出的含义

总产出是指各生产单位在一定时期内所生产的全部货物与服务的总价值。从实物构成看,总产出包括中间产品和最终产品两个部分,后者是被最终用于消费、积累和出口的产品,而前者则是被其他生产过程所消耗的产品。从价值形态看,总产出包括中间投入和最初投入两部分价值,前者是指为生产这些产品而消耗的其他中间产品的价值,即所谓转移价值,后者就是增加值,是指在生产过程中新附加上去的价值。

(二)分产业总产出核算方法

面对不同的产业,其生产特点和生产组织特点各不相同,因此总产出统计的具体方法也各具特色。下面就国民经济的主要产业和一些具有特殊性的产业,介绍总产出的核算方法。

1. 工业总产出

工业是采矿业、制造业、电力燃气及水的生产供应业三个产业类别的统称。工业总产出就是这三个产业当期所提供货物与服务的总价值。

鉴于工业生产活动常常是以企业为单位组织的,各企业有较为完善的核算制度,因此在中国,工业总产出核算以工业企业总产出核算为基础,是各工业企业总产出之和;在每一个工业企业,总产出通常采用“工厂法”统计,即把企业作为整体,统计企业当期从事工业生产活动的最终成果,同一企业不同生产环节相互之间提供的产品不允许重复计算。比如,纺织厂用棉花纺纱,然后织成布对外出售,按照工厂法核算原则,该纺织厂总产出只核算棉布的产出价值,却不单独核算棉纱的产出价值。这样,工业总产出的核算方法可以归纳如下:

$$工业行业总产出 = \sum 工业企业的工业总产出 \qquad (公式\ 2-2)$$

工业企业总产出是以货币表现的工业企业在一定时期内生产的已出售或可供出售工业产品总量,它反映一定时间内工业生产的总规模和总水平。包括:成品价值,对外加工费收入,工业半成品、在制品期末期初差额价值三个部分。工业企业总产出也是以工业企业作为一个整体,按企业工业生产活动的最终成果来计算,因此企业内部不允许重复计算。

$$工业企业总产出 = 工业成品价值 + 自制半成品、在制品期末期初差额价值$$
$$+ 工业性作业价值 \qquad (公式2-3)$$

2. 农业总产出

农业是农林牧渔业的统称,其总产出通常采用"产品法"统计,即以农产品为单位,按各种农产品的产量乘以相应的单价计算各种农林牧渔产品的价值,然后加总。具体来说,农业总产出包括种植业产出和野生植物采集等其他农业产出;林业总产出包括人工造林产出、林果产品产出和竹木采伐产出;牧业总产出包括牧畜饲养产出、家禽饲养产出、活的禽畜产品产出、捕猎野禽野畜产出和其他动物饲养产出;渔业总产出包括捕捞和养殖两种活动下海水产品产出和淡水产品产出。

由于农业、林业和渔业的生产过程可能要持续数月甚至几年,因此其产出的计算比较复杂。很多农作物是一年生的,其大部分成本发生在种植季之初播种的时候,以及季末收获的时候,而未成熟的农作物的价值取决于它们距离收获期的时间。因此,需要将农作物的价值在一年之中分摊,并作为在制品处理。农作物的最终价值通常不等于其早期估计值和收获前农作物的虚拟价值。在这种情况下,需要对早期的估值进行修正以反映实际结果。农作物收获后,在制品的累积价值就转为制成品存货,然后随着生产者的使用、出售或虫害损失等逐渐被消耗掉[①]。这样,农林牧渔业总产出的核算方法可以归纳如下:

$$农林牧渔业总产出 = 产品销售收入 + 成品存货当期变动价值$$
$$+ 在制品半成品存货当期变动价值 \qquad (公式2-4)$$

3. 建筑业总产出

建筑业产品是建筑安装生产单位的产出成果,其特点是位置固定,具有较强的个体性和独立性。因此在方法上,建筑业总产出统计是"工厂法"和"产品法"的结合,即针对各建筑安装生产单位,分别计算各项建筑产品的总产出,是建筑安装生产单位和自营施工单位在一定时期内完成的建筑产品总价值,其具体内容包括:建筑工程产出、设备安装工程产出、房屋建筑物修理产出、非标准件制造产出和装饰装修产出。

4. 批发零售业总产出

批发零售业的主要功能是通过商品买卖为生产者、使用者提供商品流通服务,体现为以商品销售为中心的进货、保管、整理、分类、包装和销售等活动。在批发零售企业,商品销售收入是表现其经营业绩的主要指标,但却不能直接用来反映批发零售贸易活动的总产出,因为商品销售收入是所出售商品的价值,其中既包括这些企业所提供的商品流通服务的价值,也包含商品本身的价值。为此,需要从商品销售收入中扣除该商品的购进价值,所余商业毛利才是贸易活动总产出,具体计算步骤是:商品销售收入减去商品销售成本及其他损耗,此外再加上应交增值税。

---

① 联合国、欧盟委员会、经济合作与发展组织、国际货币基金组织、世界银行编,《2008国民账户体系》,中国统计出版社2012年版,第125页。

5. 金融业总产出

金融业包括两个部分：一是银行、证券公司等金融公司从金融市场借入资金然后贷放给其他单位，通过在借方和贷方之间的媒介作用提供了融资及其辅助服务；二是保险公司对面临一定风险的单位提供金融保护以防不测事件发生而形成的保险服务。由于这些金融公司在多数情况下并不直接对使用者收取服务费用，而是隐含在应收、应付的利息收入、保险收入之中，因此，核算金融业总产出，除了包括直接收取的佣金、手续费等服务收入之外，还需要间接计算那些隐含的服务收入，即虚拟服务收入。其中，银行和证券业的虚拟服务收入等于其利息收入减去利息支出后的差额，但要扣除利用自有资金获得的投资收入（这些收入不属于金融中介活动）；保险业的虚拟服务收入则等于保险业务收入（包括实收保费和保险准备金的投资收入）减去应付赔款、提取的保险准备金之后的差额。

6. 非市场性服务产出

非市场性服务是非营利性服务部门的产出。非营利性服务部门由各种不以营利为目的而设立的经济单位组成，其中大部分属于政府行政事业单位，提供科学研究、教育、国防、行政管理服务和社会服务。非市场性服务产出不能体现为营业收入，至少不能全部体现为营业收入，为此，需要采用以下变通方法估算：假定这些单位所提供的服务价值等于其成本投入价值，然后按提供服务所花费的总费用来估计总产出，具体包括经常性费用支出和固定资产折旧两部分，其中，经常性费用支出包括劳动报酬、职工福利费、公务费、修缮费、业务费以及其他费用。这样，非市场性服务产出的核算方法可以归纳如下：

非市场性服务产出 ＝ 非营利性单位的经常性费用支出 ＋ 固定资产折旧

（公式 2 - 5）

四、中间消耗和固定资本消耗核算

在生产过程中，为获得新的产出，必然要有各种预先投入。其中，被磨损的固定资产被称为固定资本消耗，被一次性消耗的货物和服务就是中间消耗，两者都会作为原本存在的价值，转移到新产出的货物和服务的价值中去。

（一）中间消耗核算

1. 中间消耗的概念

中间消耗（intermediate consumption）又称中间投入（intermediate input），在国民经济核算体系中，中间消耗是指生产过程中作为投入所消耗的货物和服务的价值，但这里的投入不包括固定资产，对后者的消耗要记录为固定资本消耗。这些货物和服务在生产过程中或被改变形态，或被耗尽。有些投入在改变实物形态融入产品后又重新出现，例如谷物可被碾成面粉，随后面粉可以做成面包。其他投入则被完全消耗或用尽，例如电力和大部分服务。

中间消耗不包括企业用于贵重物品的支出，这些贵重物品包括艺术品、贵金属和宝石以及由其加工而成的时尚珠宝。贵重物品是作为价值贮藏而获取的资产,它们不会在生产中被消耗,在物理上也不随着时间而发生退化。贵重物品支出记录在资本账户中,中间消耗也不包括企业所拥有固定资产的逐渐磨损引起的成本:核算期内固定资产价值中下降额被记录为固定资本消耗。但是,中间消耗中包含为使用固定资产所支付的租金,无论是通过经营租赁从其他单位租借的设备或厂房,还是上述许可协议中应付的服务费、佣金和版税等。

2. 计入中间消耗的条件与核算原则

为了计算准确,计入中间消耗的货物和服务必须具备两个条件:第一,与总产出的计算方法和范围保持一致;第二,本期一次性使用的,这里需要将中间消耗与固定资本投入区别开。

从实物形态看,中间消耗一般分为物质产品投入和非物质性服务投入。物质产品投入不仅包括实物的投入,还包括物质性服务,比如货运、邮电、商业、饮食等服务。服务性投入指的是生产过程中除物质性服务之外的投入,比如文化教育、金融保险、医疗卫生等。按照产业来划分的话,中间投入还可以划分为农业中间投入、工业中间投入、建筑业中间投入以及非物质生产部门中间投入。从价值形态看,中间投入属于在生产过程中一次性转移到产品价值中去的部分,不是生产者自己创造的价值,因此,在计算增加值过程中,要将中间投入价值从总产出价值中扣除。

核算中间消耗的目的,主要是为了从总产出中扣减以正确核算增加值。为达到此目的,在实际核算时应该注意把握以下几点原则。

(1)作为中间消耗的货物和服务都是非耐用性货物和服务,它们将一次性地或短期地运用于生产过程,其价值随之转移到产品价值之中。因此,不能把作为固定资产使用的耐用性货物消耗计入中间消耗。

(2)中间消耗要在其进入实际生产过程的时间予以记录,核算的是当期消耗使用额而不是当期购买额。对服务来说,购买额就是使用额;但对货物来说,购买额可能不等于使用额,其间差异表现为原材料储备存货变动额。

(3)要注意中间消耗和雇员报酬之间的区别。企业使用的某些货物和服务并没有直接进入生产过程,而是被在此生产过程中工作的雇员所消耗。在这种情况下,有必要确定这些货物和服务是中间消耗,还是提供给雇员的实物报酬。一般来说,雇员为直接满足自己的需要或要求、在他们自己的时间内自主使用的货物和服务,应作为实物报酬处理。但是,雇员为了完成工作而必须使用的货物和服务则应作为中间消耗处理。下列几种提供给雇员的货物和服务必须作为中间消耗处理:

第一,专门或主要在工作中使用的工具或设备;

第二,普通消费者一般不会选购或穿戴的、专门或主要在工作中穿着的衣物或鞋类,例如防护服、工作服或制服;

第三,雇员家人不能使用的、在工作场所提供的住宿服务,如军营、舱位、集体宿舍、棚屋等;

第四,特殊工作条件下所必需的专门膳食或饮料,向现役军人和其他正在执行公务的人员提供的膳食或饮料;

第五,对因公出差的雇员提供的交通和住宿服务以及伙食补助;

第六,因工作性质所需的更衣设施、厕所、淋浴、浴缸等;

第七,因工作性质所需的急救设施、医疗检查或其他健康检查。

(4)要注意中间消耗和固定资本形成总额之间的区别。中间消耗衡量的是核算期内在生产过程中改变物质形态或完全消耗的那部分货物和服务的价值,它既不包含企业拥有的固定资产的使用成本,也不包含获取固定资产的支出。应注意以下几种情况:

第一,小型、廉价和操作相对简单的耐用生产资料的支出可作为中间消耗处理,前提是这些支出会经常发生,且与机器和设备支出相比数额非常小。

第二,保养、修理与固定资本形成之间的界限并不清晰。一般来说,对生产中所使用固定资产进行的日常定期保养和修理,应作为中间消耗处理。但对于对现有固定资产的重大更新、改造或扩建,由于其可以提高固定资产的生产效率或生产能力,或是延长其预期使用年限,因而应将这类活动作为固定资本形成来处理。

第三,研究和开发通常被视为固定资本形成,除非这项活动明确地不会给其所有者带来任何经济利益,在这种情况下它被作为中间消耗处理。

第四,矿藏勘探和评估支出不应该作为中间消耗。因为无论是否成功,这都是获得新储备所必须进行的活动,因此这些支出都应全部列入固定资本形成总额。

第五,包括大型军事武器系统在内的军用设备支出,都作为固定资本形成处理。炸弹、鱼雷及其零部件之类的军事耐用品支出最初记录为存货,在其被使用时记录为中间消耗和存货的减少。

(5)中间消耗核算要与总产出核算保持一致处理,以保证正确核算增加值。比如,在农业采用"产品法"计算总产出的情况下,所核算的中间消耗是指全部(外购的和自己生产的)中间产品的销售;针对按照"工厂法"计算的工业总产出,其中间投入则仅限于来自外购的中间产品消耗。

3. 中间消耗的记录时间和估价

货物和服务的中间消耗在其进入生产过程时予以记录,这个时间不同于生产者获得它们的时间。实践中,基层单位通常并不直接记录生产中实际使用的货物,而是记录要作为投入而使用的材料和用品的购买,以及这些货物之存货数量的变化。从材料和用品的采用价值中扣除相关存货的变化价值,便可估算出某一核算期内的中间消耗。材料和用品的存货变化等于入库额减去出库额以及存货的经常性损失。由于经常性损失减去了存货变化的价值,因此增加了中间消耗。虽然经常性损失通常数额较大,但只要有规律地发生,就应将其作为中间消耗。入库货物、出库货物或经常性损失按其发生时的通行购买者价格估价。这里所采用的方法与核算作为生产过程产出的制成品存货变动的方法完全一致。

作为中间投入而消耗的货物和服务通常按照它进入生产过程时通行的购买者价格估价,也就是在货物被使用时生产者如要重置该货物所需支付的价格。来自同一企业其他基层单位的中间投入,应该按照估算这些基层单位产出所使用的同一价格进行估算,再加上未包括在产出价值中的所有附加的运输费。如果某一基层单位生产的货物和服务又作为投入进入同一基层单位的生产,它们应仅在已经被记录为该基层单位的产出情况下才能被记录为中间消耗。对于同一企业不同基层单位之间的货物和服务交付,只有当接受单位有效地承担完成生产过程的所有风险时,它们才被记录为生产单位的产出和接受单位的中间投入。

(二) 固定资本消耗核算

固定资产是可以在生产中连续或反复使用的货物和服务,其价值需要在较长时期内(1 年以上)逐步转移到产品中去,为此在每一时期要按照固定资产磨损状况计算其转移价值,即所谓固定资本消耗(consumption of fixed capital,CFC),是指核算期内由于自然退化、正常淘汰或正常事故损坏而导致的、生产者拥有和使用的固定资产存量现期价值的下降。通常用折旧一词代替固定资本消耗,但在 SNA 中不应这样替换,因为商业会计中的折旧通常用于历史成本的核销,而 SNA 中的固定资本消耗则取决于资产的现期价值。

固定资本消耗价值在理论和实际核算中存在不少困难和问题,主要表现在以下几个方面。

(1) 难以客观准确地计算固定资产损耗的价值。这是因为实际生产中引起固定资产价值下降的因素较多而且比较复杂。这些因素中,既有正常使用的磨损,也有事故灾害引起的磨损;既有技术进步引起的价值变动,也有由于价格引起的价值变动。在实际计算中不易分清各种因素对固定资产价值下降各自所起的作用大小。从固定资本消耗的本身含义讲,它应该是固定资产在生产活动中的正常磨损部分,而由其他因素引起的固定资产的价值下降,则属于固定资产的损失,不能作为损耗,因为这种损耗的价值并没有转移到产品中去。

(2) 难以直接利用企业会计中的有关核算资料。国民经济核算中的固定资本消耗与工商企业会计核算中的"固定资产折旧"在测算上并不完全相同。会计核算中的固定资产折旧,一般是按照"历史成本原则"计提的,即:

年固定资产折旧额 =(某项固定资产历史成本价值 - 预计净残值)/ 预计使用年限

(公式 2 - 6)

这就给直接利用企业会计的固定资产折旧资料带来一定的困难。根据国民经济核算的"现期市场价格原则",在进行国民经济核算时,若要采用会计核算资料,就必然存在一个核算口径和方法的转换问题。即必须将用实际成本法计提的固定资产折旧资料转换为按现期市场价格计算的固定资产折旧资料,才能满足国民经济核算的要求。

(3) 企业会计核算中计提固定资产折旧时所使用的"固定资产使用年限"是预先难以确定的主观预计量,这使得企业会计计提固定资产折旧的核算行为带有很大的主观性和不确定性,往往本核算期内提起的固定资产折旧并不一定能真实或相对真实地反映本期生产活动中的固定资产正常损耗价值。

(4) 企业以外的其他不计提固定资产折旧的生产单位,如居民单位、机关行政事业单位,由于没有可供参考的"固定资产折旧"资料,如何根据它们的会计核算资料对其在货物和服务的生产过程中的固定资产正常磨损而减少的价值进行估算,特别是居民自有住房根本没有任何资料可供参考,如何对其在住房服务生产中的"固定资本消耗价值"进行合理的虚拟,这些都是值得认真思考的问题①。

如前所述,在企业会计核算中,固定资产折旧一般采用直线法计算,即要将固定资产价值在其使用期限内平均分配。由于一个企业同时使用着多种固定资产,这些资产有不同的寿命期,常常难以分项计算其折旧,因此,实践中常常是分大类确定综合折旧率,分类计算当期固定资产折旧额。计算公式为:

$$当期固定资产折旧 = 固定资产总价值 / 预计使用年限$$
$$= 固定资产总价值 \times 年综合折旧率 \quad (公式2-7)$$

国民经济核算沿用了这样的计算思路。由于整个国民经济中运用的固定资产并不限于企业所使用的固定资产,还包括由于住户和其他非企业单位使用的部分,而在后一种情况下常常并不实际计提折旧,为此在国民经济核算中,除了企业会计核算的固定资产折旧以外,还需要针对那些不实际计提折旧的固定资产,按照一个统一规定的折旧率,虚拟估算其折旧。

严格说来,国民经济核算的固定资本消耗并不完全等同于企业会计核算的固定资产折旧。除了范围上的差别(住户和非企业单位所拥有的固定资产也需要计算折旧)以外,两者之间的最主要差异在于作为计算基础的固定资产计价。企业会计遵循历史成本计价原则,计算折旧的固定资产总价值是指按照当初购置价值计算的固定资产原值,而国民经济核算在整体上要求以现期价格进行估价,应该以按现期价格估价的固定资产总价值作为计算固定资本消耗的基础。由于固定资产常常使用周期较长,期间内价格变化常常较大(尤其是在出现明显通货膨胀或紧缩的时期),因此按照不同估价所得到的固定资产总价值差异有可能很大,进而导致固定资本消耗和折旧数据之间也会有很大差异。但是,鉴于实践中难以实现按现期价格估算资产存量,这就难以实现以现价固定资产价值为基础计算固定资本消耗,因此,中国目前的核算仍然是沿用企业会计核算的思路和结果,估算实际计提的和虚拟的固定资产折旧,而不是严格意义上的固定资本消耗。

最后需要指出,无论是企业会计核算的固定资产折旧还是国民经济核算的固定资本消耗,都具有明显的主观估算色彩,是一个估算结果。其主观性第一体现在对资产使用寿命(多少年)的预计上,第二体现在对资产磨损模式(是否平均磨损)的假定上,其间不仅涉及资产物理寿命和物理磨损方式,还涉及由于技术替代、经济决策等原因决定的经济寿命和经济贬值方式。事实上,准确计算某一时期的固定资产消耗价值是多少,这几乎是一个无法达成的目标。为此,固定资本消耗成为国民经济核算中的一个特殊项目,不仅涉及GDP核算,也影响到收入、投入等一系列总量核算。

五、增加值及其构成项目核算

(一) 增加值的含义
从基本性质上看,增加值(value added)是各生产单位从总产出中扣除其所含货物

---

① 杨文雪,"国民经济核算中固定资本消耗价值的测算",《统计与决策》,2003年第11期,第9—10页。

和服务消耗价值之后的余值,代表该生产单位汇集各种生产要素在生产过程中新创造的价值。与中间投入来自其他生产过程不同,增加值在产品价值中是第一次出现,因此在一些场合也可以将其称为最初投入。

和总产出相比,增加值在微观上不受中间消耗价值大小的影响,能够反映各单位运用各种生产要素所获得的生产活动净成果,在宏观上不存在重复计算,加总起来就可以表现整个国民经济生产的总成果。

更细致地考察,增加值可以有总增加值(gross value added)和净增加值(net value added)两种定义,前者是总产出扣除了中间投入价值的余值,而后者则还要在总增加值基础上扣除固定资本消耗。

从理论上看,净增加值更加符合增加值的定义,因为它扣除了总产出中包含的全部转移价值,不包含任何重复计算。但是,实践中更广泛应用的却是总增加值,一般地,如果不加特别说明,增加值就是指总增加值,是在总增加值基础上加总获得 GDP。之所以出现此种情况,主要原因有二。

第一是计算固定资本消耗的主观性和不确定性。在总产出、中间投入、固定资本消耗这几个计算要素中,总产出和中间投入是按照实际发生量(产出量和损耗量)计算出来的,是客观度量的结果,惟有固定资本消耗是根据主观确定的参数(使用寿命、磨损模式)估算出来的。由于要扣除固定资本消耗,净增加值结果就具有主观性,但总增加值则不受此影响,仍然是一个客观度量的结果。

第二在于固定资本消耗在使用上的特殊性。由于折旧代表原固定资产价值的贬值而不是实物量的减少,提取出来以后,并非像中间投入那样直接用于替换被损耗的货物和服务,而是可以用于新资产的购置,直到原资产整体替换。这样,在使用性质上,固定资本消耗与净增加值更为接近,适宜于与净增加值加总起来一并作为形成收入的来源。

(二)增加值的核算方法

增加值可以从形成和分配两个角度核算,即生产法增加值和收入法增加值。

从生产法核算思路看,增加值是总产出扣除中间投入之后的结果。总产出和中间投入的核算已如上述,这里不再重复,需要补充说明的是,作为一个计算出来的余值,增加值没有量纲,不对应哪一组特定的货物和服务。如果当期产出价值5 000万元的1 000辆汽车从而形成2 000万元的增加值,我们可以说,在所生产的每一辆汽车中都包含一个增加值的成分(2万元/辆),却不能像总产出对应产出的货物和服务(1 000辆汽车)、中间投入对应消耗的货物和服务(如××吨钢材、××吨橡胶等)那样,说400辆汽车的增加值。所以,增加值是一个比较抽象的概念,必须从宏观上理解才能真正体现其意义——在国民经济整个生产链条中,本环节生产的贡献是2 000万元。

如果从分配角度看,增加值表现为由不同生产参与者所获得的各种收入。由此考虑,增加值由以下要素收入项目构成:体现劳动所得的劳动者报酬、体现政府管理所得的生产税净额、体现资本所得的营业盈余,以及在总增加值情况下还应该包括在其中的固定资产损耗(体现原来投入资本的回收)。通过加总这些收入项目,也可以计算某一时期的增加值,这种方法就是收入法。以下结合中国核算实际简要介绍各构成要素的定义。

1. 劳动者报酬

劳动者报酬,是指劳动者从其所在生产单位通过各种渠道得到的所有货币形式或实物形式的劳动收入。除了工资以外,劳动者报酬还包括各种奖金、福利费用、补助和补贴,以及所在生产单位替劳动者缴纳的社会保险金等。劳动者报酬代表了劳动这种生产要素从生产的价值中所获得的收入。

2. 生产税净额

生产税净额,是生产税与生产补贴的差额。其中,生产税是生产单位因从事销售等经营活动以及在这些经营活动中购买、进口和使用货物和服务而向国家缴纳的税金,如产品税、销售税、营业税等,但不包含任何针对企业利润、盈余及其他收入所缴纳的税收;生产补贴是指国家针对货物和服务的生产或进口对生产单位所做的补贴,可以看作一种负的生产税。所以,作为增加值组成部分之一的生产税净额,等于生产税与生产补贴的差额,代表政府参与生产单位分配所获得的收入。

3. 固定资本消耗

固定资本消耗,是指核算期内生产单位为补偿生产活动中所耗用的固定资产而提取的价值,代表固定资产在生产过程中磨损的价值。

4. 营业盈余

营业盈余,是生产单位总产出扣除中间消耗、劳动者报酬、生产税净额和固定资产消耗以后的余额,与生产单位当期生产经营所获营业利润有相似之处,代表资本要素从当期生产中最初获得的报酬[1]。

表 2-3　我国 2011 年地区生产总值收入法计算数据　　　　单位:亿元

地　区	地区生产总值	劳动者报酬	生产税净额	固定资产折旧	营业盈余
北　京	16 251.93	7 992.38	2 566.16	2 155.80	3 537.59
天　津	11 307.28	4 378.14	1 771.81	1 416.06	3 741.27
河　北	24 515.76	12 496.98	2 951.14	3 130.75	5 936.89
山　西	11 237.55	4 675.44	1 833.04	1 794.36	2 934.71
内蒙古	14 359.88	6 240.45	2 083.49	1 590.76	4 445.18
辽　宁	22 226.70	10 268.90	4 142.88	3 041.69	4 773.23
吉　林	10 568.83	4 085.94	1 637.88	1 825.16	3 019.85

---

[1]　高敏雪、李静萍、许健编著,《国民经济核算原理与中国实践》,中国人民大学出版社 2000 年版,第 51—56 页。

续　表

地　区	地区生产总值	劳动者报酬	生产税净额	固定资产折旧	营业盈余
黑龙江	12 582.00	4 615.53	2 117.20	1 410.16	4 439.11
上　海	19 195.69	7 709.62	3 713.40	2 298.34	5 474.33
江　苏	49 110.27	20 523.13	7 272.03	6 588.02	14 727.09
浙　江	32 318.85	13 185.55	5 248.01	3 908.75	9 976.54
安　徽	15 300.65	7 435.30	2 076.10	1 881.07	3 908.18
福　建	17 560.18	8 741.77	2 287.51	1 834.11	4 696.79
江　西	11 702.82	5 143.98	1 965.45	1 607.25	2 986.14
山　东	45 361.85	17 443.68	7 605.50	6 510.37	13 802.30
河　南	26 931.03	13 439.43	3 358.46	3 179.39	6 953.75
湖　北	19 632.26	9 432.57	2 676.10	2 485.28	5 038.31
湖　南	19 669.56	9 802.10	3 240.66	2 134.42	4 492.39
广　东	53 210.28	24 287.53	8 567.19	6 986.46	13 369.10
广　西	11 720.87	6 806.45	1 484.65	1 659.59	1 770.18
海　南	2 522.66	1 273.37	438.44	377.71	433.14
重　庆	10 011.37	4 930.41	1 486.41	1 068.85	2 525.70
四　川	21 026.68	9 381.81	3 241.96	2 683.30	5 719.61
贵　州	5 701.84	2 982.45	946.78	794.52	978.09
云　南	8 893.12	4 271.34	1 822.40	1 100.03	1 699.35
西　藏	605.83	384.47	48.78	89.32	83.26
陕　西	12 512.30	4 911.66	2 272.65	1 464.67	3 863.32
甘　肃	5 020.37	2 307.07	909.98	855.36	947.95
青　海	1 670.44	756.12	292.11	270.88	351.33
宁　夏	2 102.21	1 061.65	256.71	317.36	466.49
新　疆	6 610.05	3 345.03	1 084.37	884.74	1 295.91

资料来源：《中国统计年鉴——2012》，中国统计出版社 2012 年版。表中数据按当年价格计算。

第三节　最终产品使用核算：支出法GDP

　　国民经济成果的使用有中间消耗、资本形成、最终消费和出口四种方式。中间消耗是当期生产过程中使用的货物和服务，属于中间产品使用；资本形成是当期积累下来用于增加国民财产以扩大生产规模的生产资本；最终消费是指当期居民消费和公共消费中所使用的货物和服务，它和资本形成都属于最终产品使用；出口则是指向非常住单位提供它们所需的产品和服务，目的是扩大生产规模、延长产品的生命周期。最终产品价值是核算国内生产总值的另一条途径。通过支出法核算GDP，可以提供最终消费、资本形成、出口等方面的数据资料，以此为基础，可以从国民经济总需求角度展开应用分析。

▶ 一、支出法GDP核算的基本问题

　　立足最终产品核算国内生产总值，需要从最终产品的使用去向入手。从使用者角度看，这样的最终使用就是最终支出，这样计算GDP的方法称为支出法。

　　根据最终产品的使用去向，最终支出体现为以下三个方面：为消费而花费的支出，即最终消费支出；为投资积累形成非金融资产而花费的支出，即资本形成；最后是出口到国外的部分，即非常住单位为购买该国货物和服务而花费的支出。其中前两者属于国内最终支出，有文献称其为国内支出总值（gross domestic expenditure，GDE）。鉴于使用与生产的对应关系，与生产核算的范围保持一致是最终支出所恪守的基本原则，只要是生产核算所覆盖的活动，其产品用于最终使用，就应该包含在最终使用核算范围之内。

　　需要注意的是，实际上，无论是消费支出还是资本形成，都是从使用者角度记录其当期支出数额及其类别，并不考虑支出购买的对象来自国内生产还是国外进口，甚至也不考虑购买的货物和服务是否本期生产。这就是说，最终支出的核算并不一定直接对应当期生产提供的最终产品价值。为了对应于GDP核算，需要对最终支出核算内容进行调整，首先要从核算的消费支出、资本形成、出口中扣除其中所包含的货物和服务进口，此外还要通过资本形成中的存货净变化、资产净购买等方式，剔除掉不属于本期生产的部分。这样，尽管最终支出的购买对象从实物上不一定是当期生产成果，但在价值数额上却保持了两者之间的对应关系[1]，由此得到的支出法GDP的核算关系式是[2]：

---

　　① 进口的货物和服务会有一部分用做中间消耗，因此严格来说，仅从最终支出中扣减进口，仍然不能保证其结果能够与最终产品保持完全对应。
　　② 高敏雪、李静萍、许健编著，《国民经济核算原理与中国实践》，中国人民大学出版社2000年版，第62—63页。

$$国内生产总值 = 最终消费支出 + 资本形成总额$$
$$+ 货物与服务出口 - 货物与服务进口 \quad (公式2-8)$$

▶▶ 二、国内生产总值总表

可以将国内生产总值的生产法、收入法和支出法三种计算方法集中体现在一张表中,从不同的角度反映国内生产总值及其构成。这张表也被称为国内生产总值总表(如表2-4所示)。

表2-4 国内生产总值总表

生　　　产	金额	使　　　用	金额
一、生产法国内生产总值 　(一)总产出 　(二)中间投入(一) 二、收入法国内生产总值 　(一)劳动者报酬 　(二)生产税净额 　　生产税 　　生产补贴(一) 　(三)固定资产折旧 　(四)营业盈余		一、支出法国内生产总值 　(一)最终消费 　　居民消费 　　　农村居民消费 　　　城镇居民消费 　　政府消费 　(二)资本形成总额 　　固定资本形成总额 　　存货增加 　　贵重物品①的获得减处置 　(三)净出口 　　出口 　　进口(一) 二、统计误差	

资料来源:国家统计局编,《中国国民经济核算体系(2002)》,中国统计出版社2003年版。

表2-4的左端称为生产方,右端称为使用方。

生产方反映生产活动的成果。其主栏由生产法和收入法的指标构成。生产法国内生产总值的构成项目包括总产出和中间投入两项。收入法国内生产总值的构成项目分为劳动者报酬、生产税净额、固定资产折旧和营业盈余四项。

使用方反映最终生产成果的使用。其主栏由支出法的构成指标——最终消费、资本形成总额、净出口构成。其中,最终消费细分为居民消费和政府消费;资本形成总额细分为固定资本形成总额、存货增加和贵重物品的获得减处置;净出口下设出口和进口。另外,受资料来源不充分、推算方法不完善等因素的影响,实际核算结果不可避免地存在误差,因此,为了保证表中使用方和生产方的平衡,在使用方还专门设置了统计误差项。

国内生产总值总表左右两端的平衡关系可以概括为:

---

① 贵重物品是指具有可观价值的生产品,主要不是用于生产或消费之目的,而是长期作为价值贮藏手段持有。国家统计局一般不编制贵重物品的价格指数,实践中,应该使用可得到的最适当的价格指数对其主要成分进行缩减。

$$生产法国内生产总值 = 收入法国内生产总值$$
$$= 支出法国内生产总值 + 统计误差$$

▶▶ 三、生产账户

生产账户是国民经济综合账户体系的第一个账户,其来源方记录各机构部门或经济总体在一定核算期内生产的总产出,使用方记录各机构部门或经济总体在生产过程中的中间消耗,总产出与中间消耗的差额即为增加值,它是生产账户的平衡项。从经济总体来看,各部门增加值的合计即是国内生产总值。原则上,每个经济部门的生产账户都应该具备形如表2-5所示的基本结构(不同部门的生产账户在细节上可以略有差异)。

由于账户左右两方记录不同的经济交易和项目,为了使账户保持平衡,需要特别设置一个平衡项目,其数额等于左右两方项目记录数额的差额。一般来说,交易账户的平衡项大多记录在账户的左边。

除了平衡项外,生产账户只包括三个项目。生产活动的产出记录在账户右侧的来源方,它还可以按产出的不同类型进行分解。例如,在机构部门账户中,如果可能,应将非市场产出、市场产出和为自身最终使用的产出分开列示。使用记录在账户左侧,包括中间消耗和固定资本消耗,它们也都可以进一步细分。

此外,为了排除产品税因素对产出水平的影响,SNA在生产账户中分别列示按基本价格计算的总产出与产品税净额;进而又将总产出划分为市场产出、为自身最终使用的产出和非市场产出,以便研究其内部结构。表2-5给出的是国民经济总体的生产账户。

表 2-5　经济总体的生产账户　　　　　　　　　　　　　单位:亿元

使　　用		来　　源	
中间消耗	1 883	总产出(基本价格)	3 604
		市场产出	3 077
		为自身最终使用的产出	147
		非市场产出	380
总增加值/国内生产总值	1 854	产品税净额	133
固定资本消耗	222	产品税	141
净增加值/国内生产净值	1 632	产品补贴(一)	8
合　计	3 737	合　计	3 737

资料来源:联合国、欧盟委员会、经济合作与发展组织、国际货币基金组织、世界银行编,《2008 国民账户体系》,中国统计出版社 2012 年版,第 109 页,表 6.1。

从上表可清楚地反映出,生产账户测算的目的就是计算增加值。生产账户概括地表达了增加值计算的生产法。总产出(3 604)是生产成果,也是生产收入的来源;中间消耗(1 883)是生产的中间使用,也是转移;总增加值(1 854)是生产账户的平衡项,它是总产出(3 604)减去中间消耗(1 883)再加上产品税净额(141－8＝133)的剩余项,也就是按生产法计算的国内生产总值,它与按支出法计算得到的数值是一致的。总增加值与固定资本消耗的差额是净增加值,也就是国内生产净值。国内生产净值也认为是雇员报酬、生产税净额和营业盈余等之和。生产账户通过增加值与收入分配和使用账户相联系。

增加值是用于衡量生产过程所创造的新增价值的,而固定资本消耗是生产费用,因此增加值应该按净额计算。然而,正如前面所解释的,计算固定资本消耗实际上是比较困难的,并且也未必总能对其价值做出令人满意的估计,由此也会影响到净增加值的计算。因此,SNA 不得不规定,增加值既可以按总额计算,也可以按净额计算。这样,SNA 随后账户中的平衡项也可以按总额或扣除固定资本消耗后的净额来计算。

若需进一步研究收入形成的部门特点,就应编制机构部门生产综合账户(见表2－6),即将各机构部门的生产账户综合处理。表2－6 的中间部分列示交易与平衡项,左右两侧分列使用(支出)与来源(收入)项目。

表 2-6　机构部门生产综合账户　　　　　　单位：亿元

使 用							交易和平衡项	来 源						
合计	国外	经济总体	NPISH	住户	一般政府	金融公司	非金融公司		非金融公司	金融公司	一般政府	住户	NPISH	经济总体	国外	合计
								产出	2 808	146	348	270	32	3 604		3 604
								市场产出	2 808	146	0	123	0	3 077		3 077
								为自身最终使用的产出	0	0	0	147	0	147		147
								非市场产出			348		32	380		380
1 883		1 883	17	115	222	52	1 477	中间消耗								
								产品税						141		141
								产品补贴(一)						－8		－8
1 854		1 854	15	155	126	94	1 331	总增加值/国内生产总值								
222		222	3	23	27	12	157	固定资本消耗								
1 632		1 632	12	132	99	82	1 174	净增加值/国内生产净值								

资料来源：联合国、欧盟委员会、经济合作与发展组织、国际货币基金组织、世界银行编,《2008 国民账户体系》,中国统计出版社 2012 年版,第 108—109 页,表 6.1。

▌▶ 四、货物和服务账户

在整个账户序列中,每个交易行都是平衡的。对于那些分配和再分配交易而言,如果数据是完全协调的,这种平衡就会自动成立,因为一个单位应付必定是另外一个单位应收。然而对于同货物和服务有关的交易而言,情况并非如此。为了保持账户的平衡性,账户的每一边都要包括一个名为"货物和服务"的列。对于任何同货物和服务有关的交易,除相关机构部门在账户的某一边有相应登录外,还要在账户另外一边的货物和服务列做一个登录。

在机构部门账户中,中间消耗和最终消费作为使用出现在左边。但对于货物和服务账户来说,它们却出现在右边的列,即使右边一般用于表示来源而消费是一种使用(见表 2-7)。这种同常规账户相反的设计,可以保证货物和服务账户中每一个项目的行平衡。在表的来源方,出现在货物和服务列中的数字对应于不同机构部门和国外的使用,包括中间消耗(1 883)、最终消费支出/实际最终消费(1 399)、固定资本形成总额(376)、存货变化(28)、贵重物品获得减处置(10)和出口(540)。在表的使用方,货物和服务账户列中的数字对应于不同机构部门和国外的来源,包括产出(3 604)和进口(499)。产品税减产品补贴(133)也位于使用方,直接显示在货物和服务列中,它们是货物和服务供给值的组成部分,但不与任何机构部门的产出对应。

表 2-7　货物和服务账户　　　　　　　　　　　　单位:亿元

来　　源		使　　用	
产出	3 604	中间消耗	1 883
货物和服务进口	499	最终消费支出	1 399
产品税	141	资本形成总额	414
产品补贴(一)	—8	固定资本形成总额	376
		存货变化	28
		贵重物品的获得减处置	10
		货物和服务出口	540
总来源	4 236	总使用	4 236

资料来源:联合国、欧盟委员会、经济合作与发展组织、国际货币基金组织、世界银行编,《2008 国民账户体系》,中国统计出版社 2012 年版,第 39 页,表 2.15。

显然,根据以前的分析,供应给经济体的货物和服务总量一定等于其使用总量。另左边货物和服务列的登录等于右边相应的登录,就可以给出常见的货物和服务账户形式:

产出＋进口＋产品税减产品补贴 ＝ 中间消耗＋最终消费＋资本形成＋出口

(公式 2-9)

这个等式反映了如下的见解:当前生产的货物和服务,或者用于在当期生产更多的货物和服务(中间消耗),或者用于在将来生产更多的货物和服务,或者立刻用于满足人们的需求(最终消费)。但是由于没有一个经济体是完全封闭的,因此必须考虑由经济体外供给的货物和服务(进口)以及被其他经济体使用的货物和服务(出口)。另外,货物和服务账户是总体平衡的,即在总使用和总来源之间存在着平衡关系,而不是就每种类型交易的平衡,因此它没有平衡项,这是货物和服务账户与其他经济账户所不同的特点。

货物和服务账户是 SNA 中最基本的恒等式之一,它表达了这样一个观念:生产范围内的全部产出,加上进口,必定用于 SNA 其他两方面的基本活动:货物和服务的消费或者积累。如果没有货物和服务账户,供给使用表将无法全面阐明和列举出经济中的所有产品。整个账户序列就是在货物和服务账户基础上,通过加入那些与收入形成、分配、再分配以及储蓄有关的交易来建立的。汇总所有机构部门和国外的这些交易,总来源就等于总使用。如果对账户序列中的这些交易加以"合并",那么最终只会剩下货物和服务账户①。

五、国内生产总值及其使用表

国内生产总值及其使用表以社会产品为对象,对社会生产与使用进行全面、系统核算,集中反映国民经济运行中基本的经济总量(如生产、消费、投资和进出口等),及其相互联系和比例关系。生产是国民经济最基本的活动,因而生产与使用的核算在国民经济核算体系中居于核心地位,其他各部分核算是社会生产与使用总量的延伸和扩展。本表以国内生产总值作为衡量社会生产与使用的核心指标,对货物和服务进行统一核算,对生产核算区分为市场生产、为自身最终使用的生产和非市场生产,对使用核算区分为货物和服务两种形态。由于国内生产总值能比较全面、确切地反映生产活动的最终成果,综合反映国民经济发展的规模、速度和结构,且便于进行比较,因此为世界各国所普遍采用。

国内生产总值及其使用表的左方为生产方,右方为使用方,在左右方的宾栏分别列出货物、服务和合计三栏,合计栏核算国内生产总值及其使用,其余各栏分别核算货物和服务的生产及其使用。主栏指标的设置,根据生产法、收入法、支出法三方面等值的原理,将国内生产总值的三种计算方法集中体现在一张表中,从而既可从不同的角度对国内生产总值指标进行观察,又能使其保持平衡关系。它的结构设计保证了国内生产总值指标的概念完整、逻辑关系清晰和技术方法统一,符合科学性、实用性和可行性的要求,充分体现出我国国民经济核算体系的主要特点(见表2-8)。

表2-8 国内生产总值及其使用表

生　　产	顺序号	市场生产	为自身最终使用的生产	非市场生产	合计	使　　用	顺序号	货物	服务	合计
		1	2	3	4			5	6	7
一、中间消耗	1					一、中间消耗	8			
二、总增加值	2					二、最终消费支出	9			
1. 雇员报酬	3					1. 住户	10			
2. 生产税减生产补贴	4					2. NPISHs	11			
						3. 一般政府	12			
3. 总混合收入	5					三、资本形成总额	13			
4. 总营业盈余	6					1. 固定资本形成总额	14			
五、总产出	7					2. 存货变化	15			

---

① 联合国、欧盟委员会、经济合作与发展组织、国际货币基金组织、世界银行编,《2008国民账户体系》,中国统计出版社2012年版,第312—378页。

续 表

生 产	顺序号	市场生产	为自身最终使用的生产	非市场生产	合计	使 用	顺序号	货物	服务	合计
		1	2	3	4			5	6	7
						3. 贵重物品的获得减处置	16			
						四、净出口	17			
						1. 出口	18			
						2. 进口(一)	19			
						五、总使用	20			

资料来源：联合国、欧盟委员会、经济合作与发展组织、国际货币基金组织、世界银行编，《2008 国民账户体系》，中国统计出版社 2012 年版，第 327、335 页，表 14.9、表 14.12。

国内生产总值及其使用表的左右双方反映了生产与使用、收入与支出的总的平衡关系：总产出＝总使用。

六、国内生产总值账户

国内生产总值账户反映有关生产(供给)和使用的总量平衡关系，国内生产总值是核算体系的核心指标，本账户的总量平衡关系是围绕这一指标建立的。

国内生产总值账户反映了国内生产总值的三种计算方法，即生产法、收入法和支出法。账户的右方是支出法，即居民消费支出、政府消费支出、固定资产形成总额、库存增加及货物和服务出口净额。账户的左方同时反映生产法和收入法，上半部是生产法，即总产出与中间消耗；下半部是收入法，即劳动者报酬、生产税净额、固定资产折旧和营业盈余(见表 2-9)。理论上讲，三种方法所得到的国内生产总值应该是相等的。

表 2-9　国内生产总值账户　　　　　　　　　　　　　　　单位：亿元

使　用		来　源	
总产出	3 737	总消费	1 399
减:中间消耗	1 883	居民消费	1 230
劳动者报酬	1150	政府消费	169
生产税净额	191	总投资	414
生产税		固定资产形成总额	376
减:生产补贴		存货变化	28
固定资产折旧	222	贵重物品的获得减处置	10
营业盈余	291	净出口	41
		出口	540
		减:进口	499
国内生产总值	1 854	国内生产总值	1 854

国内生产总值为国民经济账户提供了最重要的总量指标,如国内生产总值及其分行业增加值和支出项目,这些基本总量是编制国民经济账户的基础;而国民经济账户作为逻辑严密、协调一致的核算系统,为国内生产总值数据的修订和调整提供了一个基本框架。

第四节　国内生产总值核算的实践与应用

在了解了国内生产总值的内涵及核算方法之后,我们再结合我国情况来讨论一下我们在国内生产总值分析中常见的一些问题,对这些问题的了解有助于我们更好地理解和应用国内生产总值数据。

▐▶ 一、我国国内生产总值的计算与数据发布程序

我国年度国内生产总值核算包括如下几个过程:初步估计过程、初步核实过程、最终核实过程。

初步估计过程一般在每年年终和次年年初进行。此时,年度国内生产总值核算所能得到的资料较少,基本上以国家统计局有关专业司提供的主要专业初步统计资料为基础,进行估计和推算。因此,初步估计过程所得到的年度国内生产总值只是一个初步数据,以满足年度宏观经济形势分析和判断的需要,它有待于在获得较充分的资料后进行核实。这也就是称这一过程为初步估计过程的理由。国内生产总值初步估计数据发布在次年年初《中国统计公报》和次年上半年《中国统计摘要》上。

初步核实过程一般在次年的第二季度进行。此时,初步估计过程所依据的主要专业初步资料得到核实,国家统计局其他专业统计资料、国务院有关部门的统计资料和部分会计决算和业务核算资料陆续获得,但是大多数会计决算和业务核算资料,金融保险系统、铁路系统、民航系统、邮电运输系统等会计决算资料和财政决算资料尚不能获得。因此,与初步估计数据相比,初步核实所获得的国内生产总值更准确些,但因仍缺少国内生产总值所需要的许多重要资料,因此相应的数据尚需进一步核实。国内生产总值初步核实数据在次年下半年出版的《中国统计年鉴》和《中国统计提要》上公布。

最终核实过程一般在次年的第四季度进行。此时,国内生产总值核算所需要的和所能搜集到的各种统计资料、会计决算资料和有关业务资料基本齐备。与初步核实数据相比,依据这些更全面、更细致的资料计算出来的国内生产总值数据显然更准确些。国内生产总值最终核实数据在隔年(第三年)出版的《中国统计摘要》、《中国统计年鉴》和《中国统计提要》上公布。

从以上操作过程可以看出,我国国内生产总值核算要公布三次数据,其统计精度逐步提高,所以某年的国内生产总值最早的数据可于次年初得到,而最准确的数据可以在第三年得到。如果查到某年的国内生产总值有三个不同的数据是很正常的,且应以最

后公布的数据为准。

国内生产总值统计实践中还有一个重要问题,即历史数据调整。这种调整只有在某些影响国内生产总值数据总量或结构的特殊情况出现时才进行,这些情况包括:发现或产生新的数据来源、有关分类变化以及核算方法或核算原则发生重大变化等,比如,2004 年全国第一次经济普查过程中发现了 GDP 核算中服务业被低估的情况,经济普查之后,国家统计局就把 2004 年我国的 GDP 数据做了调整,增加了 23 000 亿元。一般地,对国内生产总值历史数据进行调整很少进行,而且随着统计制度的稳定,这种调整还会进一步减少。

所以,我们在查阅有关国内生产总值数据时,有可能出现某年 GDP 数据有着不同的版本,在此情况下,应以最新的数据为准。

二、不变价国内生产总值核算

一般来说,国内生产总值在最初核算过程中都是按当年价格计算的。显然,由于价格水平每年都在发生变化,这样计算出的国内生产总值数据就会受到价格水平的影响,在某些通货膨胀严重的年份里,这样的价格影响可能是非常严重的。如果不扣除价格因素的影响,就无法准确反映真实的社会生产情况。因此,在经济分析中,尤其是进行时间序列分析时,不变价国内生产总值就非常重要。

不变价国内生产总值核算的目的是剔除按现期市场价格衡量的国内生产总值中的价格变动因素,以反映一定时期内生产活动最终成果的实际变动。

不变价国内生产总值的生产核算是将各产业部门现价增加值换算成不变价增加值,各产业部门不变价增加值加总得出不变价国内生产总值。不变价的生产核算方法基本上有两种,即缩减法和外推法。缩减法又分为双缩法和单缩法,双缩法是分别利用产出价格指数和中间投入价格指数缩减现价总产出和现价中间投入,得出不变价总产出和不变价中间投入,不变价总产出减去不变价中间投入得到不变价增加值。单缩法一般是直接利用总产出价格指数缩减现价增加值,求得不变价增加值。单缩法假定中间投入的价格变化与总产出的价格变化基本上保持相同的幅度。

外推法也分为双外推法和单外推法。双外推法是在基期不变价总产出和中间投入的基础上,分别用总产出物量指数和中间投入物量指数外推出当期不变价总产出和中间投入,当期不变价总产出减不变价中间投入得出当期不变价增加值。单外推法一般是利用总产出物量指数乘以基期不变价增加值,求得当期不变价增加值。这种方法是假定中间投入的物量变化与总产出的物量变化基本上保持相同的幅度。目前我国不变价国内生产总值生产核算,农林牧渔业采用的是双缩法,交通运输、仓储和邮政业采用的是外推法,其他行业采用的都是单缩法。各行业不变价增加值的具体计算方法如下。

农林牧渔业,先采用农产品生产者价格指数和农业生产资料价格指数分别对现价总产出和中间消耗进行缩减,换算出不变价总产出和中间消耗。不变价总产出减不变价中间消耗,得出不变价增加值。

工业采用工业品出厂价格指数对现价增加值直接缩减,得到不变价增加值。

交通运输邮电业和信息传输服务业,以能够反映行业变动趋势的物量指标的增长速度作为不变价增加值的增长速度,用不变价增加值的增长速度乘上期不变价增加值绝对额,得出当期不变价增加值。交通运输业的物量指标是旅客周转量和货物周转量,邮政业和信息传输服务业的物量指标是邮电业务总量。

批发和零售业、住宿和餐饮业,采用商品零售价格指数直接对现价增加值进行缩减,得出不变价增加值。

金融业采用居民消费价格指数与固定资产投资价格指数的加权指数直接对现价增加值进行缩减,得出不变价增加值。

房地产业,对固定资产折旧和净增加值分别缩减,固定资产折旧采用固定资产投资价格指数,净增加值采用房地产价格指数。

以上产业部门以外的各种服务业,均采用居民消费价格指数及其类指数直接对现价增加值进行缩减,得出不变价增加值。

不变价支出法国内生产总值核算就是利用相应的价格指数缩减现价支出法国内生产总值的构成项目,得出不变价的构成项目,不变价构成项目之和等于不变价支出法国内生产总值。具体说,居民消费按照食品、衣着、家庭设备用品及服务、医疗保健、交通和通信、文化教育娱乐用品及服务,用相应的消费品价格指数缩减;住房服务消费支出分房租支出和私人自有住房服务两部分,分别用房屋租赁价格指数和固定资产投资价格指数缩减;金融媒介服务和保险服务的消费支出,用商品零售价格指数和固定资产投资价格指数的加权平均数缩减;享受的集体福利服务消费,用居民消费服务价格指数缩减。政府消费分为固定资产虚拟折旧、货物支出、工资支出、服务支出四部分,分别用固定资产投资价格指数、商品零售价格指数、城市居民消费品价格指数和居民消费服务价格指数缩减。固定资本形成总额用固定资产投资价格指数缩减。存货增加用直接计算法和缩减法计算,即农业部门存货增加中的猪、羊、粮食、家禽和其他家养动物,利用基年的单位价格乘以核算期增加的数量计算不变价;其他存货增加,按照用途划分为生产资料、生活资料和收购的农副产品,分别用生产资料出厂价格指数、生活资料出厂价格指数和农产品生产价格指数缩减。货物和服务净出口,出口都采用货物出口价格指数缩减,进口都采用货物进口价格指数缩减。

▌▶ 三、国内生产总值的结果分析

国内生产总值的生产法、收入法、支出法计算过程中有很多变量,这些变量之间的关系以及变量的结构变动可以揭示出很多重要的信息,经常被用于经济分析。

(一)产业结构

可以通过各产业增加值占总增加值的比重来观察产业结构及各产业的贡献率。

(二)增加值率

增加值率是指增加值占产出或中间投入的比重。我们知道增加值是总产出减去中间投入的结果,是新增加的价值,计算增加值率很显然是为了反映生产过程中新追加价值的相对份额。一般来说,增加值率高也就意味着生产附加值高。

（三）要素收入比例

我们知道,国内生产总值＝劳动者报酬＋生产税净额＋固定资产折旧＋营业盈余,其中后四项分别代表劳动等生产要素对国内生产总值的贡献情况,我们可以分别计算这四项占国内生产总值的比重,它们也就分别代表了要素收入的比例。

（四）最终消费率

最终消费率是最终消费占国内生产总值的比例。按照支出法国内生产总值计算方法,国内生产总值有三个去向:一是用于最终消费,二是用于资本形成,三是用于出口。它们分别代表了消费、积累、国外对 GDP 的需求,我们所常说的消费、投资、出口对国内生产总值的拉动作用也体现了这个意思。我们可以分别计算三者在 GDP 中的比重,其中,最终消费率比较常见,它反映的是最终产品中有多大的比重被用于消费,或者消费对 GDP 的拉动作用有多大。

（五）恩格尔系数

恩格尔系数通常是指食品消费支出占居民消费支出的比重。一般来说,随着社会生产发展和人民生活水平的提高,恩格尔系数呈下降的趋势。根据联合国粮农组织提出的标准,恩格尔系数在 59％以上的为贫困,50％—59％的为温饱,40％—50％的为小康,30％—40％的为富裕,低于 30％的为最富裕。

修订情况及研究趋势

2008 年国民账户体系(SNA－2008)承袭了前一版,即 1993 年国民账户体系(SNA－1993)的基本理论框架。不过,根据联合国统计委员会的要求,SNA－2008 对经济中出现的一些重要的新现象作了处理,对那些日益成为分析焦点的方面进行了详尽的阐述,并对很多问题的核算原则做出了澄清。

首先,SNA－2008 中,引入"知识载体产品"这一术语,以将那些兼具货物和服务之某些特征的产品纳入进来;

其次,SNA－2008 将生产区分为三个类型,即市场生产、为自身最终使用的和非市场生产;

再次,SNA－2008 指出,如果使用总生产成本法来估计市场生产者为自身最终使用而生产的产出,则应包含固定资本回报;

最后,SNA－2008 指出,研究与开发不再被记录为中间消耗,而是在大多数情况下被记录为固定资本形成。

虽然 SNA－2008 已经解决了生产总量核算中的一些问题,但是很显然,其不可能将众多新的变化全部考虑在内。

如,SNA－2008 建议,对于免费或以不具有显著经济意义价格提供的非市场生产的价值,应当按照生产总成本来估计。这一建议的前提是没有非市场生产的市场价格。但是,不断有研究试图找到测量政府产出的其他方法。

又如,目前SNA-2008出于以下两个原因保留了基层单位这一概念。第一个原因是,如果数据从基层单位收集,则可以提供与基础数据的联系。如果基础数据是从企业来收集的,则这个原因不成立。第二个原因是为了在投入产出表中使用。历史地看,根本原因在于需要找到一个与仅在一个地点、仅从事一种活动的单位尽可能接近的单位,从而使得与生产的物理过程的联系尽可能清晰。随着投入产出的重点从物理观点向经济观点的转变,以及从产品-产品矩阵向产业-产业矩阵的转变,在SNA-2008中保持基层单位概念的必要性实际上已经不那么显著了。

最后,国内生产总值(GDP)等于一经济领土内所有从事生产活动的常住机构单位的总增加值之和(即基本价格增加值),加上没有包含在其产出价值中的产品税减产品补贴。GDP也等于一经济领土内所有常住机构单位的最终支出之和减去进口支出。对于生产法GDP,其"自然"估价是基本价格,而对于支出法GDP,其"自然"估价则是市场价格。在SNA-2008中,通过调整生产法GDP(即加产品税减产品补贴)来保持估计的一致性。这种做法隐含着如下的意思:产品税减补贴是收入的一种形式,而不仅仅是收入的再分配[①]。

思考与练习

1. 以下哪些活动被排除在生产核算范围之外?
(1) 果农自己动手酿造红葡萄酒;
(2) 在美国地下餐厅打工;
(3) 全家人自己动手在别墅边建立了小型车库;
(4) 妈妈为孩子准备午餐。

2. 理解GNP的一般概念要注意哪几个问题?

3. 国民经济生产核算的范围应该如何界定?

4. 最终消费支出与实际最终消费支出在定义上和具体核算上有何差别?

5. 如何理解金融业总产的核算方法?

6. 中间产品和最终产品的划分依据是什么?

7. 国民总收入(旧称国民生产总值),与国内生产总值在性质上有显著不同,一个为收入指标,一个为生产指标,但它们在数量上十分接近。在发达国家,国民总收入一般要大于国内生产总值,而在发展中国家,其国民总收入往往要小于国内生产总值。如,加纳1990年的国内生产总值是其国民收入的103.7%;瑞士1990年的国内生产总值是其国民总收入的95%。你能理解这是为什么吗?

---

① 联合国、欧盟委员会、经济合作与发展组织、国际货币基金组织、世界银行编,《2008国民账户体系》,中国统计出版社2012年版,第658—689页。

第三章　投入产出核算

引　言

　　投入产出核算作为国民经济核算的五大核算之一,它是对国内生产总量及其使用核算的具体化和延伸,它旨在反映产品部门或产业部门间的纯技术经济联系。投入产出核算主要是运用瓦西里·列昂惕夫发明的投入产出技术,采用矩阵式平衡表的方法对经济生产活动及其相互关系进行描述、预测,为掌握经济结构、制定宏观经济政策提供依据。投入产出核算核算方法独特,在国民经济核算中具有相对独立的意义。

第一节　投入产出技术与投入产出核算

　　美国经济学家瓦西里·列昂惕夫在前人关于经济活动相互依存性的研究基础上,于1931年开始研究投入产出。他编制了1919年和1929年的美国投入产出表分析美国的经济结构和经济均衡问题。1936年瓦西里·列昂惕夫发表论文《美国经济制度中投入产出数量关系》,标志着投入产出分析的诞生。瓦西里·列昂惕夫于1941年独著的《美国经济结构(1919—1929)》、1953年与钱纳里等人合编的《美国经济结构研究:投入产出分析的基本原理与实证探讨》都是投入产出分析的经典之作。投入产出技术与国民经济核算的结合,发端于1950年在荷兰召开的第一次投入产出技术国际会议,在J·丁伯根的推动下,由R·斯通提出来。1962年,斯通根据英国的资料为国民经济核算编制了一个矩阵,这一工作为SNA引入投入产出方法提供了经验。把投入产出技术引入SNA是修订1953年出版的《国民经济核算体系》的一项重要内容。

▌▶ 一、投入产出的概念

　　投入产出一词有三层含义,它指投入产出表、投入产出系数和投入产出技术。

(一) 投入产出表

　　在进行生产时,任何一个部门都要消耗材料、燃料、动力和劳动力等,而经过生产活动得到的生产成果,或供其他部门生产中使用,或用于消费、固定资产形成、库存增加和出口等。以钢材生产为例,在钢材生产过程中,要消耗矿石、生铁、煤、电、焦炭等产品,同时也有对钢材的自身消耗,还要支付劳动报酬、上缴利税等。钢材生产出来以后,用于矿石、生铁、煤、电、焦炭等产品的生产,还用于出口等。进行宏观经济分析决策,需要同时从生产和使用两个角度来研究国民经济各个部门的生产活动,而投入产出表就是全面系统地反映国民经济各个部门生产和使用关系的一种表格。它是根据国民经济各个部门生产中的投入来源和使用去向,纵横交叉组成的一张棋盘式平衡表,它深入揭示了国民经济各个部门之间在经济技术上相互依存、相互制约的数量关系,并充分体现国内生产总值的生产、收入、支出三种核算方法的统一。

(二) 投入产出系数

依据投入产出表的基本数据可以计算出一系列反映部门之间消耗结构、比例关系的系数。主要有直接消耗系数、完全消耗系数、完全需求系数、增加值结构系数、最终使用结构系数等。

(三) 投入产出技术

投入产出技术就是运用矩阵的原理,利用投入产出表的数据,根据投入产出表的平衡关系和投入产出系数建立投入产出模型,对经济活动进行描述、预测、仿真模拟的方法。

二、投入产出的理论基础

瓦西里·列昂惕夫认为,他的投入产出分析是从法国经济学家里昂·瓦尔拉斯的一般均衡理论中得到直接启发,是这一理论的具体延伸。一般均衡理论又称全面均衡理论,它是以边际效用价值论为基础建立全面均衡的价格决定模型,用数量方法论证所谓纯粹的经济理论体系。一般均衡理论的模型是建立在边际效用论、要素论、边际生产率论、供求理论等经济学的基本理论前提的基础上。

瓦尔拉斯把他的全部均衡体系,以代数联立方程式的形式建立了一个全部均衡理论数学模型。他的理论和方法,以后又经过意大利经济学家帕累托、英国经济学家希克斯、美国经济学家卡塞尔等人的修改和发展。

一般均衡理论的简单模型如下:

首先,假设一个经济系统,有 n 种商品,m 种资源或生产要素(即劳动、资本、土地等生产要素)。以 r_i 代表第 i 种资源的供给量,以 x_j 代表第 j 种产品的生产量,以 a_{ij} 代表在生产一个单位 j 种产品时所用的第 i 种资源消耗的消耗系数。则,我们有

$$\sum_{j=1}^{n} a_{ij}x_j = r_i \qquad (i = 1, 2, \cdots, m) \qquad \text{(公式 3-1)}$$

上式表示所有商品对每一种资源的需求量等于供给量。

其次,引进价格变量(共 $m+n$ 个)。设 $p_1, \cdots, p_n$ 为 n 种商品的价格;而 $V_1, \cdots,$ V_m 是 m 种资源或生产要素的价格(或称劳务租金,即工资、利息、利润、地租等);又设 F_j 为市场对第 j 种商品的需求量,则商品的需求方程可写为

$$x_j = F_j[p_k(k=1, 2, \cdots, n); V_H(H=1, 2, \cdots, m)] \qquad (j = 1, 2, \cdots, n)$$

$$\text{(公式 3-2)}$$

上式表示每种商品的生产量应取决于市场对该种商品的需求量 F_j，而商品的需求量实际上是受所有商品的价格和资源价格（收入分配）的直接和间接的影响。

其三，各种商品的价格必须等于它的单位成本（或生产费用，包括工资、利息、地租、利润等），则有下式

$$\sum_{i=1}^{m} a_{ij}V_i = p_j \qquad (j=1, 2, \cdots, n) \qquad \text{（公式 3-3）}$$

其四，设 G_i 为第 i 种资源的实际供给量；r_i、p_k 和 V_H 的含义与前同。则有：

$$r_i = G_i[p_k(k=1, 2, \cdots, n); V_H(H=1, 2, \cdots, m)] \qquad (i=1, 2, \cdots, m)$$
$$\text{（公式 3-4）}$$

上式表明生产要素（劳动力、资本、土地等）的实际供应量受到劳务租金（工资、利润、地租等）的水平和最终商品价格的直接和间接的影响。

最后，当整个经济体系均衡时，市场上最终商品的需求价格总额将恒等于生产这些产品过程中实际供给的生产要素和产品的价格以及它们的供应量都将相应地被决定。即：

$$\sum_{j=1}^{n} p_j x_j \equiv \sum_{i=1}^{m} V_i r_i \left(\text{或} \sum_{j=1}^{n} p_j F_j \equiv \sum_{i=1}^{m} V_i G_i \right) \qquad \text{（公式 3-5）}$$

从式 3-1 到式 3-4，共有 $2n+2m$ 个方程式和 $2n+2m$ 个未知数（x_j，p_j，V_i，r_i）。瓦尔拉斯因此认为，根据数学原理，上述模型一般会有确定的解，从而证明全部均衡体系的存在。上述模型体现了西方经济学关于生产、交换、分配和消费等理论的一定的综合。

全部均衡论的数学模型是纯抽象的数学推导，在当时条件下不仅不可能求解，而且数学论证的本身也欠严密。美国经济学家多夫曼、萨缪尔森和索洛等人就曾指出，瓦尔拉斯仅仅根据方程数目与未知数的数目相等这一点，得出模型存在唯一解从而全部均衡论也可以成立的结论，这是远远不够的。他们不仅指出它的数学论证本身不够周密，而且指出经济学模型还受是否有经济意义的限制[1]。

▐▶ 三、列昂惕夫对投入产出分析的贡献

投入产出分析，作为一种数量经济学分析方法，在理论上吸取了一般均衡理论关于经济活动相互依存性的观点，在方法上吸取了瓦尔拉斯运用代数联立方程体系来描述这种相互依存关系的方法。

列昂惕夫在创立投入产出分析时，对瓦尔拉斯的一般均衡模型体系做了比较大的简化，甚至是改造，这主要体现在如下三个方面：

其一，将瓦尔拉斯模型体系中多得不可胜数的方程式和变量简化到可以实际应用和计量的程度。按照一般均衡理论，社会上有多少种产品、有多少个生产和消费单位，就要列出多少个方程式与变量，因而使这一理论失去了实际应用的价值。

列昂惕夫用分类归并的经济统计方法将成千上万种商品及众多的生产单位（企业

---

① 钟契夫、陈锡康主编，《中国投入产出分析》，中国财政经济出版社 1986 年版，第 30 页。

和个人)归并为有限数量的部门或行业,从而把按照各个生产单位(企业和个人)的分析改为按照各个经济部门分析,使方程式和变量的数目大大减少,甚至可以减少到几十个或几个的程度,因而解决了实际运算的困难。

其二,列昂惕夫模型中省略了生产资源(生产要素)供给的影响,假定生产资源的供求是相等的,假定不存在生产资源供给不足或过剩的问题,这样,便大大缩减了一般均衡模型中所包括的联立方程组的数目。

其三,列昂惕夫略去了价格对消费需求的构成、中间产品流量以及对劳动力等要素供给的调节影响。投入产出模型与一般均衡模型不同,它引进了中间产品的投入及消耗系数,并剔除了价格变动对中间产品流量的影响,而假定它只随着各个部门生产水平的变动而按比例地变动。在静态模型中,他仍沿用瓦尔拉斯的假定,即各种投入系数是固定不变的。这样,列昂惕夫从根本上改变了瓦尔拉斯的以论证一般均衡理论为目的的模型体系,使投入产出分析模型成为以生产技术联系为基础的研究经济系统各个部分间相互依存数量关系的分析方法。同时,也使这种方法有了实际应用的可能[1]。

第二节　投入产出表的基本框架

投入产出表实践中的基本表式为三个象限组成的角形表。理论上它可以是四个象限,甚至是六个象限、八个象限,这纯属研究领域的理论观点。

一、投入产出表的表式

投入产出表以纵横两条粗线为界,形成四个象限。

投入产出表的第一象限在表的左上方,它由名称和排列顺序相同、数目一致的若干产品部门纵横交叉而成,主栏为中间投入,宾栏为中间使用。这一象限的数据是中间流量数据,反映各部门间投入产出关系。这些数据都具有双重含义,都可以从使用与投入两个方向解读,平行方向反映各产品部门的产品提供给各投入部门作为中间使用的数量,垂直方向反映投入部门在生产过程中消耗各产品部门的产品数量。第一象限通过中间产品的投入产出数据,揭示国民经济各个部门之间的内在联系,是投入产出表的核心。

第一象限的水平延伸构成投入产出表的第二象限。其主栏与第一象限的部门分组相同,宾栏包括总消费、总投资、出口等各项最终使用,第二象限反映各产品部门的产品用于最终使用的数量和构成。

第三象限是第一象限在垂直方向的延伸。主栏为固定资本损耗(固定资本折旧)、劳动者报酬、生产税净额、营业盈余等各种最初投入,宾栏与第一象限相同,为产品部门。第三象限反映各部门的最初投入,即增加值的形成和构成情况。

第四象限处于投入产出表的右下方,主词为最初投入与总投入,宾词为最终使用与

---

[1]　刘小瑜著,《中国产业结构的投入产出分析》,经济管理出版社 2003 年版,第 22 页。

要素构成、进口和总产出。第四象限理应反映社会产品再分配的状况,但由于社会产品再分配情况复杂,尚处于理论探讨阶段,所以实际编表时,一般将这部分略去。

连接投入产出表的一、二象限,横表反映国民经济各部门产品和服务的分配和使用去向,即各部门产出的中间使用和最终使用的去向。连接投入产出表的一、三象限,竖表反映国民经济各部门在生产经营中的各种投入来源及产品或服务的价值形成过程,即各部门总投入中中间投入和最初投入的数量。所以,根据投入产出表,可以很清晰地了解各种产品是如何生产出来的以及都用到了何处。

特别需要指出的是,投入产出表中主栏、宾栏中出现的生产部门指的是产品部门,所谓产品部门,是根据产品消耗结构、生产工艺和用途基本相同原则划分的纯部门。一般来说,产品部门分类越细,部门就越"纯",反映的生产部门间数量关系就越接近实际,但与此同时,数据搜集、整理和加工计算的工作量就会随之增大,所以确定产品部门分类的粗细程度是编制投入产出表工作中须掌握的一种艺术。

表 3-1 投入产出表

投入 \ 产出		中 间 使 用						最 终 使 用							进口	总产出
		粮食种植业	第一产业合计	煤碳开采业	第二产业合计	铁路货运业 铁路客运业	第三产业合计	中间使用合计	总消费		资本形成		出口	最终使用合计		
									居民消费	政府消费	固定资本形成	库存增加				
中间投入	粮食种植业 … 第一产业合计															
	煤炭开采业 … 第二产业合计															
	铁路货运业 铁路客运业 … 第三产业合计															
	中间投入合计															
最初投入	固定资本损耗 劳动者报酬 生产税净额 营业盈余															
	最初投入合计															
总投入																

表3-2　中国三部门投入产出表

		中间使用				最终使用						进口（-）	统计误差	总产出
		第一产业	第二产业	第三产业	合计	居民消费	政府消费	固定资本形成总额	库存增加	出口	合计			
中间投入	第一产业 第二产业 第三产业													
	合　计													
最初投入	固定资本折旧 劳动者报酬 生产税净额 营业盈余													
	合　计													
	总投入													

　　把握投入产出表核心结构的另一个重要角度是四个象限的划分，图3-1以示意图的方式给出了四个象限的位置与基本含义。

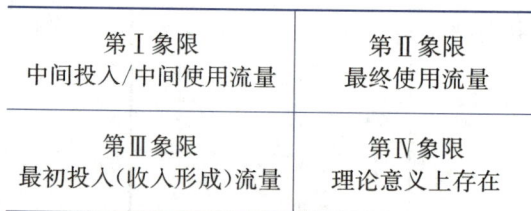

第Ⅰ象限 中间投入/中间使用流量	第Ⅱ象限 最终使用流量
第Ⅲ象限 最初投入（收入形成）流量	第Ⅳ象限 理论意义上存在

图3-1　投入产出表的四个象限

　　用图3-1的结构与表3-1或表3-2对比，可知，在表3-1、表3-2中，中间产品流量组成了第Ⅰ象限，最终使用流量和最初投入流量分别属于第Ⅱ和第Ⅲ象限，但第Ⅳ象限却没有对应的数据。事实上，第Ⅳ象限只在理论意义上存在，现实的投入产出表并没有这一象限，所以在图3-1中用虚线表示。

▐▶ 二、投入产出表的基本模式

　　投入产出方法既是一种核算方法，又是一种分析方法，而编制投入产出模型则是进行投入产出分析的基础。编制投入产出模型的前提条件是：我们要将投入产出表中的具体表现形式抽象为一般的表达式即投入产出表的基本模式，见表3-3。

表 3-3 投入产出表的基本模式

		中间使用		最终使用	总产出
		1 2 … n	小计		
中间投入	1 2 ⋮ n	x_{11} x_{12} … x_{1n} x_{21} x_{22} … x_{2n} ⋮ ⋮ ⋮ ⋮ x_{n1} x_{n2} … x_{nn}	$\sum_{j=1}^{n} x_{1j}$ $\sum_{j=1}^{n} x_{2j}$ ⋮ $\sum_{j=1}^{n} x_{nj}$	Y_1 Y_2 ⋮ Y_n	X_1 X_2 ⋮ X_n
	小计	$\sum_{i=1}^{n} x_{i1}$ $\sum_{i=1}^{n} x_{i2}$ … $\sum_{i=1}^{n} x_{in}$	$\sum_{j=1}^{n}\sum_{i=1}^{n} x_{ij}$	$\sum_{i=1}^{n} Y_i$	$\sum_{i=1}^{n} X_i$
最初投入	1 2 3 4	n_{11} n_{12} … n_{1n} n_{21} n_{22} … n_{2n} n_{31} n_{32} … n_{3n} n_{41} n_{42} … n_{4n}	$\sum_{j=1}^{n} n_{1j}$ $\sum_{j=1}^{n} n_{2j}$ $\sum_{j=1}^{n} n_{3j}$ $\sum_{j=1}^{n} n_{4j}$		
	小计	N_1 N_2 … N_n	$\sum_{j=1}^{n} N_j$		
总计		X_1 X_2 … X_n	$\sum_{j=1}^{n} X_j$		

第三节 投入产出表的基本系数与基本模型

▶ 一、基本系数

我们现在以煤对电的消耗来说明直接消耗系数、间接消耗系数和完全消耗系数的概念,然后再据此介绍两类消耗指标的计算方法,如图 3-2 所示。

在采煤过程中消耗电,这是煤对电的直接消耗,在采煤生产过程中还直接消耗了采煤设备、钢材、坑木等。在采煤设备、钢材、坑木的制造过程中消耗了电力,由于这些采煤设备、钢材、坑木等都用于生产煤,因此生产这些设备消耗的电力应看作煤对电的间接消耗。由于它通过一个间接环节，所以称为煤对电的第一轮间接消耗。在采煤设备的制造过程中消耗了钢、机床，在钢材的生产过程中消耗了生铁、耐火材料、钢、机床，生铁、耐火材料等的生产过程中又消耗了电力，这是煤对电的间接消耗，由于通过两个间接环节，所以称为第二轮间接消耗。在生铁的生产过程中消耗了矿石、焦炭，而矿石、焦炭的生产过程中又要消耗电，这是煤对电的第三轮间接消耗。这个过程可以无限制地进行下去，而且又是循环往复的。所以，我们可以得到无数次间接消耗。煤对电的完全消耗就等于煤对电的直接消耗加上对电的无数次间接消耗的总和。

（一）直接消耗系数

直接消耗系数也称为投入系数，记为 a_{ij}。直接消耗系数，是指某一产品部门（如 j 部门）在生产经营过程中单位总产出直接消耗的各产品部门（如 i 部门）的产品或服务的数量。其计算方法是依据投入产出表的数据，用 j 产品部门的总投入（X_j）去除该部门生产经营中所直接消耗的第 i 产品部门的产品或服务的数量 x_{ij}。其计算公式为：

$$a_{ij} = x_{ij}/X_j, (i, j = 1, 2, \cdots, n) \qquad \text{（公式 3-6）}$$

由直接消耗系数 a_{ij} 构成的 n 行 $\times n$ 列的矩阵 A，称为直接消耗系数矩阵。矩阵 A 反映了投入产出表中各产品部门或产业部门之间的技术经济联系。直接消耗系数是建立模型的最重要、最基本的系数，是投入产出模型的核心，引入直接消耗系数后，我们就可以把经济因素和技术因素有机地结合起来，使经济分析建立在定性和定量分析的基础上。

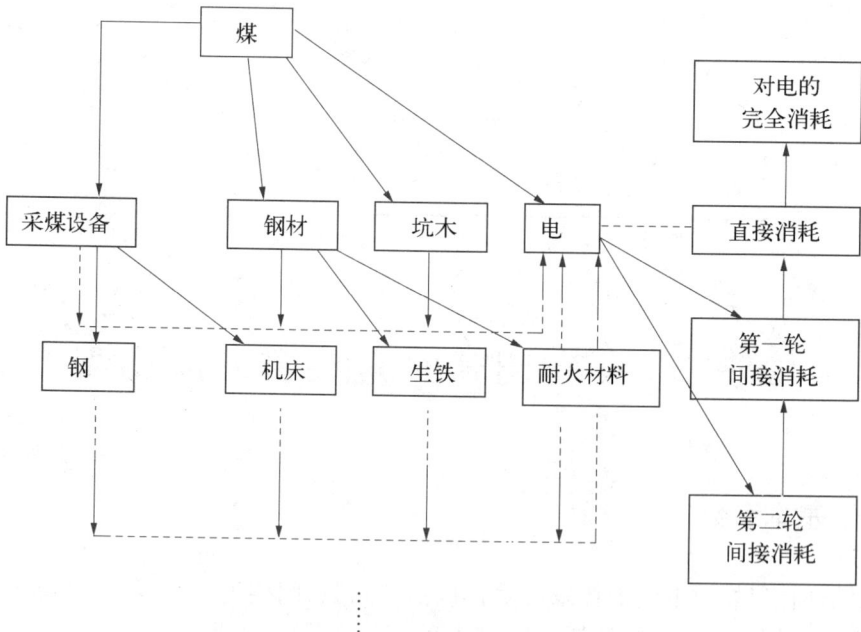

图3-2 煤对电的消耗

（二）完全消耗系数和列昂惕夫逆系数

由于各产业的产品在生产过程中除了与相关产业有直接联系外，还与其他有关产业有间接联系,从而各产业的产品在生产过程中除了直接消耗外,还存在着间接消耗,完全消耗系数则是这种直接消耗与间接消耗的全面反映。完全消耗系数在投入产出分析中起着重要的作用,它能深刻地揭示一个部门的生产与本部门和其他部门发生的经济数量关系。因此,它比直接消耗系数更本质、更全面地反映部门内部和部门之间的技术经济联系,它对国民经济核算的精准度、经济结构分析都有十分重要的意义。除此之外,它对经济预测和宏观经济政策的制定也有很大的作用。

完全消耗系数通常记为 b_{ij},是指某一产品部门(如 j 部门)每提供一个单位的最终产品,需直接消耗和间接消耗(即完全消耗)各产品部门(如 i 部门)的产品或服务的数量。完全消耗系数是直接消耗系数和全部间接消耗系数之和。其计算公式为:

$$b_{ij} = a_{ij} + \sum_{k=1}^{n} a_{ik}a_{kj} + \sum_{k=1}^{n}\sum_{r=1}^{n} a_{ik}a_{kr}a_{rj} + \sum_{k=1}^{n}\sum_{r=1}^{n}\sum_{t=1}^{n} a_{ik}a_{kr}a_{rt}a_{tj} + \cdots$$

（公式 3-7）

全部完全消耗系数组成的矩阵称为完全消耗系数矩阵,是直接消耗系数矩阵与各次间接消耗系数矩阵的和。记为 $B=(b_{ij})_{n\times n}$。国民经济是由多个部门组成的有机整体,期间的技术经济联系错综复杂,因而在实际工作中不能用上述办法来计算完全消耗系数。但是,这种分析方法为我们提供了一种由直接消耗系数计算完全消耗系数的思路。

根据直接消耗系数矩阵的定义,当国民经济各部门分别生产一个单位的最终产品时,它们所需要直接消耗的各部门产品或服务所形成的矩阵 $X^{(0)}$ 为:

$$X^{(0)} = AI = A \qquad (A \text{ 为直接消耗系数矩阵})$$

一次间接消耗组成的矩阵:$X^{(1)} = AX^{(0)} = A^2 I = A^2$

二次间接消耗组成的矩阵:$X^{(2)} = AX^{(1)} = A^3 I = A^3$

$K-1$ 次间接消耗组成的矩阵:$X^{K-1} = AX^{K-2} = A^K I = A^K$

K 次间接消耗组成的矩阵:$X^K = AX^{K-1} = A^{K+1} I = A^{K+1}$

那么,当国民经济各部门都分别生产一个单位的最终产品时,它们的直接消耗和全部间接消耗所组成的完全消耗系数矩阵 B 为:

$$B = A + A^2 + A^3 + \cdots + A^K + A^{K+1} + \cdots$$

式中:$A^K(K \geqslant 2)$ 为 $K-1$ 次间接矩阵。

由于直接消耗系数矩阵 A 满足 $\sum_{i=1}^{n} a_{ij} < 1$,而由 a_{ij} 组成的矩阵其幂级数是收敛的。

所以$(I-A)^{-1} = I + A + A^2 + A^3 + \cdots$

那么　　　　　　　　$A + A^2 + A^3 + \cdots = (I-A)^{-1} - I$

即　　　　　　　　　$B = (I-A)^{-1} - I$　　　　　　　（公式 3-8）

由此,我们掌握了直接消耗系数矩阵,便可求得完全消耗系数矩阵 B 和完全消耗

系数 b_{ij}。

列昂惕夫逆系数又称为完全需求系数,记为 $\overline{b_{ij}}$。列昂惕夫逆系数表明第 j 个产品部门增加一个单位最终使用时,对第 i 个产品部门的完全需求量。由列昂惕夫逆系数构成的 n 行 $\times$ n 列的矩阵称为列昂惕夫逆系数矩阵,用 $\overline{B}$ 表示。

列昂惕夫逆系数矩阵 $\overline{B} = (I-A)^{-1}$,它与完全消耗系数矩阵 B 有着密切的联系,两者仅差一个单位矩阵,即有:

$$\begin{aligned} \overline{B} &= B+I \\ &= (I-A)^{-1} \end{aligned}$$

(公式 3-9)

虽然列昂惕夫逆系数矩阵(完全需求系数矩阵) $\overline{B}$ 与完全消耗系数矩阵 B 只是主对角线上元素相差 1,但两者的经济意义是不同的。

(三) 感应度系数和影响力系数

感应度系数反映当前国民经济各个产品部门均增加一个单位最终使用时,某一产品部门由此而受到的需求感应程度,也就是需求该部门为其他部门的生产而提供的产出量。其计算公式为:

$$E_i = \frac{\sum\limits_{j=1}^{n} \overline{b_{ij}}}{1\Big/ n \sum\limits_{i=1}^{n} \sum\limits_{j=1}^{n} \overline{b_{ij}}} \quad (i=1,\ 2,\ \cdots,\ n)$$

(公式 3-10)

式中: E_i 为感应度系数; $\sum\limits_{j=1}^{n} \overline{b_{ij}}$ 为列昂惕夫逆矩阵的第 i 行之和; $1\Big/ n \sum\limits_{i=1}^{n} \sum\limits_{j=1}^{n} \overline{b_{ij}}$ 为列昂惕夫逆矩阵的各行之和的平均值。

当 $E_i > 1$ 时,表明第 i 产品部门所受到的感应程度高于社会平均感应度水平(即各产品部门所受到的感应程度平均值);当 $E_i = 1$ 时,表示第 i 产品部门所受到的感应程度等于社会平均感应度水平;当 $E_i < 1$ 时,表示第 i 产品部门所受到的感应程度小于社会平均感应度水平。

影响力系数反映当国民经济某一产品部门增加一单位最终使用时,对国民经济各产品部门所产生的需求及波及程度。其计算公式为:

$$f_j = \frac{\sum\limits_{i=1}^{n} \overline{b_{ij}}}{1\Big/ n \sum\limits_{j=1}^{n} \sum\limits_{i=1}^{n} \overline{b_{ij}}} \quad (j=1,\ 2,\ \cdots,\ n)$$

(公式 3-11)

式中: f_j 为影响力系数; $\sum\limits_{i=1}^{n} \overline{b_{ij}}$ 为列昂惕夫逆矩阵的第 j 列之和; $1\Big/ n \sum\limits_{j=1}^{n} \sum\limits_{i=1}^{n} \overline{b_{ij}}$ 为列昂惕夫逆矩阵的各列之和的平均值。

当 $f_j > 1$ 时,表明第 j 产品部门生产对其他产品部门所产生的波及程度高于社会平均影响力水平(即各产品部门所产生的波及影响的平均值);当 $f_j = 1$ 时,表明

第 j 产品部门生产对其他产品部门所产生的波及程度等于社会平均影响力水平；当 $f_j < 1$ 时，表明第 j 产品部门生产对其他产品部门所产生的波及程度小于社会平均影响力水平。显然，影响力系数越大，说明第 j 产品部门对其他产品部门的拉动作用越大。

利用感应度系数和影响力系数可以综合地分析各产品部门在国民经济中的地位和作用。

（四）分配系数、最终使用结构系数和增加值比例系数

分配系数，是指国民经济各产品部门提供的产品或服务在各种用途（例如，中间使用、总消费、总投资等各种最终使用）之间的分配使用比例。分配系数 h_i 的计算公式为：

$$h_i = \frac{x_{ij}}{X_i} \ (i = 1, 2, \cdots, n; j = 1, 2, \cdots, n, n+1, \cdots, n+q)$$

（公式 3-12）

式中：x_{ij} 为第 i 产品部门提供给第 j 产品部门使用的产品或服务数量；X_i 为第 i 产品部门的总产出；q 为最终使用种类数。

最终使用结构系数，是指国民经济各产品部门提供给某种最终使用的产品或服务的数量占该种最终使用总额的比重。其计算公式为：

$$S_{ij} = \frac{y_{ij}}{Y_j} \ (i = 1, 2, \cdots, n; j = 1, 2, \cdots, q) \qquad （公式 3-13）$$

式中：S_{ij} 为最终使用结构系数；y_{ij} 为第 i 部门提供给第 j 种最终使用的产品或服务的数量；Y_j 为第 j 种最终使用的总额。

增加值比例系数，是指国民经济各产品部门的增加值各构成项目占该产品部门增加值合计的比重。其计算公式为：

$$I_{ij} = \frac{n_{ij}}{N_j} \ (i = 1, 2, \cdots, p; j = 1, 2, \cdots, n) \qquad （公式 3-14）$$

式中：I_{ij} 为增加值比例系数；n_{ij} 为第 j 产品部门增加值中第 i 种项目的数量；N_j 为第 j 产品部门的增加值合计；p 为增加值项目个数。

（五）生产诱发系数

生产诱发系数，是指某一项单位最终需求所诱发的各产品部门的生产额。生产诱发系数越大，它的生产波及效果也越大。其计算公式为：

$$K = [I - (I - \hat{M})A]^{-1} \times [(I - \hat{M})S + E] \qquad （公式 3-15）$$

式中：K 为生产诱发系数；S 为最终使用结构系数；$\hat{M}$ 为进口系数矩阵；A 为直接消耗系数矩阵；E 为出口结构系数列向量。

第 I 象限每个元素除以所在列的部门总产出，结果是直接消耗系数，如果除以所在行的部门总产出，所得系数则称为直接分配系数，记为 r_{ij}，其含义是 i 部门产品分配给 j 部门使用部分所占比例。

与中间投入、最初投入流量不同,直接消耗系数与各种最初投入系数剔除了部门规模的影响,更直接地反映出由经济技术因素决定的部门投入结构,反映出部门间的依赖程度。这些系数才真正具有可比性和分析意义,因此在投入产出表的应用中,分析的基础一般都是各类投入产出系数,尤其是直接消耗系数,而非各种流量。

▌▶ 二、基本模型

投入产出表有三大重要的平衡关系,即行平衡、列平衡和总量平衡。

行平衡:中间使用+最终使用=总产出

列平衡:中间投入+最初投入=总投入

总量平衡:总投入=总产出

　　　　　各部门总投入=各部门总产出

　　　　　中间投入总和=中间使用总和

　　　　　最初投入总和=最终使用总和

依据行平衡与列平衡的关系和直接消耗系数及列昂惕夫逆系数,我们可以建立几个基本的模型。

(一) 行模型

按行平衡关系式建立投入产出的行模型。由直接消耗系数 $a_{ij} = x_{ij}/X_j$,得到 $x_{ij} = a_{ij}X_j$,并将其代入行平衡关系式中,得到如下行模型:

$$a_{11}X_1 + a_{12}X_2 + \cdots + a_{1n}X_n + Y_1 = X_1$$
$$a_{21}X_1 + a_{22}X_2 + \cdots + a_{2n}X_n + Y_2 = X_2$$
$$\vdots$$
$$a_{n1}X_1 + a_{n2}X_2 + \cdots + a_{nn}X_n + Y_n = X_n$$

用矩阵变换,上述方程组可转换成矩阵模型:

$$(I-A)X = Y \quad 或 \quad Y = (I-A)X \qquad (公式 3-16)$$

依据公式 3-16,我们可以利用直接消耗系数矩阵和总产出的列向量推算出当期各产品部门最终使用的列向量。

也可将公式 3-16 写成

$$(I-A)^{-1}Y = X \ 或 X = (I-A)^{-1}Y \qquad (公式 3-17)$$

即 $\qquad\qquad\qquad \bar{B}Y = X \ 或 X = \bar{B}Y \qquad (公式 3-18)$

依据公式 3-17、公式 3-18 我们可以利用直接消耗系数矩阵或完全需求系数矩阵和最终使用列向量计算出各产品部门的总产出。

(二) 列模型

按列平衡关系式建立投入产出的列模型。同理,将 $x_{ij} = a_{ij}X_j$ 代入按列平衡建立的平衡关系式中,可得到如下列模型:

$$a_{11}X_1 + a_{21}X_1 + \cdots + a_{n1}X_1 + N_1 = X_1$$
$$a_{12}X_2 + a_{22}X_2 + \cdots + a_{n2}X_2 + N_2 = X_2$$
$$\vdots$$
$$a_{1n}X_n + a_{2n}X_n + \cdots + a_{nn}X_n + N_n = X_n$$

用矩阵变换,上述方程组可转换成矩阵模型:

$$(I - A_c)X = N \qquad\qquad (公式\ 3-19)$$

依据式 3-19,我们可以利用直接消耗系数和的对角矩阵和总产出的列向量推算出当期各产品部门增加值的列向量。

也可将式 3-19 写成

$$(I - A_c)^{-1}N = X \qquad\qquad (公式\ 3-20)$$

依据式 3-20,我们可以利用直接消耗系数和的对角矩阵和增加值的列向量推算出当期各产品部门总产出的列向量。

式中,A_c 为各行直接消耗系数和的对角矩阵。

$$A_c = \begin{vmatrix} \sum_{i=1}^{n} a_{i1} & 0 & \cdots & 0 \\ 0 & \sum_{i=1}^{n} a_{i2} & \cdots & 0 \\ \cdots & \cdots & \cdots & \cdots \\ 0 & 0 & \cdots & \sum_{i=1}^{n} a_{in} \end{vmatrix}$$

第四节　投入产出表的编制方法

SNA 核算体系可以在不同程度上为编制投入产出表提供必要的数据,但这些数据都属于"混"部门,不符合投入产出的"纯"部门性质。投入产出表的编制有直接分解法和间接推导法两种方法。这些方法均需通过实际调查取得资料来编表,所以又称为投入产出调查方法。

由于投入产出调查涉及的部门多,且其产品部门的划分与现行管理部门的划分标准不同,现行的管理部门分类是一种"混"部门。一个部门往往同时混合生产一种主要产品和几种次要产品,而投入产出表要求的产品部门是只生产一种产品的"纯"部门,这就使得投入产出调查工作特别浩繁。该技术发明人瓦西里·列昂惕夫曾这样评价:"一张投入产出表,虽然应用起来是简单的,但其编制却是一项高度复杂繁重的工作。"[1]

---

① ［美］瓦西里·列昂惕夫著,《投入产出经济学》,中国统计出版社 1990 年版,第 14 页。

目前世界上大多数国家都采用间接推导法编表,这一方法的特点是工作量相对较小,但需要依赖于一些特定假设。而直接分解法是最纯粹的调查方法,在理论上精度最高,但工作量也最为浩大。我国主要采用直接分解法,辅之以间接推导法。

本节将分别介绍利用直接分解法、间接推导法编制产品×产品投入产出表的思想和基本操作流程。

▶ 一、直接分解法

直接分解法编表的基本思路是:首先充分利用现有核算资料按纯部门的要求进行分解或调整,以满足产品×产品表的数据口径,如果现有资料不能满足要求,则进一步组织重点调查来获取数据,然后分解、放大,最终获得产品部门口径的数据。

一张投入产出表由以下五部分数据构成:各部门总产出;各部门增加值及其构成项,即最初投入;中间投入;各种产品的消费、固定资产形成等国内最终使用量;最后是进出口数量。我们依据《中国投入产出表(延长表)编制方法》[1]将这五部分数据的直接分解过程予以介绍。

(一)总产出的分解

在现有核算资料中,可以直接找到编表年份农业部门以及各工业部门、建筑业部门的总产出数据。其中,农业部门总产出与投入产出表所要求的口径一致。工业部门总产出的口径与投入产出表的要求相比,主要存在两方面的差异:一是现有核算资料是规模以上企业的数据,而投入产出表中的总产出应包括全部企业的产出;二是现有核算资料是产业部门口径,而投入产出表是产品部门口径。

工业总产出分解分三步进行:

(1)需要对现有的规模以上企业部门总产出进行分解,将次要产品的产值分解出来,按产品性质归入所属产品部门;

(2)调查规模以下工业企业总产出的数据,得到按产业部门分类的各工业部门总产出,进一步调整为产品部门总产出;

(3)规模以上总产出与规模以下总产出相加,就可得到投入产出表口径的总产出。

建筑业总产出口径的差异则主要在规模方面,现有核算资料中的建筑业总产出不包括5万元以下的固定资产投资完成额和与施工工程有关的地质勘探、勘察设计的产出,而投入产出表应该包括,所以需要将这些内容增加至投入产出表中建筑业的总产出中。

对于第三产业各部门,一般现有核算资料只统计增加值,而没有总产出数据。在编制投入产出表时需要根据各部门财务收支等资料对总产出进行估算[2]。

(二)最初投入与中间投入的分解

现有核算资料已有各部门增加值是"混"部门的数据,仍需按照计算产品部门总产

---

[1] 参见国家统计局国民核算司编,《中国投入产出表(延长表)编制方法》,中国统计出版社1997年版。

[2] 同上。

出的方法进分解和调整,才能与投入产出表口径相符合。增加值构成项的估计更为繁杂,在不同部门,口径差异的程度不同,统计资料的详细程度不同,相应也有不同的处理方法。一般在投入产出专著或专门研究中介绍,在此不一一赘述①。

关于中间投入部分,几乎没有有关的现成核算资料可资利用,必须依靠专门的基层调查,因此在投入产出表编制中,完成此部分估算的工作量最大。以工业企业为例,分解程序大致如下:

(1) 选择重点企业组织调查。

(2) 从原始台账查起,建立外购中间投入和自产中间投入的原始登记表。

(3) 把生产活动中间投入分解到各个同质生产单位。

(4) 把管理活动中间投入分摊到各个同质生产单位。

(5) 分解还原自产自用产品。

区分外购和自产中间投入,原因有二:一是外购中间投入采用购买者价格,而自产的中间投入则使用成本价,两者所使用的价格不同;二是自产自用的产品会涉及重复计算问题。

依据(1)、(2)两步操作,即可得到一企业的中间投入结构。如果该企业除主产品外,还生产一些次要产品,那么依据纯部门的要求,还需要对投入结构进一步分解,得到该企业各种产品的中间投入结构。换言之,即使已知基层单位投入结构,还要通过分解进一步获得该基层单位所含各个同质生产单位的投入结构。

经过(3)、(4)两步的分解,已经获得该企业按产品部门口径划分的中间投入结构。接下来,为了避免重复计算,需要从中间投入中扣除企业自产自用产品并将其还原为其消耗的产品,于是就有第五个步骤。

至此,可以获得一企业中各产品部门的中间投入结构。把各个企业的调查结果按产品部门汇总,计算与总产出(调查企业产品部门的总产出)的比例关系,就可用来推算国民经济整体的中间投入情况。

(三) 最终使用的分解

除了出口,最终使用部分需要填充的数据共五列,分别是:城镇居民消费、农村居民消费、政府消费、固定资产形成总额与库存增加。

居民消费定义为常住居民在核算期内的货物服务购买支出。货物服务购买支出既包括货币支出流量也包括居民可能没有实际付款,但却得到了货物与服务,具体包括所在单位提供的实物报酬或实物转移、自有住房服务、金融保险服务(进行存贷款活动、投保活动所享受到的服务)、自己生产自己消费的货物等。在核算中需虚拟这些消费支出,

实际货币支出的城镇与农村居民消费基础数据可以从住户调查之住户家庭生活费支出情况、城市住户现金收支调查表、农村居民消费支出等资料中获得,然后按投入产出部门归类并乘以年平均人数即可。但虚拟消费支出只能靠估算了。以居民自有住房服务为例:

① 详细说明可参见国家统计局国民经济核算司编,《中国投入产出表(延长表)编制方法》,中国统计出版社1997年版。

$$居民消费自有住房服务 = 每户住房价值 \times 折旧率 \times 年均户数$$
$$- 出租房屋的租金收入$$

实际消费支出与虚拟消费相加,就是居民消费[1]。

政府消费流量产生于如下两种情形:提供公共服务;以免费或较低的价格向居民提供货物服务。例如:人民团体支出属于前者,计入对公共事业部门的消费,九年义务教育标准补贴属于后者,计入对教育事业的消费。所以,政府消费与居民消费不同,其目的是满足社会大众的需要,支出主体与受益主体不一致。估计政府消费,需要使用财政部以及教育、卫生等部门的统计资料,而且无论政府具体购买了些什么,我们只按消费的目的分类,所以,政府消费流量主要记录在公用事业、居民服务、卫生事业、体育事业、教育事业等第三产业部门。

固定资本形成总额等于如下六部分内容之和:(1)建筑安装工程、设备工具器具购置和其他费用形成的固定资产;(2)商品房购买形成的固定资产;(3)新产品试制费增加的固定资本;(4)无形资产形成;(5)报废和调出的固定资产净值(这是扣减项、理解为负值);(6)研究与开发(R&D)费用支出。一般采用的估计方法是先分项计算各项数值,并与投入产出部门对应,然后加总得到固定资本形成总额列,基本数据来源于统计部门固定资产投资统计年报、固定资产投资构成调查汇总表、房地产开发统计基层标准表,科技部门、研究机构和高等学校、企业,以及财政部决算资料。

库存增加,又称库存变化或存货增加。一般主要发生在农业、工业、建筑业、交通运输邮电业、商业饮食业和国家物资储备等六大领域,分别计算各个领域的存货变化并加总,就可得到存货(净)增加列。

(四)出口、进口的分解

在核算中,发生在常住单位与非常住单位之间的货物服务流量都是出口或进口,它不以进出海关为条件。如,国际旅游者(非常住单位)在本国商场(常住单位)购买消费品就地享用,并未经过海关,这一交易流量统计为本国的出口。理解此种情况,对于估计出口和进口流量至关重要。

按照在海关是否有记录,进、出口可以分为两大类:第一类是经海关进、出口的产品,一般都有比较完整的记录,计算比较容易;第二类是非常住单位在本国购买的货物以及本国为非常住单位提供的货运、邮电通信等服务,这些流量在海关不会有任何记录。进口的情况也完全相同,本国常住单位在国外购买的货物以及享受的服务,第二类进口、出口的统计资料则非常有限,往往需要依据相关数据进行推算。

所有进、出口数据也都要按产品部门分解。

(五)流通费用的扣除

以上所得结果内含的基本都是购买者价格,而投入产出表要求采用生产者价格编制。购买者价格与生产者价格之差是流通费用,这部分价值是由流通部门创造的。因而必须编制流通费用矩阵从已获得的数据中剔除各种流通费用,主要是运输费和商业

---

[1] 高敏雪、李静萍、许健编著,《国民经济核算原理与中国实践》(第二版),中国人民大学出版社2007年版,第107页。

附加费。扣除的部分要加到运输部门和商业部门的相应位置上。

经过上述五大项目的分解、推算、调整，再经过一些微调，一张投入产出表就编制完成了。此处只是一个简要的介绍，实践中每一环节都是极其繁琐的。

二、间接推导法

间接推导法是利用 UV 表法编制投入产出表，就是将基层单位的原始数据不经分解地加以汇总，分别编成投入表（U 表）和产出表（V 表），然后根据一定的假设，采用数学手段推导出投入产出系数，运用这些系数推导出产品×产品投入产出表中的中间投入（中间使用）、最初投入、总投入、最终使用和总产出流量。UV 表法较好地解决了现行统计资料与编制投入产出表的要求之间的矛盾，缩短了编制时间，减少了编表费用，不失为一种科学的编表方法。UV 表法最先在加拿大发展起来，后来在英国和其他一些国家得到推广，并被联合国采纳，成为 SNA 的一个组成部分。

表 3-4 中，阴影区域表示作为编表目标的产品×产品投入产出表的各个组成部分，与标有字母的已知区域对比，可知如获得相应的数据，就可推算出产品×产品的中间投入矩阵和产品部门的最初投入。

表 3-4　间接推导法的 UV 表模型与目标

			中间使用		最终使用	总产出
			产品部门	产业部门		
			n 个部门	m 个部门		
中间投入	产品部门	n 个部门	← U_{ij}		Y_i	Q_i
	产业部门	m 个部门	V_{ij}			G_i
最初投入			← E_j			
总投入			Q_j	G_j		

U 矩阵的行标题是产品，列标题是产业，因此这一数据矩阵就是产品×产业矩阵，又称 U 表或使用矩阵（use matrix）。表中每一行表示一种产品在中间使用领域的各种去向，每一列表示一个产业部门按产品分类的中间投入构成。矩阵中元素 U_{ij} 表示第 j 个产业部门当期所使用的第 i 种产品的数量，或者说第 i 种产品用于第 j 个产业部门生产过程的数量；V 矩阵的行标题是产业，列标题是产品，因此这一数据矩阵就是产业×产品矩阵，又称 V 表、制造矩阵（make matrix）或供应矩阵（supply matrix），表中每一行表示一个产业部门所生产的各种产品，每一列则说明同一种产品都是由哪些部门制造的，其代表性元素 V_{ij} 表示第 i 个产业部门当期所制造的第 j 种产品的数量。

由于产业部门分类与产品部门分类数目不一定相同，因而，理论上 n 可以>、=或<m。但是实践上产品的种类数一般都会大于产业部门的种类数，即 $n>m$。所以，一般来说 U 表是竖形的长方形，而 V 表是一个扁形的长方形。但无论怎样不同，

U 表的列标题必须与 V 表的行标题相同,而 U 表的行标题也必须与 V 表的列标题相同。

U 矩阵中的数据完全是产业部门口径的,不需要分解就能获得;V 矩阵中的数据的获得也只需要对总产出按产品部门进行分解,从而避开了分解中间投入这一艰巨浩繁的工作。Y_i 为按产品部门分类的最终使用,其估计方法如前所述,由于消费、投资等原本就是按产品分类的,所以也不涉及分解问题;E_j、G_j 分别为产业部门增加值和总产出,只需要通过放大工作把规模以下单位的产值包括在内即可,而不需要分解;Q_j 为产品部门总产出,如果 V 矩阵已知,其列向求和就是 Q_j,并不需要单独计算[①]。

间接推导法与直接分解法相比最大的优势在于所需数据更容易获得,避免了繁杂的中间投入分解工作。但是从理论上说,间接推导法数据的准确性比直接推导法要逊色。

现在以表 3－5 的投入产出基础数据为例,介绍 UV 表法的运用。

表 3－5　投入产出基础数据模型(UV 表)

		产品部门			产业部门			最终产品	总产出
		1　2　$\cdots$　n			1　　2　$\cdots$　m				
产品部门	1				U_{11}　U_{12}　$\cdots$　U_{1m}			Y_1	Q_1
	2				U_{21}　U_{22}　$\cdots$　U_{2m}			Y_2	Q_2
	$\vdots$				$\vdots$　$\vdots$　$\vdots$　$\vdots$			$\vdots$	$\vdots$
	n				U_{n1}　U_{n2}　$\cdots$　U_{nm}			Y_n	Q_n
产业部门	1	V_{11}　V_{12}　$\cdots$　V_{1n}							G_1
	2	V_{21}　V_{22}　$\cdots$　V_{2n}							G_2
	$\vdots$	$\vdots$　$\vdots$　$\vdots$　$\vdots$							$\vdots$
	m	V_{m1}　V_{m2}　$\cdots$　V_{nm}							G_m
最初投入		N_1　N_2　$\cdots$　N_n			E_1　E_2　$\cdots$　E_m				
总投入		Q_1　Q_2　$\cdots$　Q_n			G_1　G_2　$\cdots$　G_m				

矩阵:

$$U = \begin{bmatrix} U_{11} & U_{12} & \cdots & U_{1m} \\ U_{21} & U_{22} & \cdots & U_{2m} \\ \vdots & \vdots & \vdots & \vdots \\ U_{n1} & U_{n2} & \cdots & U_{nm} \end{bmatrix}$$

称为投入表(或称投入矩阵、消耗矩阵),元素 U_{ij} 表示第 j 产业部门生产过程中对第 i 类产品的消耗量。而矩阵:

[①]　高敏雪、李静萍、许健编著,《国民经济核算原理与中国实践》,中国人民大学出版社 2007 年版,第 109 页。

$$V = \begin{bmatrix} V_{11} & V_{12} & \cdots & V_{1n} \\ V_{21} & V_{22} & \cdots & V_{2n} \\ \vdots & \vdots & \vdots & \vdots \\ V_{m1} & V_{m2} & \cdots & V_{mn} \end{bmatrix}$$

称为产出表（或称产出矩阵、制造矩阵），元素 V_{ij} 表示产出系数，即第 i 产业部门所生产的第 j 类产品的数量。由于第 j 类产品主要由第 j 产业部门生产，故矩阵 V 的对角线上元素的数值往往大于同列其他元素值的和。

定义三个系数：

投入系数：$b_{ij} = U_{ij}/G_j(i = 1, 2, \cdots, n; j = 1, 2, \cdots, m)$ 　　　（公式 3 - 21）
供应系数：$d_{ij} = V_{ij}/Q_j(i = 1, 2, \cdots, m; j = 1, 2, \cdots, n)$ 　　　（公式 3 - 22）
产出系数：$C_{ij} = V_{ij}/G_i(i = 1, 2, \cdots, m; j = 1, 2, \cdots, n)$ 　　　（公式 3 - 23）

其中，投入系数 b_{ij} 表示第 j 部门生产单位产值所消耗的第 i 类产品的数量，供应系数 d_{ij} 表示第 j 类产品总额中由第 i 部门生产的比例，产出系数 C_{ij} 表示第 i 产业部门生产的第 j 类产品占 i 产业总产出的比重。

表 3 - 5 存在如下几个关系式，它们成为 UV 表法的重要依据：

$$BG + Y = Q$$
$$DQ = G$$
$$CG = Q$$
$$\hat{H}G + E = G$$

其中 $\hat{H} = diag\left[\sum_{i=1}^{n} b_{i1}, \sum_{i=1}^{n} b_{i2}\cdots, \sum_{i=1}^{n} b_{in}\right]$，其余大写字母均表示相互矩阵。

$$\begin{cases} B = U\hat{G}^{-1} \\ D = V\hat{Q}^{-1} \\ C = V^T\hat{G}^{-1} \end{cases}$$

若假定同种产品不论在哪个部门生产，其消耗系数都相同，即所谓产品工艺假定，则"产品×产品"表按下述方法推算：

$A_0 = BC^{-1}$ 　　　　　（A_0 为直接消耗系数矩阵）　　　　　（公式 3 - 24）
$X_0 = A_0\hat{Q}$ 　　　　　（X_0 为中间产品流量矩阵）　　　　　（公式 3 - 25）

编制"纯"部门的投入产出表，除了取得中间产品流量矩阵外，还需要有最初投入和最终产品数据，因表 3 - 5 中的 Y 是"纯"部门意义上的最终产品，不需换算，最初投入行向量为：

$$最初投入行向量 = (E_1/G_1, E_2/G_2, \cdots, E_n/G_n)C^{-1}\hat{Q}$$

在产品工艺假定的条件下，"部门×部门"表的推算，可借助 $\bar{A} = C^{-1}B$（$\bar{A}$ 为直接消耗系数矩阵），$\bar{X} = \bar{A}\hat{G}$（$\bar{X}$ 为中间产品流量矩阵）和 $\bar{Y} = C^{-1}Y$ 进行。

假定表3-6为投入产出基础资料,我们以此说明间接推导法的运用。

表3-6 间接推导法的基础数据

		产品部门			产业部门			最终产品	总产出
		1	2	3	1	2	3		
产品部门	1				10	20	30	30	90
	2				20	40	30	120	210
	3				40	20	60	180	300
产业部门	1	90	0	10					100
	2	0	190	10					200
	3	0	20	280					300
最初投入					30	120	180		
总投入		90	210	300	100	200	300		

先计算系数矩阵:

$$B = U\hat{G}^{-1} = \begin{bmatrix} 10 & 20 & 30 \\ 20 & 40 & 30 \\ 40 & 20 & 60 \end{bmatrix} \begin{bmatrix} 1/100 & & \\ & 1/200 & \\ & & 1/300 \end{bmatrix}$$

$$= \begin{bmatrix} 0.1 & 0.1 & 0.1 \\ 0.2 & 0.2 & 0.1 \\ 0.4 & 0.1 & 0.2 \end{bmatrix}$$

$$D = V\hat{Q}^{-1} = \begin{bmatrix} 90 & 0 & 10 \\ 0 & 190 & 10 \\ 0 & 20 & 280 \end{bmatrix} \begin{bmatrix} 1/90 & & \\ & 1/210 & \\ & & 1/300 \end{bmatrix}$$

$$= \begin{bmatrix} 1.000 & 0 & 0.033 \\ 0 & 0.905 & 0.033 \\ 0 & 0.095 & 0.934 \end{bmatrix}$$

$$C = V^{T}\hat{G}^{-1} = \begin{bmatrix} 90 & 0 & 0 \\ 0 & 190 & 20 \\ 10 & 10 & 280 \end{bmatrix} \begin{bmatrix} 1/100 & & \\ & 1/200 & \\ & & 1/300 \end{bmatrix}$$

$$= \begin{bmatrix} 0.900 & 0 & 0 \\ 0 & 0.950 & 0.067 \\ 0.100 & 0.050 & 0.933 \end{bmatrix}$$

（一）在产品工艺假定条件下推导"产品×产品"表

$$A_0 = BC^{-1}$$

$$= \begin{bmatrix} 0.1 & 0.1 & 0.1 \\ 0.2 & 0.2 & 0.1 \\ 0.4 & 0.1 & 0.2 \end{bmatrix} \begin{bmatrix} 0.900 & 0 & 0 \\ 0 & 0.950 & 0.067 \\ 0.100 & 0.050 & 0.933 \end{bmatrix}^{-1}$$

$$= \begin{bmatrix} 0.100 & 0.100 & 0.100 \\ 0.212 & 0.206 & 0.092 \\ 0.412 & 0.094 & 0.208 \end{bmatrix}$$

$$X_0 = A_0\hat{Q} \begin{bmatrix} 0.100 & 0.100 & 0.100 \\ 0.212 & 0.206 & 0.092 \\ 0.412 & 0.094 & 0.208 \end{bmatrix} \begin{bmatrix} 90 & & \\ & 210 & \\ & & 300 \end{bmatrix}$$

$$= \begin{bmatrix} 9 & 21 & 30 \\ 19 & 43 & 28 \\ 38 & 20 & 62 \end{bmatrix}$$

最初投入行向量：

$$(E_1/G_1, E_2/G_2, \cdots, E_m/G_m)C^{-1}\hat{Q}$$

$$= \begin{bmatrix} 0.3 & 0.6 & 0.6 \end{bmatrix}$$

$$\begin{bmatrix} 0.900 & 0 & 0 \\ 0 & 0.950 & 0.067 \\ 0.100 & 0.050 & 0.933 \end{bmatrix}^{-1} \begin{bmatrix} 90 & & \\ & 210 & \\ & & 300 \end{bmatrix}$$

$$= \begin{bmatrix} 0.3 & 0.6 & 0.6 \end{bmatrix}$$

$$\begin{bmatrix} 1.111 & 0 & 0 \\ 0.008\,8 & 1.056\,8 & -0.079\,5 \\ -0.119\,9 & 0.056\,8 & 1.079\,5 \end{bmatrix} \begin{bmatrix} 90 & & \\ & 210 & \\ & & 300 \end{bmatrix}$$

$$= \begin{bmatrix} 24 & 126 & 180 \end{bmatrix}$$

于是，编制"产品×产品"投入产出表（见表3-7）。

表3-7　"产品×产品"投入产出表

		产品部门			最终产品	总产出
		1	2	3		
产品部门	1	9	21	30	30	90
	2	19	43	28	120	210
	3	38	20	62	180	300
最初投入		24	126	180		
总投入		90	210	300		

（二）在产品工艺假定条件下推导"部门×部门"表

$$\bar{A} = C^{-1}B$$

$$= \begin{bmatrix} 1.111 & 0 & 0 \\ 0.008\,8 & 1.056\,8 & -0.079\,5 \\ -0.119\,9 & -0.056\,8 & 1.079\,5 \end{bmatrix} \begin{bmatrix} 0.1 & 0.1 & 0.1 \\ 0.2 & 0.2 & 0.1 \\ 0.4 & 0.1 & 0.2 \end{bmatrix}$$

$$= \begin{bmatrix} 0.111 & 0.111 & 0.111 \\ 0.180 & 0.204 & 0.091 \\ 0.408 & 0.085 & 0.198 \end{bmatrix}$$

$$= \begin{bmatrix} 0.111 & 0.111 & 0.111 \\ 0.180 & 0.204 & 0.091 \\ 0.408 & 0.085 & 0.198 \end{bmatrix} \begin{bmatrix} 100 & & \\ & 200 & \\ & & 300 \end{bmatrix}$$

$$= \begin{bmatrix} 11 & 12 & 34 \\ 18 & 41 & 27 \\ 41 & 17 & 59 \end{bmatrix}$$

$$\bar{Y} = C^{-1}Y$$

$$= \begin{bmatrix} 1.111 & 0 & 0 \\ 0.008\,8 & 1.056\,8 & -0.075\,9 \\ -0.119\,9 & -0.056\,8 & 1.079\,5 \end{bmatrix} \begin{bmatrix} 30 & & \\ & 120 & \\ & & 180 \end{bmatrix}$$

$$= \begin{bmatrix} 33 \\ 114 \\ 183 \end{bmatrix}$$

于是又可编制出"部门×部门"投入产出表（见表3-8）。

表3-8　"部门×部门"投入产出表

		产业部门			最终产品	总产出
		1	2	3		
产业部门	1	11	22	34	33	100
	2	18	41	27	114	200
	3	41	17	59	183	300
最初投入		30	120	180		
总投入		100	200	300		

除了产品工艺假定外，有时还作部门工艺假定，即假定一个部门生产的所有产品消耗结构都相同。下面介绍部门工艺假定条件下，"产品×产品"表和"部门×部门"表的推导。

（三）部门工艺假定条件下推导"产品×产品"表

$$A_0 = BD = \begin{bmatrix} 0.1 & 0.1 & 0.1 \\ 0.2 & 0.2 & 0.1 \\ 0.4 & 0.1 & 0.2 \end{bmatrix} \begin{bmatrix} 1.000 & 0 & 0.033 \\ 0 & 0.905 & 0.033 \\ 0 & 0.095 & 0.934 \end{bmatrix}$$

$$= \begin{bmatrix} 0.100 & 0.100 & 0.100 \\ 0.200 & 0.190 & 0.107 \\ 0.400 & 0.110 & 0.203 \end{bmatrix}$$

$$X_0 = A_0 \hat{Q} = \begin{bmatrix} 0.100 & 0.100 & 0.100 \\ 0.200 & 0.190 & 0.107 \\ 0.400 & 0.110 & 0.203 \end{bmatrix} \begin{bmatrix} 90 & & \\ & 210 & \\ & & 300 \end{bmatrix}$$

$$= \begin{bmatrix} 9 & 21 & 30 \\ 18 & 40 & 32 \\ 36 & 23 & 61 \end{bmatrix}$$

最初投入行向量 $= (E_1, E_2, \cdots, E_n)\hat{G}^{-1}D\hat{Q}$

$$= \begin{bmatrix} 30 & 120 & 180 \end{bmatrix} \begin{bmatrix} 1/100 & & \\ & 1/200 & \\ & & 1/300 \end{bmatrix}$$

$$\begin{bmatrix} 1.000 & 0 & 0.033 \\ 0 & 0.905 & 0.033 \\ 0 & 0.095 & 0.934 \end{bmatrix} \begin{bmatrix} 90 & & \\ & 210 & \\ & & 300 \end{bmatrix}$$

$$= \begin{bmatrix} 27 & 126 & 177 \end{bmatrix}$$

因此，可编制部门工艺假定条件下的"产品×产品"投入产出表（见表3-9）。

表3-9 部门工艺假定条件下的"产品×产品"投入产出表

		产品部门			最终产品	总产出
		1	2	3		
产品部门	1	9	21	30	30	90
	2	18	40	32	120	210
	3	36	23	61	180	300
最初投入		27	126	177		
总投入		90	210	300		

（四）部门工艺假定条件下推导"部门×部门"表

$$\bar{A} = DB = \begin{bmatrix} 1.000 & 0 & 0.033 \\ 0 & 0.905 & 0.033 \\ 0 & 0.095 & 0.934 \end{bmatrix} \begin{bmatrix} 0.1 & 0.1 & 0.1 \\ 0.2 & 0.2 & 0.1 \\ 0.4 & 0.1 & 0.2 \end{bmatrix} = \begin{bmatrix} 0.113 & 0.103 & 0.107 \\ 0.194 & 0.184 & 0.097 \\ 0.393 & 0.112 & 0.196 \end{bmatrix}$$

$$\bar{X} = \bar{A}\hat{G} = \begin{bmatrix} 0.113 & 0.103 & 0.107 \\ 0.194 & 0.184 & 0.097 \\ 0.393 & 0.112 & 0.196 \end{bmatrix} \begin{bmatrix} 100 & & \\ & 200 & \\ & & 300 \end{bmatrix}$$

$$= \begin{bmatrix} 11 & 21 & 32 \\ 19 & 37 & 29 \\ 40 & 22 & 59 \end{bmatrix}$$

$$\bar{Y} = DY = \begin{bmatrix} 1.000 & 0 & 0.033 \\ 0 & 0.905 & 0.033 \\ 0 & 0.095 & 0.934 \end{bmatrix} \begin{bmatrix} 30 \\ 120 \\ 180 \end{bmatrix} = \begin{bmatrix} 36 \\ 115 \\ 179 \end{bmatrix}$$

因此,可编制部门工艺假定条件下的"部门×部门"投入产出表(见表3-10)。

表3-10 部门工艺假定条件下的"部门×部门"投入产出表

		产业部门			最终产品	总产出
		1	2	3		
产业部门	1	11	21	32	36	100
	2	19	37	29	115	200
	3	40	22	59	179	300
最初投入		30	120	180		
总投入		100	200	300		

需要指出的是,产品工艺假定计算的结果与部门工艺假定计算结果有一定的差异,其根本原因是,各产业部门有次要生产的存在,如果各产业部门都只生产各自的特征产品而无次要产品生产存在的话,则两种假定会得到完全相同的结果。另外,在 UV 表法中,无论是产品之间的直接消耗系数和流量,还是部门之间的直接消耗系数和流量,都是在很强的经济假定下,通过数学方法机械地推算出来的,而这些极端性的经济假定有时会与实际的情况有较大的出入。为了克服产品工艺假定和部门工艺假定的缺陷,出现了所谓混合工艺假定,这种方法是在产品工艺假定和部门工艺假定的基础上发展起来的。

▌▶ 三、投入产出系数的修订方法

投入产出模型中的直接消耗系数具有相对稳定性,在一个比较短的时间内,由于国民经济各部门的生产技术水平、管理水平、产品的结构和价格比例等影响因素不会发生重大变动,故直接消耗系数的数值不会发生根本性的变化。因此,把投入产出模型用在短期计划预测上,常能取得令人满意的结果。但从本质上看,直接消耗系数是个变数,时间愈长,发生变动的幅度就愈大,这样用原来的直接消耗系数,去预测变化了的客观实际,就难免不会发生较大的偏差。正是这种考虑,产生了修订投入产出系数的要求。

早在20世纪40年代,人们就开始研究投入产出系数的修订方法。代表性的修订

方法有技术经济分析方法、专家调查法和数学修订方法。其中数学修订方法又有 RAS 法、卡门滤波方法、统计回归方法等,其中 RAS 法影响最大,使用最为广泛。联合国统计局于 1973 年将 RAS 法作为修订直接消耗系数的标准方法向各国推荐。

　　RAS 法假定直接消耗系数 A_{ij} 受到两个方面的影响:一是替代影响,即某种投入品既可以被别的投入品所替代,又可以去替代别的投入品,替代影响体现在流量表的行乘数 R 上;二是制造影响,即产品在生产过程中,由于生产技术水平和管理水平变化所引起的直接消耗系数的变动,这种影响体现在列乘数 S 上。RAS 法又假定,无论是替代影响还是制造影响,都具有部门间的一致性,即假定各部门的替代比例相同,各部门的各项中间投入的变化率也相同。

　　在替代影响和制造影响都具有"一致性"的假定条件下,基期和报告期的直接消耗系数矩阵,存在如下关系:

$$A^1 = \hat{R} A^0 \hat{S} \qquad\qquad (公式\ 3-26)$$

　　其中,A^0 为基期直接消耗系数矩阵;A^1 为报告期直接消耗系数矩阵。

$$\hat{R} = \begin{bmatrix} R_1 & & & \\ & R_2 & & \\ & & \ddots & \\ & & & R_n \end{bmatrix} \qquad \hat{S} = \begin{bmatrix} S_1 & & & \\ & S_2 & & \\ & & \ddots & \\ & & & S_n \end{bmatrix}$$

若记 $\hat{Q}$ 为报告期总产出的对角阵,则报告期中间产品流量 X 为:

$$
\begin{aligned}
X &= A^1 \hat{Q} = \hat{R} A^0 \hat{S} \hat{Q} \\
&= \begin{bmatrix} R_1 & & & \\ & R_2 & & \\ & & \ddots & \\ & & & R_n \end{bmatrix}
\begin{bmatrix} A^0_{11} & A^0_{12} & \cdots & A^0_{1n} \\ A^0_{21} & A^0_{22} & \cdots & A^0_{2n} \\ \vdots & \vdots & \vdots & \vdots \\ A^0_{n1} & A^0_{n2} & \cdots & A^0_{m} \end{bmatrix}
\begin{bmatrix} S_1 & & & \\ & S_2 & & \\ & & \ddots & \\ & & & S_n \end{bmatrix}
\begin{bmatrix} Q_1 & & & \\ & Q_2 & & \\ & & \ddots & \\ & & & Q_n \end{bmatrix} \\
&= \begin{bmatrix} R_1 A^0_{11} S_1 Q_1 & R_1 A^0_{12} S_2 Q_2 & \cdots & R_1 A^0_{1n} S_n Q_n \\ R_2 A^0_{21} S_1 Q_1 & R_2 A^0_{22} S_2 Q_2 & \cdots & R_2 A^0_{2n} S_n Q_n \\ \vdots & \vdots & \vdots & \vdots \\ R_n A^0_{n1} S_1 Q_1 & R_n A^0_{n2} S_2 Q_2 & \cdots & R_n A^0_{m} S_n Q_n \end{bmatrix}
\end{aligned}
$$

从而得到报告期中间产品行合计列向量(H)和列合计行向量(W)的代数表达式:

$$
\begin{cases}
H_i = \sum_{j=1}^{n} X_{ij} = \sum_{j=1}^{n} R_i A^0_{ij} Q_j S_j \\
W_j = \sum_{i=1}^{n} X_{ij} = \sum_{i=1}^{n} R_i A^0_{ij} Q_j S_j
\end{cases}
$$

　　式中:A^0_{ij}、Q_j、H_i、W_j 均为已知数,R_i、S_j 为未知数,通过迭代方法可求解 R_i、S_j 的 $2n$ 个未知数,代入 $A^1 = \hat{R} A^0 \hat{S}$,即可得到报告期的直接消耗系数,这就是所谓修订了的直接消耗系数。

用 RAS 法修订投入产出系数是在严格的限定条件下进行的,因而会程度不同地影响投入产出系数的准确性,但各国投入产出分析的应用实践都表明,RAS 法修订直接消耗系数比不修订要好。在实际经济情况较接近假定条件时,修订结果和实际的投入产出系数是很相近的[①]。

第五节　投入产出应用分析

投入产出表能够完整地表现部门间的技术经济联系,这是其他分析工具不可替代的,因而投入产出表的应用也集中体现在运用部门间技术经济联系来分析、预测国民经济的结构和比例关系、对政策执行情况进行模拟和仿真。

▶ 一、产业结构预测

我们可利用投入产出行模型、列昂惕夫逆系数模型对经济发展的增量进行预测。

(1)以各部门最终需求增量预测各部门总产出增量:

$$\Delta X = (I - A)^{-1} \Delta Y \qquad \text{(公式 3 - 27)}$$

(2)以各部门总产出增量预测各部门最终需求增量:

$$\Delta Y = (I - A) \Delta X \qquad \text{(公式 3 - 28)}$$

式中: ΔX 表示总产出增量列向量; ΔY 表示最终需求增量列向量。求出总产出增量列向量、最终需求增量列向量这两个变量的列向量,即可预测出各部门产业结构由于某一变量的变动而引起另一变量产生一系列的变动。

当各部门最终需求增加时,它必然要求各部门总产出作相应的变动。同理,当各部门总产出增加时,也必定会引起各部门最终需求的变动。应当注意的是,这里所说的"增加"、"增量"都是包含方向的,也可以是负增加、负的增量。

▶ 二、经济结构变动所产生的影响测度

当经济结构发生变动或大规模项目建成后,必定引起相关因素如劳动者收入、居民消结构等因素的变化,运用投入产出模型均能进行测度。

(1)经济结构变动对各部门劳动者收入变化的影响:

$$\Delta V = \Delta \hat{X} \hat{X}^{-1} V \qquad \text{(公式 3 - 29)}$$

式中: ΔV 为各部门劳动者收入变化的列向量; $\Delta \hat{X}$ 为经济结构变化后各部门总产出增量; $\hat{X}^{-1}$ 为以各部门总产出作成的对角矩阵的逆矩阵; V 为各部门原来劳动力收入的列向量。

---

① 杨廷干、刘小瑜、蔡定萍编著,《国民经济核算——理论、方法及应用》,经济管理出版社 1998 年版,第 90—92 页。

（2）由于劳动力收入变动对居民消费产生的影响：

$$\Delta W = D \Delta V_1 \qquad\qquad （公式3-30）$$

式中：ΔW 表示因劳动者收入变化对居民消费产生影响作成的列向量；D 为投入产出表中居民消费结构的列向量；ΔV_1 为劳动者收入增量；ΔV 中用于居民消费的数量。

经济结构、产业结构变化必然导致劳动力在各部门迁移，从而引发各部门劳动力价格变化，劳动力价格变化必将引起劳动者收入变化，各部门劳动者收入变化又会对各类产品的消费量、整个经济的消费结构产生影响，这一系列的变化我们都可以用投入产出模型予以测度。

投入产出技术还可用于价格、工资、税收等政策模拟。

▌▶ 三、投入产出表的应用分析

在投入产出核算的实践中，我们可以依据间接推导法原理用供给表或使用表的数据推算投入产出表。其中，供给表的实质是"产业×产品"结构的产出表（V 表），使用表的实质是"产品×产业"结构的投入表（U 表）。

在实践的推导过程中，要考虑到的因素除了推导的前提条件（产品工艺假定或部门工艺假定）外，还应考虑到价格因素。价格因素中包含：

（1）流通费用。现行投入与产出数据均是按购买者价格计算的。而投入产出核算为准确反映各部门之间的技术经济联系，需将购买者价格中所包含的由商贸部门、运输部门提供的产出剔除出来单独核算，因此投入产出核算采用的是生产者价格。由此，我们在推导过程中还要专门编制流通费用矩阵，以剔除各部门按购买者价格计算的中间投入中所包含的贸易加价和运输费用等流通费用，将这部分价值加至商贸部门、运输部门中。

（2）不可抵扣增值税。购买者价格与生产者价格之差除了流通费用外，还包含不可抵扣增值税。不可抵扣增值税是购买者支付的，无法从其应交增值税额（如果有的话）中扣除的增值税。对于同样的产品，大部分部门（使用者）的增值税是可以扣除的，而有些部门如住户是不能扣除的。这样就会使住户部门的总使用比其他部门有所夸大，使按购买者价格计算的供给使用表难以解释。因此，从购买者价格估计值中去掉贸易和运输加价之后，还要剔除不可抵扣的增值税。在最终使用中剔除不可抵扣的增值税比较简单，但在中间投入中剔除不可抵扣的增值税要复杂一些，因为中间投入中绝大部分增值税是可抵扣的，但并非全部。

一旦完成了上述两部分的费用剔除，供给使用表中的项目就是按生产者价格计算的了[①]。

投入产出表应用的内容丰富，详细分析可作专题讲座或在独立的专门课程介绍。在此附上 SNA-2008 有关核算表，以飨读者。

---

① 联合国、欧盟委员会、经济合作与发展组织、国际货币基金组织、世界银行编，《2008 国民账户体系》，中国统计出版社 2012 年版，第 329 页。

表 3 - 11　按购

	按购买者价格计算的总供给(1)	商业及运输费用(2)	产品税(3)	产品补贴(一)(4)	总供给(基本价格)(5)	分产业的产出(按 ISIC 的类别分组) 市场生产者							
						农业、林业和渔业(A)(6)	制造业和其他工业(B—E)(7)	建筑业(F)(8)	贸易、运输、住宿、餐饮业(G—I)(9)	信息及通讯业(J)(10)	金融和保险业(K)(11)	房地产业(L)(12)	商务服务业(M—(13)
产品(按 CPC 的大部分组)													
1　农业、林业和渔业产品(0)	128	2	5	−3	124	78	0	0	0	0	0	0	0
2　矿物和矿石、电、气、水(1)	263	2	5	0	256	0	195	0	0	0	0	0	0
3　制造业产品(2—4)	2 161	74	94	−5	1 998	0	1 650	6	24	18	0	0	9
4　建筑(5)	261	0	17	0	244	0	7	201	3	2	0	0	0
贸易、住宿、餐饮													
5　运输服务(6)	216	−78	5	0	289	0	6	1	226	0	0	0	0
6　金融保险(7 不包含 72—73)	159	0	0	0	159	0	0	0	0	0	146	0	0
7　房地产服务、租赁服务(72—73)	195	0	0	0	195	0	2	0	4	0	0	94	0
8　商务和生产服务(8)	272	0	11	0	261	0	1	0	3	80	0	0	172
9　社区和社会服务(92—93)	275	0	0	0	275	0	0	0	0	0	0	0	0
10　其他服务(94—99)	95	0	4	0	91	0	0	0	2	0	0	0	2
11　公共管理(91)	91				91								
12　进口的 CIF/FOB 调整	0				0								
13　居民在国外的直接购买	43				43								
14　合计	4 159	0	141	−8	4 026	78	1 861	208	262	100	146	94	183

① 联合国、欧盟委员会、经济合作与发展组织、国际货币基金组织、世界银行编,《2008 国民账户体系》,中国统计出版社 2012 年版,第 334—335 页。

...计算的供给表①

育、卫生社服业—Q (14)	其他服务业(R—T及U) (15)	市场生产者小计 (16)	自给性生产者				非市场生产者			产业合计 (24)	经济体合计 (25)	出　口		
			农业、林业和渔业(A) (17)	建筑业(F) (18)	房地产和私人住房服务(L+T) (19)	自给性生产者小计 (20)	教育、卫生及社会服务业(P—Q) (21)	公共管理(O) (22)	非市场生产者小计 (23)			进口的CIF/FOB调整 (26)	货务 (27)	服务 (28)
0	0	78	9	0	0	9	0	0	0	87			37	
0	0	195	0	0	0	0	0	0	0	195			61	
0	0	1 707	2	5	0	7	0	0	0	1714			284	
0	0	213	0	31	0	31	0	0	0	244				
0	0	233	0	0	0	0	0	0	0	233		−6		62
0	0	146	0	0	0	0	0	0	0	146		−4		17
0	0	100	0	0	95	95	0	0	0	195				
0	0	256	0	0	0	0	0	0	0	256				5
63	0	63	0	0	0	0	212	0	212	275				0
	82	86	0	0	5	5	0	0	0	91				0
								168	168	168				
												10	−10	
													20	23
63	82	3 077	11	36	100	147	212	168	380	3 604		0	392	107

表 3-12　按购

产品的使用	按购买者价格计算的总供给 (1)	商业及运输费用 (2)	产品税 (3)	产品补贴(—) (4)	总供给(基本价格) (5)	分产业的产出（按 ISIC 的类别分组）市场生产者									
						农业林业和渔业(A) (6)	制造业和其他工业(B—E) (7)	建筑业(F) (8)	贸易运输住宿餐饮业(G—I) (9)	信息及通讯业(J) (10)	金融和保险业(K) (11)	房地产业(L) (12)	商务服务业(M—N) (13)	教育卫生及社会服务业(P—Q) (14)	其他服务业(R—T及U) (15)
产品(按CPC的大部分组) 总使用															
1　农业、林业和渔业产品(0)	128					2	71	0	3	1	2	1	2	0	0
2　矿物和矿石、电、气、水(1)	263					3	190	1	6	3	2	1	2	0	0
3　制造业产品(2—4)	2 161					27	675	63	44	16	16	9	19	4	5
4　建筑(5) 贸易、住宿、餐饮	261					1	9	5	3	1	1	1	1	0	0
5　运输服务(6)	216					3	65	3	25	4	4	2	4	0	0
6　金融保险(7 不包含 72—73)	159					1	36	5	18	1	3	3	7	1	1
7　房地产服务、租赁服务 (72—73)	195					1	15	1	8	2	5	2	4	0	1
8　商务和生产服务(8)	272					2	70	12	15	10	18	9	19	7	9
9　社区和社会服务(92—93)	275					0	1	0	0	0	0	0	1	0	0
10　其他服务(94—99)	95					1	1	0	1	1	1	0	1	0	0
11　公共管理(91)	168					0	0	0	0	0	0	0	0	0	0
12　居民在国外的直接购买	43														
13　非居民在国内的购买	0														
14　合计	4 236					41	1 133	90	12	339	52	28	60	12	16 1
15　总增加值合计/GDP			141	—8		37	728	118	139	61	94	66	123	51	66 1
16　雇员报酬						19	547	79	102	32	44	49	79	43	47 1
17　生产及进口税减补贴			141	—8		—2	43	5	—5	—1	4	6	4	1	1
18　混合收入总额						4	30	3	9	0	0	0	0	0	0
19　营业盈余总额						16	108	31	33	30	46	11	40	7	18
20　固定资本消耗-混合收入						1	3	0	1	0	0	0	0	0	0
21　固定资本消耗-其他						8	80	11	30	7	12	5	12	1	2
22　总产出						78	1 861	208	262	100	146	94	183	63	82 3
23　劳动投入(工作小时)						1 840	31 962	4 244	8 786	1 332	1 290	920	1 562	494	642 53
24　固定资本形成总额						10	122	8	49	14	5	5	7	1	2
25　期末固定资产存量						142	1 861	143	731	208	143	102	147	22	29 3

格计算的使用表

| 分产业的中间消耗（按 ISIC 的类别分组） | | | | | | | | | 出口 | | 最终消费支出 | | | | | | 资本形成总额 | | | |
| 自给性生产者 | | | | 非市场生产者 | | | | | | | | | | 一般政府 | | | | | | |
农林渔业 A (17)	建筑业 F (18)	房产地和私人房服务 L (19)	自给性生产者小计 (20)	教育、卫生及社会服务业 P—Q (21)	公共管理 O (22)	非市场生产者小计 (23)	产业合计 (24)	经济体合计 (25)	货物 (26)	服务 (27)	最终消费支出小计 (29)	住户 (30)	NPISHs (31)	小计 (32)	公共管理 (33)	个人消费 (34)	资本形成总额小计 (35)	固定资本形成总额 (36)	存贷变化 (37)	贵重物品的获得减处置 (38)
1	0	0	1	3	2	5	88		7	0	30	28	0	2	0	2	3	−2	1	
0	0	0	0	5	4	9	217		7	0	40	40	0	0	0	0	−1	0	−1	
5	17	10	32	42	38	80	990		422	0	573	570	0	3	0	3	176	161	5	10
0	0	0	0	11	7	18	40		6	0	2	2	0	0	0	0	213	190	23	
0	0	0	0	4	5	9	119		0	55	42	42	0	0	0	0				
0	2	3	5	6	17	23	104		0	2	53	53	0	0	0	0				
0	0	0	0	8	10	18	57		0	1	115	115	0	0	0	0	22	22	0	
0	5	7	12	15	24	39	222		0	9	40	40	0	0	0	0	1	1	0	
0	0	0	0	24	8	32	34		0	2	239	21	44	204	0	204				
0	0	0	0	2	2	4	10		0	0	85	85	0	0	0	0				
0	0	0	0	1	1	2	2			0	186	5	2	159	156	3				
											43	43								
									20	9	−29	−29								
6	24	20	30	121	118	239	1 883		462	78	1 399	1 015	16	368	156	212	414	376	28	10
5	12	80	97	91	50	141	1 721	1 854												
0	0	0		70	39	109	1 150	1 150												
0	0	0	0	1	1	2	58	191												
3	12	0	15				61	61												
2	0	80	82	20	10	30	452	452												
3	0	0	3				8	8												
1	0	15	16	20	10	30	214	214												
11	36	100	147	212	168	380	3 604													
218	780	0	998	7 299	8 000	15 299	69 369													
1	1	124	126	13	12	25	376													
17	17	1 851	1 885	201	169	370	5 783													

表 3-13　产品

产品使用	按产品组划分的中间消耗										
	农业、林业和渔业产品	制造业和其他工业产品	建筑	贸易、运输、住宿餐饮	金融和保险	房产地业	商务和信息服务	教育、卫生及社会服务	其他服务	公共服务	产业合计
农业、林业和渔业产品	3	43	0	3	2	1	3	3	0	2	60
制造业和其他工业产品	32	658	74	39	18	21	37	47	6	42	974
建筑	1	10	5	3	1	1	2	11	0	7	40
贸易、运输、住宿餐饮	4	69	6	18	4	2	6	8	0	5	123
金融和保险	1	34	7	16	0	6	2	7	1	17	91
房地产活动	1	16	1	7	5	2	5	8	1	10	57
商务和信息服务	2	72	16	12	17	15	26	21	10	22	212
教育、卫生及社会服务	0	1	0	0	0	0	1	24	0	8	34
其他服务	1	1	0	1	1	0	2	2	0	2	10
公共管理	0	0	0	0	0	0	0	1	0	1	2
调整：											
税收减补贴	1	35	5	2	1	1	0	1	0	2	48
进口	0	213		10	3		6				232
常住居民在国外的直接购买	43										
非常住居民在国内的直接购买	0										
总计，按购买者价格计	46	1 151	114	110	52	50	90	133	19	118	1 883
总增加值/GDP	41	758	130	123	94	145	166	142	72	50	1 721
雇员报酬	19	565	80	90	44	51	100	113	49	39	1 150
生产税减补贴	−2	43	5	−4	4	6	3	2	1	1	58
固定资本消耗	12	88	11	27	17	21	17	21	3	10	222
混合收入总额	6	33	13	8	0	0	0	0	0	0	61
营业盈余总额	18	118	31	29	46	88	63	27	23	10	452
总产出	87	1 909	244	233	146	195	256	275	91	168	3 604

---

① 联合国、欧盟委员会、经济合作与发展组织、国际货币基金组织、世界银行编，《2008国民账户体系》，中国统计出版社2012年版，第585页。

入产出矩阵列示①

	出口		一般政府										
	货物	服务	最终消费支出合计	住户	NPISH	小计	公共消费	个人消费	资本形成总额小计	固定资本形成总额	存贷变化	贵重物品获得减处置	经济总计
	7	0	17	15	0	2	0	2	3	2	1	0	87
	403	0	449	446	0	3	0	3	83	80	4	0	1 910
	6	0	2	2	0	0	0	0	196	173	23	0	244
	16	55	36	36	0	0	0	0	3	3	0	0	233
	0	2	53	53	0	0	0	0	0	0	0	0	146
	0	1	115	115	0	0	0	0	22	22	0	0	195
	0	9	33	33	0	0	0	0	1	1	0	0	255
	0	2	239	21	14	204	0	204	0	0	0	0	275
	0	0	81	81	0	0	0	0	0	0	0	0	91
	0	0	166	5	2	159	156	3	0	0	0	0	168
0	10	0	54	54	0	0	0	0	21	21	0	0	133
0	0	0	140	140	0	0	0	0	84	74	0	10	456
					43	43							
			20	9	−29	−29							
	462	78	1 399	1 015	16	368	156	212	414	376	28	10	4 236

185
4
191

表 3 - 14　从建筑业到制造业重新分配产品的举例①

产品使用	使用表		系数形式		产品部门工艺		产品工艺	
	制造业和其他工业	建筑业	制造业和其他工业	建筑业	制造业和其他工业	建筑业	制造业和其他工业	建筑业
1. 农业、林业和渔业产品（0）	71	0	3.8	0.0	71.0	0.0	71.2	−0.2
2. 矿石和矿物；电、气、水（1）	190	1	10.2	0.5	190.6	1.0	190.6	0.4
3. 制造业产品（2—4）	675	63	36.3	30.3	676.8	61.2	677.2	60.8
4. 建筑（5）	9	5	0.5	2.4	9.1	4.9	9.0	5.0
5. 贸易、住宿、餐饮、运输服务（6）	65	3	3.5	1.4	65.1	2.9	65.2	2.8
6. 金融保险（7，不包括 72—73）	36	5	1.9	2.4	36.1	4.9	36.1	4.9
7. 房地产服务和租赁服务（72—73）	15	1	0.8	0.5	15.0	1.0	15.0	1.0
8. 商业和生产服务（8）	70	12	3.8	5.8	70.3	11.7	70.2	11.8
9. 社区和社会服务（92—93）	1	0	0.1	0.0	1.0	0.0	1.0	0.0
10. 其他服务（94—99）	1	0	0.1	0.0	1.0	0.0	1.0	0.0
11. 公共管理（91）	0	0	0.0	0.0	0.0	0.0	0.0	0.0
合计	1133	90	61	43	1135.6	87.4	1136.7	86.3
总增加值	728	118	39	57	731.4	114.6	730.3	115.7
总产出	1861	208	100	100	1867	202	1867	202

① 联合国、欧盟委员会、经济合作与发展组织、国际货币基金组织、世界银行编，《2008 国民账户体系》，中国统计出版社 2012 年版，第 583 页。

修订情况及研究趋势

由于投入产出技术已是一门成熟的分析方法,在应用这一方法对经济、社会现象进行分析时,就方法本身而言是没有什么变化的。SNA－2008 已表明:"在遵守固有的核算规则的前提下,允许在实施过程中存在一定程度的灵活性。"[①]投入产出核算的修订情况主要体现为:

SNA－2008 投入产出表比 SNA－1993 投入产出表的分类层次更为丰富、更为详尽。这些变化都是源于 SNA－2008 供应和使用表的细分。如,SNA－2008 的产品×产品投入产出表和产业×产业投入产出表的最终消费中都区分出 NPISH 的项目、在按购买者价格计算的供给表和使用表中对产出和中间消耗均按市场生产者、自给性生产者和非市场生产者予以分类。又如,SNA－2008 更为详细地解释了如何在供给表中记录运输费用,以及记录方法会对生产者价格和购买者价格所带来的影响,这些影响会对投入产出表的编制产生直接的作用。

研究趋势方面,从方法上看:目前,在国民经济核算中应用的投入产出技术主要是静态投入产出分析。随着研究的深入,动态投入产出分析将可能引入国民经济核算体系。毕竟投入产出技术特别是动态投入产出技术有较高的技术含量,要将其普及应用,尚需假以时日。从应用的范围上看,投入产出技术已经应用于经济、社会核算,正在扩展至环境核算,以后必将向更多的领域扩展。

思考与练习

1. 试分析投入产出核算的主要内容及其在国民经济核算中的意义。
2. 试分析投入产出表三个象限的内容及其理论联系与数量关系。
3. 试分析直接消耗系数、完全消耗系数与完全需求系数的联系与区别。
4. 试分析感应度系数与影响力系数的含义、计算方法及应用。
5. 试分析列昂惕夫逆系数矩阵之于投入产出分析的意义。
6. 投入产出表为什么要采用纯部门划分?
7. 直接分解法与间接推导法各有什么特点?
8. 间接推导法的理论依据是什么?
9. 简述投入产出核算应用的领域。
10. 你认为投入产出表进一步发展可能会出现几个象限? 各象限的内容如何?

---

① 联合国、欧盟委员会、经济合作与发展组织、国际货币基金组织、世界银行编,《2008 国民账户体系》,中国统计出版社 2012 年版,第 574 页。

第四章 收入分配与使用核算

引 言

在宏观经济学中,凯恩斯经济理论认为生产和收入决定于总需求,即只要存在需求,经济体便可以生产出任何数量的产品与之相适应。与传统西方经济学相比,凯恩斯把国民收入作为宏观经济研究的中心问题,通过总供给与总需求的均衡来分析国民收入的决定,并建立了以总需求为核心的宏观经济学体系。

收入分配与使用核算重点描述一国生产成果的分配和使用情况。自凯恩斯经济理论创立以来,国民收入就已成为宏观经济分析中最为重要的经济总量,也使收入分配与使用核算成为国民经济核算中最重要且最基本的核算之一。不论是凯恩斯的消费理论、消费和储蓄函数,还是相对收入消费理论、生命周期消费理论或永久收入消费理论等,均需准确界定收入、消费和储蓄等变量的含义与类别,如此才能系统描述经济循环过程中生产、收入分配与使用三者之间是如何互相制约,同时又是紧密相连的重要关系。

第一节 收入分配与使用核算的一般问题

▶ 一、收入分配与使用核算的概念

经济运行过程是由多种经济活动和无数经济交易所组成的复杂过程。该过程以生产为起点,先后经历生产、收入分配和使用等若干个依次进行的阶段,形成连续不断的循环运动。在生产过程中,生产者利用各种投入以获取产出,但生产的最终目的是使用(如消费或积累等)。在大多数情况下生产者所需的货物与服务并不一定就是自己的产出,随着经济社会的发展以及劳动分工的细化,自产自用所占的产出份额越来越少,因而在生产与使用之间必须经过收入分配这一中间环节。

人类的生产活动既生产了使用价值又新创了价值。收入分配是将当期生产的新创价值进行分配所产生的系列收支活动,而收入使用专指消费活动。收入分配可分为两个层次,如增加值在生产领域内的直接分配被称为收入初次分配,能否参与初次分配以及获取多少收入取决于是否参与了生产过程以及对生产成果的贡献大小,因此初次分配使生产过程的各类参与者均获取了相应的收入,如雇员报酬、生产税净额和财产收入

等,以上收入类型统称为原始收入或初始收入,即机构单位或因参与生产过程或将资产交由生产者支配而获得的收入;继收入初次分配之后的再分配,是全社会性的分配,即机构单位基于相关法律的规定或自身意愿,将其所获收入的一部分无偿分配给其他收入主体,形成转移性收入,其主要形式包括现期所得税和财产税等、社会缴款与社会福利以及其他经常转移。必须注意的是,尽管从理论上可将收入分配区分为两个阶段,但从经济总体来看,收入初次分配与再分配并无严格的时间先后顺序,而呈现出一种连续且交替进行的态势。但是,两个阶段所涉及的分配性交易不同。发生在收入初次分配环节的经济交易多为交换式交易,如住户在生产过程中投入了劳动,则在收入初次分配中将获取雇员报酬,其数额大小取决于劳动时间的长短和劳动投入的质量高低;发生在收入再分配环节的经济交易属于单方面转移,即一机构单位向另一机构单位提供货物、服务或资产,但未获取对等的回报。因此,收入再分配所产生的分配性流量,其数额大小取决于相关政策法律的规定以及自身意愿的强弱程度。综合来看,收入初次分配体现的是效率,而收入再分配突显的是公平,就一国收入分配政策而言,若能较好地兼顾公平与效率,则能有效提高全社会的福利水平。

收入使用意指消费活动,即消费主体将当期可支配收入用于消费性货物与服务的购买,以满足住户个人以及全社会的物质和精神需求。如果考虑实物社会转移,则收入使用的起点为调整后可支配收入,所对应的消费概念为实际最终消费。不论是可支配收入还是调整后可支配收入,扣除最终消费支出或实际最终消费之后的节余部分均为储蓄,成为积累的自有资金来源。

在收入分配核算中,其行为主体从微观来看是具有经济决策权的机构单位,如非金融公司、金融公司、一般政府、住户和为住户服务的非营利机构(NPISH),从宏观来看是上述机构单位组成的机构部门[①]。因为机构单位能够以自己的名义与其他机构单位进行交易,能够做出经济决策并从事经济活动,而基层单位只有生产决策权,不是交易的主体。但在收入使用核算中,消费主体仅包括住户、一般政府和为住户服务的非营利机构。按国民经济核算的文本诠释,公司购买的货物与服务或者用于中间消耗,或者提供给雇员作为实物报酬,自身没有消费功能,其可支配收入直接转化为储蓄。

▶ 二、收入分配与使用核算的账户设置

基于收入分配与使用环节的基本流程,国民经济核算体系采取账户或表格的形式来展现该过程的数量关系(见表4-1)。首先设置了收入初次分配账户描述各机构部门增加值是如何转化为原始收入的,然后通过收入再分配账户展现经常转移是如何将原始收入转化为可支配收入(调整后可支配收入)的,最后通过两个收入使用账户反映可支配收入(调整后可支配收入)在最终消费支出(实际最终消费)和储蓄之间的分配关系。

---

① 中国国民经济核算体系(CSNA-2002)没有设置为住户服务的非营利机构部门,因此收入分配核算的行为主体只有四个,即非金融企业、金融机构、政府和住户部门。

表 4 - 1　收入分配与使用核算的账户设置

		使用方	来源方
收入初次分配账户	收入形成账户	雇员报酬 生产税净额 营业盈余/混合收入	增加值
	原始收入分配账户	财产收入的支付 原始收入	营业盈余/混合收入 财产收入的获得
收入再分配账户	收入再分配账户	经常转移支出 可支配收入	原始收入 经常转移收入
	实物收入再分配账户	实物社会转移支出 调整后可支配收入	可支配收入 实物社会转移收入
收入使用账户	可支配收入使用账户	最终消费支出 储蓄	可支配收入
	调整后可支配收入使用账户	实际最终消费 储蓄	调整后可支配收入

为了确保生产、收入分配与使用核算的前后一致与完整可比,核算时应注意以下问题的处理:

（一）收支流量的虚拟处理

尽管收入分配与使用表现为一系列收支活动,但不能简单理解为货币性交易收支。例如,雇员报酬既有现金形式,也有实物形式;在转移收支中,既包括现金赠与也包括实物捐赠,等等。如果将收入分配与使用中的收支仅仅理解为现金收支,势必低估收入分配的规模,导致生产与使用的不一致,使数据的可比性下降。对于上述实物交易,核算时应该虚拟。但是,虚拟并非仅仅推测交易的价值,而是首先要勾画出整个交易。例如实物雇员报酬,核算时首先要虚拟雇员与生产者之间的交换式交易,即生产者向雇员支付现金雇员报酬,之后雇员再用这笔收入购买消费性货物或服务,前者属于收入分配,后者属于收入使用。如此处理可将隐藏于实物雇员报酬中的收入分配与收入使用流量完整地展现出来,确保生产、收入分配与收入使用核算的前后一致。

（二）按权责发生制记录收支流量

在一定时期内,经济总体各机构部门之间的收支流量保持着对应关系,如雇员报酬是生产者(公司、政府和非营利机构等)的支出,是住户部门的收入,因此流量登录的时期确定也是一个需要注意的问题。为确保收支流量在时期上的对应性,国民经济核算体系要求按权责发生制记录这些流量,即对同一笔交易收支按权利与责任发生的同一时间进行登录,如按纳税义务产生的时间记录税收等。与收付实现制不同,权责发生制会产生应收、应付流量,但这些流量是金融交易核算的内容。

第二节　收入初次分配核算

一、收入初次分配核算概述

收入初次分配核算以初次分配中的各类交易为核算对象,通过计算初次分配中的各种收入指标——雇员报酬、生产税净额和财产收入,编撰收入初次分配账户,以反映生产过程的新创价值在各机构部门的分配数量及构成。由于参与生产过程的行为主体既有常住单位也有非常住单位,因此收入初次分配的主体也包括常住单位和非常住单位。

在这一环节,国民经济核算体系设置了收入形成和原始收入分配账户,这两个账户的平衡项同时也是极具分析价值的总量指标——营业盈余与原始收入。此外,SNA-2008还建议对非金融公司与金融公司部门的原始收入分配账户进行细分,即将其拆分为业主收入和其他原始收入分配两个子账户,由此可得到一个与企业会计核算的"利润"相似的重要分析指标——业主收入,可据此分析非金融与金融公司的市场行为。

二、收入形成账户

(一)变量设置

具体而言,收入形成账户所涉及的分配性流量包括雇员报酬、生产税净额、营业盈余和混合收入。

1. 雇员报酬

雇员报酬指雇员在核算期内因为劳动投入而应该获取的收入,其流量大小取决于雇员所提供劳动的数量、质量以及劳动工作环境等;雇员报酬是生产单位的应付,是住户部门的应收。在雇员报酬核算中,除应关注实物报酬与中间消耗的区别之外,还需注意以下细节问题。

(1)雇员报酬与社会福利的区别。雇员报酬的获取与雇员所付出的劳动有关,但雇员得到的某些收入或与疾病、意外伤害和生育有关,或与裁员、丧失工作能力和意外死亡有关。这些收入与雇员的劳动数量和质量均无关系,因此不能计入雇员报酬,而应归属为社会福利,是收入再分配账户的核算对象。

(2)混合收入。在住户成员个别所有或与他人合伙拥有的非法人企业中,住户成员像公司雇员一样投入了劳动,但非法人企业也许未向其支付劳动报酬;由于住户非法人企业一般没有单独计算住户成员的劳动报酬,因而大多与企业的营业盈余混合在一起而无法分离出来,实践中一般将两者合并作为混合收入处理。

2. 生产税净额

生产税净额是生产单位缴纳的生产税扣除政府发放的生产补贴之后的余额。具体而言,生产税可分为产品税和其他生产税两类,其中产品税是生产、销售、转移、出租或交付货物与服务而征收的税,或因自身消费、资本形成而使用货物与服务所征收的税,如增值税、营业税和进口税等;其他生产税或是针对生产中所使用的土地、建筑、其他资产等生产要素的所有权或使用而征收的税,或是针对雇佣劳动力或支付雇员报酬而征收的税,如工薪或劳力税、土地房屋或其他建筑物定期税、营业和执业执照税、固定资产使用或其他活动税、印花税、污染税和跨国交易税等。生产税是生产单位的应付,是政府部门的应收,可以看作是政府宏观管理活动的回报。生产补贴是政府对货物与服务的生产或进口而向生产单位所做的无偿支付,可视为负的生产税,但不包括消费目的的补贴,同时还应注意税收与收费之间的区别,其判断准则主要是观察支出与所得是否对称,若支出远远大于所接受的服务价值则应归类为税收的缴纳,反之则可能属于收费。

3. 营业盈余

营业盈余是总产出扣减中间消耗、固定资本消耗、雇员报酬和生产税净额之后的剩余部分,体现了劳动之外的其他生产要素(如土地与资本等)在生产过程中的新创价值,同时也是生产者用于支付利息和地租等财产收入的主要来源。营业盈余是生产活动所获得的盈余,故既是生产者追求的目标,也是企业经营绩效的体现。

(二)账户结构

收入形成账户描述与生产过程直接相关的收入分配活动,即各机构部门增加值的要素分配过程,因此是收入分配系列账户的起点,且奠定了收入分配的初始格局。

收入形成账户(见表 4-2)的起始项是由生产账户结转而来的增加值(来源方),所涉及的支出流量包括支付给住户部门的雇员报酬和支付给政府部门的生产税净额(使用方),扣除上述两类支出之后的结余部分即为生产者所获得的收益——营业盈余或混合收入,记录在使用方并使账户保持平衡,构成了账户的平衡项。收入形成账户描述了各机构单位、部门对收入形成的贡献,体现了新创价值在国家(政府)、集体(企业)和个人(住户)之间的分配态势,可为国家收入分配方面的宏观调控提供数据支撑。

表 4-2　经济总体的收入形成账户

单位:亿元

使　　用		来　　源	
雇员报酬	1 150	总增加值	1 854
生产税净额	191	固定资本消耗(一)	222
产品税净额	133	净增加值	1 632
其他生产税净额	58		
总营业盈余	452		
混合总收入	61		
固定资本消耗(一)	222		
净营业盈余	238		
混合净收入	53		
合计	1 854	合计	1 854

资料来源:联合国、欧盟委员会、经济合作与发展组织、国际货币基金组织、世界银行编,《2008 国民账户体系》,中国统计出版社 2012 年版,表 7.1,第 148—149 页。

在收入形成账户中,不论是起始项还是平衡项,均有总额与净额之分,如总增加值和净增加值、总营业盈余与净营业盈余等，两者之间的差额是固定资本消耗。从理论上看，收入分配的对象是净增加值，即新创价值，而固定资本消耗是转移价值，本不属于分配的范畴，但欲获取净增加值必先测算固定资本消耗，而固定资本消耗的计算具有一定的主观性，较难得到客观真实的结果，进而无法获取令人满意的净增加值。基于此，收入形成账户将总增加值与净增加值一并列出，在平衡项中同时列出总营业盈余/混合总收入和净营业盈余/混合净收入，如此处理使固定资本消耗"参与"或"流经"了收入分配与使用的各个环节，一直到资本账户作为"折旧基金"被提取使用为止，届时总额与净额并列的现象不复存在。由于账户平衡项有总额与净额两种类型，故收入形成账户的平衡关系也有两种，如

总额平衡：雇员报酬(1 150)＋生产税净额(191)＋总营业盈余/混合总收入(452＋61)＝总增加值(1 854)；

净额平衡：雇员报酬(1 150)＋生产税净额(191)＋净营业盈余/混合净收入(238＋53)＝净增加值(1 632)。

若需进一步研究收入形成的部门特点，就应编制收入形成部门综合账户(见表4-3)，即将各机构部门的收入形成账户综合处理。表4-3的中间部分列示交易与平衡项，左右两侧分列使用(支出)与来源(收入)项目。在住户部门收入形成账户中，所记录的雇员报酬(11)是住户非法人企业的应付，不同于原始收入分配账户中的应收雇员报酬。

表4-3 收入形成综合部门账户　　单位：亿元

使 用								交易和平衡项	来 源							
合计	国外	经济总体	NPISH	住户	一般政府	金融公司	非金融公司		非金融公司	金融公司	一般政府	住户	NPISH	经济总体	国外	合计
								总增加值	1 331	94	126	155	15	1 854		1 854
								固定资本消耗（一）	157	12	27	23	3	222		222
								净增加值	1 174	82	99	132	12	1 632		1 632
1 156	6	1 150	11	11	98	44	986	雇员报酬								
191	0	191	1	—1	1	4	53	生产税净额								
133	0	133						产品税净额								
58	0	58	1	—1	1	4	53	其他生产税净额								
452		452	3	84	27	46	292	总营业盈余								
61		61		61				混合总收入								
238		238	0	69	0	34	135	净营业盈余								
53				53				混合净收入								

资料来源：联合国、欧盟委员会、经济合作与发展组织、国际货币基金组织、世界银行编，《2008国民账户体系》，中国统计出版社2012年版，表7.1，第148—149页。其中，NPISH指为住户服务的非营利机构部门，余同。

观察表4-3可知，各机构部门的总增加值与净增加值合计与经济总体的合计数并

不相等,如各机构部门总增加值合计为 1 721(1 331+94+126+155+15),净增加值合计为 1 499(1 174+82+99+132+12),与经济总体合计数 1 854、1 632 均相差 133。这一现象的产生与增加值核算的计价基础有关,如基本价格、生产者价格之间的关系为:

$$生产者价格=基本价格+产品税-产品补贴$$

如果产出估价使用生产者价格,就需在基本价格估算的基础上加上全部产品税减产品补贴之后才能得到国内生产总值或国内生产净值。由于进口税、进口补贴、增值税等项目并未出现在机构单位或机构部门的收入形成账户之中,但必须出现在经济总体的收入形成账户之中,因此在表 4-3 中,产品税净额直接列入来源方总增加值、净增加值的经济总体合计之中;在使用方,列入生产税净额所对应的经济总体列下,故与其他生产税净额不同,不在各机构部门中列示。

▶▶ 三、原始收入分配账户

(一)变量设置

在收入形成账户中,增加值被分割为雇员报酬、生产税净额和营业盈余/混合收入三个部分,构成了收入初次分配的第一阶段。但是,除了劳动这种生产要素获取了雇员报酬之外,其他生产要素还未得到相应的回报,如由于资金借贷而应付的利息,租用自然资源而应付的地租等,因此需对留存在生产单位的营业盈余/混合收入进行分配,即为收入初次分配的第二阶段,其分配手段为财产收入。

1. 财产收入

依据 SNA-2008 的定义诠释,财产收入是一机构单位将金融资产或自然资源交由另一机构单位支配时所应得到的回报,即机构单位通过资产使用权的出让参与其他单位的生产过程而获取的收入,因而也属于生产性收入。机构单位可能使用其他单位的资产也可能将资产提供给其他单位使用,因此财产收入既是应收项目也是应付项目。财产收入包括投资收入与地租,其中投资收入包括利息、红利等七个分项,地租包括土地地租以及地下资产地租两个分项。

(1)利息。产生于存款、债务性证券、贷款和其他应收账款等类型的金融资产,是由于资金借贷而形成的收支流量,利息是债权方的应收,债务方的应付。

(2)红利。产生于股票这种金融资产的财产收入,是股东的应收,公司的应付。

(3)准公司收入提取。即准公司所有者从准公司收益中的提取,是准公司所有者的投资报酬。准公司与其所有者之间的关系类似于公司与股东,所以准公司收入的提取与公司支付给股东的红利非常相似,因此也被称为"准红利"。

综合来看,红利和准公司收入提取统称为公司已分配收入。

(4)外国直接投资的再投资收益。即外国直接投资企业的留存收益,在核算时需虚拟处理:首先,按照外国直接投资者的权益比例对留存收益进行分配,且假定"汇给"外国直接投资者,然后外国直接投资者将其"汇回"到外国直接投资企业进行再投资。因此,外国直接投资企业的留存收益在核算时需做两笔登录处理,其中的虚拟汇出视作分配给外国直接投资者的财产收入,即外国直接投资企业的应付财产收入和外国直接投资者的应收财产收入,然后再处理为留存收益的虚拟再投资,记录在金融账户之中。

在 SNA－2008 中,利息、红利、准公司收入提取和外国直接投资的再投资收益被统称为投资收入。

(5) 其他投资收入。包括属于投保人的投资收入、对养老金权益的应付投资收入和属于投资基金股东集体的投资收入三个分项。

属于投保人的投资收入又称为属于投保人的财产收入。在保险业中,保险准备金是保险人为履行其承担的保险责任或未来赔款的应付,从收取的保险费或资产中提留的一项基金,因而是投保人的资产,是保险人的负债。由于在不测事件发生到保险索赔之间一般存在一段较长的时滞,因此保险人可以利用保险准备金进行金融或非金融投资活动,如购买债券、股票,或购买房地产然后出租等,进而获得投资收入。尽管该投资收入的所有者应该为投保人,但核算时需做虚拟处理,即首先假定保险人将投资收入支付给投保人,作为财产收入记录在原始收入分配账户之中,然后再由投保人返还给保险人作为追加保费,记录在收入再分配账户之中。

对养老金权益的应付投资收入具体可分为两种情况:在定额缴款计划下,应付投资收入等于基金投资收入加上基金出租其拥有的土地或建筑物所获得的全部营业盈余净额;在定额福利计划下,应付投资收入需采用公式计算,即最终薪金或特定时期内平均薪金的函数。

属于投资基金股东集体的投资收入应分列两项记录:第一项是已分配给投资基金股东的红利,其记录方式与前述红利的记录方式完全一致;第二项为属于投资基金股东的留存收益,其记录方式类似于外国直接投资的再投资收益,即首先将留存收益视作已分配给股东的财产收入,然后通过金融交易重新进入基金。

(6) 地租。包括土地地租和地下资产地租(特许权使用费)两种形式,均为出租人将自然资源交由承租人支配而产生的财产收入,其中自然资源包括土地、内陆水域与河流,也涉及地下资产,如矿石和化石燃料(煤、石油和天然气等),从支付形式上看包括现金地租和实物地租。

2. 原始收入

原始收入又称为初始收入,一个机构单位或部门的原始收入表现为收入初次分配中应获收入减应付支出的余额。

由于各机构部门所掌握的生产要素的差异以及经济功能的不同,因此其原始收入在构成上也存在一定的差异,如生产税净额是政府部门的收入,雇员报酬是住户部门的收入,由于为住户服务的非营利机构属于非市场非营利机构,因此其营业盈余规定为零,等等。综合来看,各机构部门原始收入的计算公式如下:

(1) 非金融公司与金融公司部门的原始收入＝营业盈余＋应收财产收入－应付财产收入＝营业盈余＋财产收入净额;

(2) 一般政府部门的原始收入＝营业盈余＋生产税净额＋应收财产收入－应付财产收入;

(3) 住户部门原始收入＝营业盈余＋混合收入＋雇员报酬＋应收财产收入－应付

财产收入；

（4）为住户服务的非营利机构部门的原始收入＝应收财产收入－应付财产收入。

与增加值类似，原始收入也有总额与净额之分，包含固定资本消耗的原始收入被称为原始总收入，剔除固定资本消耗的原始收入被称为原始净收入。必须注意的是，原始收入是收入初次分配的最终结果，如果将收入初次分配的两个阶段综合处理，则各机构部门的原始收入起源于增加值的分配，以公司部门为例：

非金融公司与金融公司部门的原始收入＝营业盈余＋应收财产收入－应付财产收入＝增加值－雇员报酬－生产部净额＋应收财产收入－应付财产收入

由此可知，原始收入是增加值在收入初次分配阶段的最终结果，且构成了原始收入分配账户的平衡项，而基于国民经济总体的原始收入被称为国民收入。

3. 国民收入

将一国各机构部门的原始总收入加总即为一国的国民总收入（GNI），扣除固定资本消耗之后为国民净收入（NNI）。国民总收入是国内生产总值经过初次分配的结果，但一经济体所获取的原始收入不仅来自国内也可能来自国外，同理本国的初次分配支出既包括国内也包括国外，这取决于生产要素的国际流动。从宏观来看，一经济体的初次分配过程不仅针对常住单位也包括了非常住单位。例如，常住住户既可能从常住非金融与金融公司获取雇员报酬，也可能向非常住公司提供劳动而获得雇员报酬；类似地，常住机构单位既可能向另一常住单位支付财产收入，也可能向非常住单位支付财产收入，等等。若将一国各机构部门的初次分配收支加总处理，则常住单位之间的收支流量抵消，无法抵消的是常住单位与非常住单位之间的收支流量，正是这些无法抵消的收支流量导致国内生产总值与国民总收入两个总量之间产生了如下联系：

国民总收入＝国内生产总值＋来自非常住单位的初次分配收入－对非常住单位的初次分配支出＝国内生产总值＋来自国外的净要素收入

在联合国SNA－1993之前的版本中，国民总收入被称为国民生产总值（GNP）。但国民生产总值是一国常住单位当期获得的原始收入的总和，是一个收入概念或收入指标；而国内生产总值是一国常住单位当期生产的最终产品的价值，描述的是生产总量或生产指标。两者所对应的总体范围一致，由于国民生产总值是国内生产总值在常住与非常住单位之间进行初次分配的最终结果，因而两者的差别仅在于来自国外的净要素收入。出于上述考虑，SNA－1993将国民生产总值改称为国民总收入，以避免可能出现的使用混淆。

（二）账户结构

原始收入分配账户的起始项是营业盈余/混合收入。与收入形成账户不同的是，该账户侧重描述各机构单位、部门从收入初次分配中所得到的收入，即应收项目，如应收雇员报酬和生产税净额，再加上各机构单位或部门的应收及应付财产收入，最终形成原始收入。因此，原始收入分配账户阐述了营业盈余/混合收入是如何转化为原始收入的分配过程，也由此得到收入初次分配的最终结果。

表 4 - 4　经济总体的原始收入分配账户　　　　　　　单位：亿元

使　　　用		来　　　源	
		总营业盈余/混合总收入	513
		固定资本消耗(一)	222
		净营业盈余/混合净收入	291
		雇员报酬(住户部门)	1 154
		生产税净额(政府部门)	191
财产收入	391	财产收入	397
原始总收入	1 864		
固定资本消耗(一)	222		
原始净收入	1 642		
合计	2 255	合计	2 255

资料来源：联合国、欧盟委员会、经济合作与发展组织、国际货币基金组织、世界银行编,《2008 国民账户体系》,中国统计出版社 2012 年版,表 7.2,第 150—151 页。

通过收入形成(见表 4 - 3)和原始收入分配部门综合账户(见表 4 - 5)可完整地反映雇员报酬、生产税净额与财产收入在常住与非常住单位之间的分配状况。例如应付财产收入合计为 435,其中经济总体应付 391,国外应付 44;应收财产收入合计也是 435,其中经济总体应收 397,国外应收 38。对于经济总体而言,国外的应付即为国内的应收,国外的应收即为国内的应付。因此,经济总体应收的财产收入(397)减去应付的财产收入(391),说明来自国外的净财产收入为 6;国外应收的财产收入(38)减去应付的财产收入(44),说明国外对国内的财产收入净支付为 6。无论从国外还是从国内的角度计算,其财产收入净额的数据相等,但方向相反。因此,将表 4 - 3、表 4 - 5 综合起来,可以看出该国内生产总值是如何转化为国民总收入的,即

国民总收入 = 国内生产总值 + 来自国外的初次分配收入 - 对国外的初次分配支出
　　　　　 = 1 854 + (6 - 2) + (44 - 38) = 1 864

表 4 - 5　原始收入分配部门综合账户　　　　　　　单位：亿元

使　用								交易和平衡项	来　源							
合计	国外	经济总体	NPISH	住户	一般政府	金融公司	非金融公司		非金融公司	金融公司	一般政府	住户	NPISH	经济总体	国外	合计
								总营业盈余/混合总收入	292	46	27	145	3	513		513
								固定资本消耗(一)	157	12	27	23	3	222		222

续　表

使 用								交易和平衡项	来 源							
合计	国外	经济总体	NPISH	住户	一般政府	金融公司	非金融公司		非金融公司	金融公司	一般政府	住户	NPISH	经济总体	国外	合计
								净营业盈余/混合净收入	135	34	0	122	0	291		291
								雇员报酬				1 154		1 154	2	1 156
								生产税净额			191			191		191
435	44	391	6	41	42	168	134	财产收入	96	149	22	123	7	397	38	435
1 864		1 864	4	1 381	198	27	254	原始总收入								
1 642		1 642	1	1 358	171	15	97	原始净收入								

资料来源：联合国、欧盟委员会、经济合作与发展组织、国际货币基金组织、世界银行编，《2008 国民账户体系》，中国统计出版社 2012 年版，表 7.2，第 150—151 页。

▶ 四、业主收入账户

（一）变量设置

业主收入是一个针对市场生产者的收入概念。市场生产者是以显著经济意义的价格销售其全部或大部分产出的生产者，包括非金融公司、金融公司和住户部门的非法人企业等。但是，SNA-2008 的业主收入核算仅涉及公司部门，至于住户部门非法人企业这样的市场生产者，实践中很难识别其用于市场生产的资产存量，也无法分离由此而产生的财产收入；反之，若能识别，则住户非法人企业就应处理为准公司而转入公司部门了。

业主收入是一个与工商企业会计中的"利润"相当的概念，等于市场生产者的营业盈余加上应收财产收入减去应付利息、地租和投资收入之后的余额，或可理解为在红利支付、准公司收入的提取以及外国直接投资的再投资收益支付之前的公司收入。这意味着将公司应付财产收入区分为两个部分，即"对外支付"和"对内支付"。但是，业主收入与企业会计核算的"利润"还是存在一些区别的，如业主收入是按当期市场价格测算的收入概念，而企业利润是基于历史成本测度的，因此后者可能包括了名义持有损益，如果存在较为严重的通货膨胀，则两者之间的差异可能非常大。

（二）账户结构

为展示市场生产者的业主收入，有必要将非金融与金融公司部门的原始收入分配账户拆分为两个子账户，即业主收入子账户和其他原始收入分配子账户。

1. 业主收入子账户

与原始收入分配账户类似，业主收入子账户的起始项为营业盈余，来源方记录市场生产者的应收财产收入，使用方记录市场生产者的应付利息、投资收入和地租，平衡项即为市场生产者的业主收入。

在表 4-6 中,非金融公司和金融公司部门的营业盈余经过财产收入的调整,最终转化为业主收入,如非金融公司部门的业主收入总额等于 292+96-87=301。由于业主收入核算不涉及其他部门,因而经济总体的业主收入仅为非金融公司和金融公司部门的合计,即 343(301+42)。

表 4-6　业主收入部门综合账户　　　　　　　　　　　　单位:亿元

使　　用								交易和平衡项	来　　源							
合计	国外	经济总体	NPISH	住户	一般政府	金融公司	非金融公司		非金融公司	金融公司	一般政府	住户	NPISH	经济总体	国外	合计
								总营业盈余/混合总收入	292	46	27	145	3	513		513
								固定资本消耗(一)	157	12	27	23	3	222		222
								净营业盈余/混合净收入	135	34	0	122	0	291		291
240		240				153	87	财产收入	96	149				245		245
162		162				106	56	利息	33	106				139		139
								红利	10	25				35		35
								外国直接投资的再投资收益	4	7				11		11
47		47				47		投资收入的支付	8	8				16		16
31		31				0	31	地租	41	3				44		44
343		343				42	301	业主收入总额								
174		174				30	144	业主收入净额								

资料来源:联合国、欧盟委员会、经济合作与发展组织、国际货币基金组织、世界银行编,《2008 国民账户体系》,中国统计出版社 2012 年版,表 7.3,第 152—153 页。

2. 其他原始收入分配子账户

业主收入子账户和其他原始收入分配子账户所描述的财产收入分配可以分解为两个部分,即业主收入子账户描述了业主收入的形成,而其他原始收入分配子账户则反映了余下的分配过程,如红利、准公司收入提取和外国直接投资的再投资收益,最终形成市场生产者的原始收入。由于业主收入子账户仅核算了市场生产者的财产收入分配,因此其他机构部门的财产收入分配就集中体现在其他原始收入分配子账户中,即在业主收入子账户之营业盈余/混合收入的基础上,完整地记录其应收雇员报酬、生产税净额和财产收入(来源方)以及应付财产收入(使用方),最终得到其他机构部门的原始收入。综合来看,该账户中各机构部门的平衡项(原始收入)与原始收入分配账户中的平衡项(原始收入)完全一致。

表4-7　其他原始收入分配部门综合账户　　　　　单位：亿元

合计	国外	经济总体	NPISH	住户	一般政府	金融公司	非金融公司	交易和平衡项	非金融公司	金融公司	一般政府	住户	NPISH	经济总体	国外	合计
								业主收入总额	301	42				343		343
								业主收入净额	144	30				174		174
6	6							雇员报酬				1 154		1 154	2	1 156
								生产税净额			191			191		191
214	63	151	6	41	42	15	47	财产收入			22	123	7	152	38	190
68	13	55	6	14	35			利息			14	49	7	70	21	91
								红利								
14	14	0						外国直接投资的再投资收益			0	3		3	0	3
34		34	0	27	7			地租				0		21		21
1 864		1 864	4	1 381	198	27	254	原始总收入								
1 642		1 642	1	1 358	171	15	97	原始净收入								

资料来源：联合国、欧盟委员会、经济合作与发展组织、国际货币基金组织、世界银行编，《2008国民账户体系》，中国统计出版社2012年版，表7.3，第152—153页。

第三节　收入再分配核算

一、收入再分配核算概述

　　尽管收入初次分配使生产过程的参与者获得了初次分配收入，但从国民经济整体来看，还有相当部分的机构单位未获得收入，例如那些没有参与生产过程的机构单位。此外，出于全社会共同发展的需要，尚需建立完备的社会保障与后备基金，调整收入差距等，因此有必要在收入初次分配的基础上进行收入再分配。与经济学理论不同的是，国民经济核算将收入再分配区分为两个层次，即以经常转移为核算对象的收入再分配核算和以实物社会转移为核算对象的实物收入再分配核算，并且两类核算所涉及的主体范围不同。

　　与收入初次分配不同，收入再分配所涉及的分配性交易是各种转移，即一方向另一方提供货物、服务或资产，但未索取任何货物、服务或资产以作为对应的回报，故又称为单方面转移而非交换式交易。依据转移的目的和性质不同，可将其区分为资本转移与经常转移。若支付方通过处置资产（不含现金或存货）来实现转移，或者接受方需将转移所获用于形成资产（不含现金），抑或两者均满足，则该转移属于资本转移，而剔除资本转移之后的所有其他转移均为经常转移,因此经常转移的交易一方或双方无需获得或处置资产。由此可知,资本转移会导致支付方的资产存量减少,接受方的资产存量增加;经常转移会影响交易双方的现期收入,进而影响其消费水平,因而又被称为现期转移。一般来说,资本转移通常数额较大,故此不会经常发生且无规律性,而经常转移一般频繁且有规律地发生。也正因为两类转移所导致的结果不同,因而在国民核算体系中需准确区分并做不同的核算处理,即经常转移流量应该记录在收入再分配的有关账户之中,而资本转移流量必须记录在积累账户之中。

不论是资本转移还是经常转移,既可能发生在常住单位之间也可能出现于常住单位与非常住单位之间,亦可将其进一步区分为现金转移与实物转移,且在核算处理上存在着细微的差别。如果转移的对象是现金或其他金融资产则属于现金转移,若转移对象是货物、服务或非金融资产则属于实物转移。在核算时,现金转移可一次性地记录在有关账户之中,但实物转移需做两笔处理,即首先将其视作现金转移,然后做“购物”处理,如支付方向接受方提供了一笔收入或现金资本,接受方再以此购买消费物或进行投资。因此,如果实物转移属于经常转移,则先在收入再分配账户中记录支付方的经常转移支出和接受方的经常转移收入,然后在收入使用账户中记录接受方的最终消费支出;如果实物转移属于资本转移,则应在资本账户中记录支付方的应付资本转移和接受方的应收资本转移,同时形成接受方的非金融投资。从上述处理可以看出,将实物转移分解为两笔交易可确保收入分配与使用核算的一致性,或者资金筹集与资金使用的一致性。

▶ 二、收入再分配账户

(一) 变量设置

收入再分配核算中的转移仅限于除实物社会转移之外的所有经常转移,主要包括所得、财产等经常税以及社会缴款和社会福利,余下的部分被合并处理为其他经常转移。收入再分配核算所涉及的流量和平衡项主要如下。

1. 所得税、财产税等经常税

所得税、财产税等经常税是各机构单位依据当前所得而应支付的税金,涉及收入、利润和资本收益等;若根据财产、土地或不动产来确定收入时,还包括定期支付的财产税等。所得税、财产税等经常税是住户、非金融公司、金融公司和非营利机构的转移支出,是政府部门的转移收入。

2. 社会缴款和社会福利

相当部分的社会缴款和社会福利之间存在一定的联系,但两者的方向相反。社会缴款是住户部门为在未来的某个时期能够获取社会福利而向政府组织实施的社会保险计划(如失业保险、退休保险、医疗卫生保险和生育保险等)或各机构单位建立的相关基金缴纳的款项,包括实际或虚拟的支付。缴纳的方式有两种:一是由雇员、自雇者等住户单位直接缴纳,二是由雇主代其雇员间接缴纳。对于雇主代雇员缴纳的社会缴款,核算时应改变交易流程(或称为“改道”原则),即首先将其视作雇主以雇员报酬的形式支付给雇员,然后再由雇员缴纳给社会保险计划。如此处理一方面准确描述了交易的实施过程,即社会缴款的缴纳决策并非雇主所为,而是雇员自己的决策结果;另一方面可准确描述流量的性质,如雇员报酬对应的是交换式交易,应计入初次分配账户;社会缴款对应的是经常转移,应计入收入再分配账户。经过上述处理之后,社会缴款均表现为住户部门的转移支出,政府和其他部门的转移收入。

社会福利是住户部门从政府部门或其他部门获取的经常转移,因而是政府和其他部门的转移支出,是住户部门的转移收入。社会福利可分为社会保险福利和社会救济福利两类,其中社会保险福利是政府通过社会保险计划向住户提供的福利,如失业金、退休养老金、生育津贴和抚恤金等,但获取社会保险福利的前提是必须参加社会保险计划并定期缴款;社会救济福利是社会保险计划之外由政府和其他机构部门向住户提供的福利,如困难补助、救济金和助学金等,由于这类福利没有纳入社会保险计划,故不受之前支付社会缴款的条件限制。综合来看,社会福利的获取与一些特定事件有关,如突发事件或失业、退休、疾病和生育等。

必须注意的是,社会福利包括现金与实物两种形式,但需注意区分政府和为住户服务的非营利机构部门提供给住户的实物社会福利的核算处理。也就是说,现金社会福利以及非金融公司、金融公司提供的实物社会福利均记入收入再分配账户,而政府和为住户服务的非营利机构部门提供给住户的实物社会福利被处理为实物社会转移,记录在实物收入再分配账户之中,因为这一转移性流量更多地体现的是社会公平和国民福利。

3. 其他经常转移

扣除以上转移之后所余下的各种经常转移合并处理为其他经常转移,包括非人寿保险费净额、非人寿保险索赔、一般政府间的经常转移、国际经常性合作、向为住户服务的非营利机构的转移、住户间的经常转移、罚款和其他罚没收入、抽彩和赌博以及补偿转移等。

4. 可支配收入

机构单位或部门在收入初次分配中所获取的原始收入经过收入再分配的收支调整后转化为可支配收入,即

$$原始收入 + 再分配收入 - 再分配支出 = 可支配收入$$

从来源与使用分别来看,可支配收入是机构单位或部门参与收入初次分配与再分配之后的最终结果,也是住户、政府和非市场非营利机构在期初资产负债存量不变的情况下当期可用于消费的最大数额,或者公司、市场非营利机构等市场生产者可用于积累的自有资金来源,因此在国民核算和经济分析中是一个非常重要的总量。与增加值、营业盈余/混合收入和原始收入一样,可支配收入也有总额与净额之分,差别仍在于固定资本消耗;核算时还应注意,不能将资产负债的存量变动计入可支配收入。

(二) 账户结构

与原始收入分配账户保持衔接,收入再分配账户(见表4-8)的起始项为原始收入,来源方记录经常转移收入,使用方记录经常转移支出,平衡项为可支配收入,记录在经常转移支出的下方。由于收入再分配账户描述了除实物社会转移之外的所有经常转移,因此构成了收入再分配系列账户中的主要账户,涉及收入再分配过程中的主要收支流量。

表4-8　经济总体的收入再分配账户　　　　　　　　单位：亿元

使　　用		来　　源	
经常转移	1 212	原始总收入	1 864
可支配总收入	1 826	固定资本消耗(一)	222
固定资本消耗(一)	222	原始净收入	1 642
可支配净收入	1 604	经常转移	1 174
合计	3 038	合计	3 038

資料来源：联合国、欧盟委员会、经济合作与发展组织、国际货币基金组织、世界银行编，《2008 国民账户体系》，中国统计出版社 2012 年版，表 8.1，第 179—180 页。

由收入再分配部门综合账户(见表4-9)可深入了解各机构部门的收支流量与流动方向。收入再分配所涉及的流量种类不多，一些流量的流动方向是固定的，如所得税、财产税等经常税是政府部门的收入，是其他部门的支出；社会缴款是住户部门的支出，是其他部门的收入，而社会福利正好相反；只有其他经常转移既是机构部门的来源又是机构部门的使用。与原始收入一样，可支配收入也有总额与净额之分，如将各机构部门的可支配总(净)收入综合即可得到国民可支配总(净)收入。在综合的过程中，各常住单位之间的经常转移收支流量相互抵消，影响一国国民可支配收入数额大小的因素只有常住单位与非常住单位之间的再分配收支流量，即

国民可支配收入＝国民收入＋来自国外的经常转移收入－支付给国外的经常转移支出
　　　　　　　＝国民收入＋来自国外的再分配收支净额

观察表4-9，在区分本国与国外之间的收支流量时须注意，国外的经常转移支出(17)即为本国的收入，而国外的经常转移收入(55)却是本国的支出。因此，该经济体的国民可支配总收入为：

国民可支配总收入＝1 864＋(1＋0＋0＋16)－(0＋0＋0＋55)
　　　　　　　　＝1 864＋(1－0)＋(16－55)＝1 826

表4-9　收入再分配部门综合账户　　　　　　　　单位：亿元

使　　用							交易和平衡项	来　　源							
合计	国外	经济总体	NPISH	住户	一般政府	金融公司	非金融公司		非金融公司	金融公司	一般政府	住户	NPISH	经济总体	国外	合计
								原始总收入	254	27	198	1 381	4	1 864		1 864
								固定资本消耗(一)	157	12	27	23	3	222		222
								原始净收入	97	15	171	1 358	1	1 642		1 642
1 229	17	1 212	7	582	248	277	98	经常转移	72	275	367	420	40	1 174	55	1 229

续　表

使　用							交易和平衡项	来　源							
合计	国外	经济总体	NPISH	住户	一般政府	金融公司	非金融公司		非金融公司	金融公司	一般政府	住户	NPISH	经济总体	国外	合计
213	1	212	0	178	0	10	24	所得税、财产税等			213			213	0	213
333	0	333		333				社会缴款	66	213	50	0	4	333	0	333
384	0	384	5	0	112	205	62	社会福利				384		384	0	384
299	16	283	2	71	136	62	12	其他经常转移	6	62	104	36	36	244	55	299
1 826		1 826	37	1 219	317	25	228	可支配总收入								
1 604		1 604	34	1 196	290	13	71	可支配净收入								

资料来源：联合国、欧盟委员会、经济合作与发展组织、国际货币基金组织、世界银行编，《2008 国民账户体系》，中国统计出版社 2012 年版，表 8.1，第 179—180 页。

三、实物收入再分配账户

（一）变量设置

设置实物收入再分配账户的目的在于核算实物社会转移的收支流量及其对可支配收入的影响。实物社会转移是政府和为住户服务的非营利机构部门向个别住户提供的个人货物与服务，具体包括：

1. 个人非市场货物与服务

个人非市场货物与服务是指政府或为住户服务的非营利机构以免费或无经济意义的价格向单个住户提供的货物与服务，主要包括教育与保健服务。这些服务的受益者是单个住户，因此称为个人服务而区别于一般的公共服务。

2. 实物社会福利

实物社会福利包括实物社会保险福利和实物社会救济福利，前者以住户参与且定期缴款的社会保险计划为前提，后者不受是否参与社会保险计划的限制。因此，前者是由社会保险计划提供的，后者是社会保险计划之外的项目提供的。住户在享用实物社会福利时，可能先购买后报销，如药费、治疗费和住院费等，也可能直接享用。

实物社会转移的资金来源或者来自政府税收，或者源于社会捐赠等，而受益者为住户部门中的特定群体。从提供方式来看，住户享用的实物社会转移可能是政府或为住户服务的非营利机构通过市场购买然后免费或以无经济意义的价格提供，或者由政府部门或为住户服务的非营利机构部门的非市场生产者提供，具体转移数额可由实际金额（实际购买额或产出）扣减住户的名义支出得到，或者通过报销金额直接获取。由于实物社会转移仅涉及三个机构部门，因此是政府和为住户服务的非营利机构部门的支

出,是住户部门的收入,最终导致上述三个部门的可支配收入发生变化,即转化为调整后可支配收入:

政府及为住户服务的非营利机构部门的调整后可支配收入=可支配收入-实物社会转移

住户部门的调整后可支配收入=可支配收入+实物社会转移

由于实物社会转移与非金融公司和金融公司部门无关,因此两个公司部门的可支配收入直接转化为调整后可支配收入。

SNA-2008认为,实物社会转移可能发生在常住单位与非常住单位之间,如本国政府部门的医疗机构向外国住户(如游客等)提供的紧急医疗服务,本国住户也可能接受外国政府的类似服务。但在现实生活中,常住单位与非常住单位之间的实物社会转移所占比重较小,因此按惯例假定实物社会转移仅发生在常住单位之间,这意味着从经济总体来看,一国的国民可支配收入等于调整后可支配收入,但政府和为住户服务的非营利机构部门的调整后可支配收入小于可支配收入,住户部门的调整后可支配收入大于可支配收入,即两个收入总量相等,但部门分量发生了变化。

(二)账户结构

作为收入再分配账户的后续账户,实物收入再分配账户(见表4-10)的起始项是可支配收入,来源方记录住户部门获取的实物社会转移收入,使用方记录政府和为住户服务的非营利机构部门的实物社会转移支出,其平衡项为调整后可支配收入。

表4-10　经济总体的实物收入再分配账户　　　　　　　　单位:亿元

使　　用		来　　源	
实物社会转移	215	可支配总收入	1 826
调整后可支配总收入	1 826	固定资本消耗(一)	222
固定资本消耗(一)	222	可支配净收入	1 604
调整后可支配净收入	1 604	实物社会转移	215
合计	2 041	合计	2 041

资料来源:联合国、欧盟委员会、经济合作与发展组织、国际货币基金组织、世界银行编,《2008国民账户体系》,中国统计出版社2012年版,表8.2,第182—183页。

尽管实物社会转移是政府和为住户服务的非营利机构部门向住户部门提供的实物转移,但应理解为政府和为住户服务的非营利机构部门的"支出"与住户部门的"收入",以确保收入分配与使用核算的一致性。因此,可将住户部门的调整后可支配收入定义为在住户部门资产负债存量不变的情况下,当期可用于实际最终消费的最大数额,这一数额不仅取决于住户部门的消费支出而且还与政府和为住户服务的非营利机构部门所提供的消费性货物与服务的价值有关;而政府和为住户服务的非营利机构部门的调整后可支配收入是在部门资产负债存量不变的情况下,可用于公共实际消费的最大数额(详见收入使用核算)。尽管将实物社会转移看作"收入",但"收入"的获取者却无法按照自己的意愿自由支配,需依据提供者的意图消费之。实物社会转移不仅体现了政策制定者、转移支出方的兴趣,而且也反映了社会经济政策所希望达成的目标。

表 4－11　实物收入再分配部门综合账户　　　　　　　　　　单位：亿元

合计	国外	经济总体	NPISH	住户	一般政府	金融公司	非金融公司	交易和平衡项	非金融公司	金融公司	一般政府	住户	NPISH	经济总体	国外	合计
								可支配总收入	228	25	317	1 219	37	1 826		1 826
								固定资本消耗（一）	157	12	27	23	3	222		222
								可支配净收入	71	13	290	1 196	34	1 604		1 604
215		215	31		184			实物社会转移				215		215		215
211		211	31		180			实物社会转移-非市场产出				211		211		211
4		4	0		4			实物社会转移-从市场购买的产品				4		4		4
1 826		1 826	6	1 434	133	25	228	调整后可支配总收入								
1 604		1 604	3	1 411	106	13	71	调整后可支配净收入								

资料来源：联合国、欧盟委员会、经济合作与发展组织、国际货币基金组织、世界银行编，《2008 国民账户体系》，中国统计出版社 2012 年版，表 8.2，第 182—183 页。

由表 4－11 可知，政府和为住户服务的非营利机构部门的调整后可支配总收入分别为 133 和 6，相对其可支配总收入减少了 184 和 31；而住户部门的调整后可支配总收入上升至 1 434，比其可支配总收入增加了 215，导致其变动的原因就是实物社会转移。

表 4－12　各机构部门收入分配的变动态势　　　　　　　　　单位：亿元

部门　流量	非金融公司部门	金融公司部门	一般政府部门	住户部门	NPISH
总增加值	1 331	94	126	155	15
原始总收入	254	27	198	1 381	4
可支配总收入	228	25	317	1 219	37
调整后可支配总收入	228	25	133	1 434	6

将收入分配部门综合账户联结起来，可深入探讨各机构部门增加值、原始收入、可支配收入和调整后可支配收入的变动态势（见表 4－12）。例如，非金融公司与金融公司部门呈下降态势，这是因为成立公司的目的就是为了市场生产，并且公司是生产要素的使用者和增加值的主要创造者；又因为公司的生产目的是为其所有者获得利润或其他财务收益，因此又是生产价值的重要出让者。与公司部门相反，住户部门呈上升态

势,因为在市场经济体制下住户部门是生产要素的主要拥有者,同时也直接从事市场生产(如住户部门中的非法人企业),当然也就成为了生产价值的主要获取者。至于政府部门,其变动态势是先上升(如收入形成至收入再分配)后下降(如实物收入再分配),即政府部门通过征税或强制转移的方式获取资金,导致政府部门的收入上升,但政府部门获取收入的主要目的是生产公共服务、免费或以无经济意义的价格向住户部门提供个人货物与服务以及收入再分配等,即"取之于民、用之于民"。因此,政府部门既是收入的拥有者也是收入的出让者。为住户服务的非营利机构类似于政府,只不过所获取的收入中,有相当部分来自其他部门的志愿赠与。此外,表4-12还说明对收入分配部门占有份额的测算还取决于研究目的,若研究目的是要素收入分配格局,应测算原始收入的部门占有份额;如果研究重点是政府收入分配政策的作用则应测算可支配收入的部门占有份额,至于国民福利研究则应计算调整后可支配收入的部门占有份额。

第四节　收入使用核算

▮▶ 一、收入使用核算概述

一般而言,各消费主体首先会将一部分收入用于消费,再将余下的部分转为储蓄。因此,国民经济核算体系中的收入使用是指可支配收入用于消费方面的支出,这说明收入使用核算即消费核算,而消费是机构单位通过货物与服务的使用以满足自身或公众需要的一种经济行为,故收入使用核算所需解决的问题包括消费主体、受益方、消费结构和消费目的的明确,以及消费与收入的关系,等等。

由于人类经济活动的最终目的就是满足住户以及社会公众的各种欲望,因而收入使用核算具有特别重要的意义。依据SNA-2008的诠释,非金融公司和金融公司没有消费功能,所购买的货物与服务或者用于中间消耗、资本形成,或者用于实物报酬,因此其可支配收入直接转化为储蓄,收入使用的主体仅为住户、政府和为住户服务的非营利机构。值得一提的是,SNA-1993将为住户服务的非营利机构部门划分为会员型非营利机构和慈善救济类非营利机构两个子部门,事实上假定了为住户服务的非营利机构部门以实物社会转移的方式向单个住户提供了货物与服务,故具有最终消费支出却不具有实际最终消费的功能。但在SNA-2008中,新增了提供公共服务的非营利机构子部门(如无偿提供成果的研究机构和环保组织等),这一处理意味着为住户服务的非营利机构同时兼具最终消费支出与实际最终消费的功能。

此外,各消费主体消费流量的大小还取决于消费核算的标准:若以消费物的购销行为为标准进行核算,所得到的流量为最终消费支出;若以消费物的实际获得为标准进行核算,所得到的流量是实际最终消费。机构部门实际获取的消费物与通过购销行为所得到的消费物,其价值大小一般是不同的,这一差异主要体现在住户与政府、为住户服务的非营利机构之间。当然,最接近实际生活的消费概念是使用,但从获取到使用仅仅对货物消费是有意义的,而从服务角度来看没有多大的实际价值,因此收入使用核算通常由"支出"和"获得"入手测算消费流量。

由以上分析可知,收入使用核算应特别关注收入与消费的关系。例如,可支配收入是在资产负债存量不变的情况下,当期可用于最终消费支出的最大数额;调整后可支配收入是在资产负债存量不变的情况下,当期可用于实际最终消费的最大数额。两种不同的收入概念对应两种不同的消费概念,因此收入使用核算有必要设置两个并列的账户来反映可支配收入以及调整后可支配收入的使用,即可支配收入使用账户和调整后可支配收入使用账户,这两个账户分别与收入再分配账户和实物收入再分配账户保持衔接关系。

▮▶ 二、收入使用账户

（一）变量设置

1. 最终消费支出

最终消费支出是常住机构单位为购买消费性货物与服务而发生的支出,是按支出衡量的消费流量。从消费的主体来看,具体可分为住户个人消费支出和政府、为住户服务的非营利机构的公共消费支出。

（1）个人消费支出。

个人消费支出是住户个人为满足自己的需要和欲望而完成的消费,即依据最终承担支出的原则所定义的消费流量,并且是消费总量的主要组成部分。在分类上,SNA－2008将住户个人消费区分为14个主要类别(个人消费目的分类,COICOP),如食品和非酒精饮料;酒精饮料、烟草和麻醉品;服装和鞋类;住房、水、电、气和其他燃料;家具、家用设备和家庭日常维修;健康;运输;通信;娱乐和文化;教育;餐饮和住宿以及其他货物和服务等。依据消费性货物的使用次数与年限的不同还可将其区分为耐用与非耐用消费品,其中耐用消费品是指在一年以上的时期内可反复或连续使用的货物,反之则为非耐用消费品。

在住户个人消费支出核算中,应注意以下一些问题:

第一,消费支出与中间消耗的区别。尽管两者均为货物与服务的使用,但中间消耗是生产过程中的使用,消费是非生产过程中的使用。因此,应特别关注拥有非法人企业的住户支出,尤其当某一货物与服务既可用于生产经营又可用于最终消费时需特别慎重,如家用汽车既可用于生产运输也可用于生活娱乐,因此对汽油的消耗,前者属于中间消耗后者属于消费支出。此外,如果购买诸如车辆、家具或电子设备等耐用消费品时,若用于生产经营目的则属于固定资本形成,反之则属于最终消费。至于住房是生产住房服务的货物,贵重物品是保值增值的货物,并不像消费品那样被消费掉,因此不应计入最终消费支出而应计入资本形成。

第二,个人消费支出既包括实际购买支出,也包括虚拟购买支出,如易货交易、实物报酬、自产自用的货物与服务、自有住宅提供的住房服务、付酬家庭雇员提供的个人服务和金融中介服务等。

第三,住户在获取汽车、船只或飞机的保有或使用牌照,以及狩猎、射击或钓鱼许可证方面的支出均作为税收处理;反之,若领取其他种类的牌照、许可证、证书、护照等花费的支付作为服务购买而计入住户部门的消费支出。

（2）公共消费支出。

公共消费是政府和为住户服务的非营利机构所提供的由全社会共同享用的消费。按"政府职能分类"（COFOG），政府部门公共消费包括一般公共服务；国防；公共秩序和安全；经济事务；环境保护；住房和社区设施；卫生；娱乐、文化和宗教；教育和社会保障等服务。按"为住户服务的非营利机构目的分类"（COPNI），为住户服务的非营利机构公共消费包括住房；卫生保健；娱乐和文化；教育；社会保障；宗教；政治团体、劳工和专业组织提供的服务等。与个人消费不同的是，公共消费的消费物只是服务，无法经由市场交易获得，所需的资金来源于政府税收、捐赠、财产收入和其他来源。

不论是COFOG还是COPNI，其中的教育、医疗保健、社会保险和福利、体育与娱乐、文化等消费物，其受益对象是住户部门中的某类人群，如接受救济的灾民、生活困难的住户或者接受义务教育的学生等，因此可将这一部分消费支出称为用于住户个人的公共消费支出，即住户个人获取了消费物但政府或为住户服务的非营利机构承担支出，这一支出与收入再分配中的实物社会转移相对应。扣除用于住户个人的公共消费支出之后所余下的部分包括国防、公共秩序和安全、公共卫生的维护和环境保护等方面的支出，其受益对象为全体社会成员，因此这一部分公共消费支出被称为用于公共服务的公共消费支出。至于公共消费支出的提供方式，主要包括市场购买尔后免费提供，以及政府和为住户服务的非营利机构自己生产，然后将该非市场产出免费或以无经济意义的价格提供给住户或者社会公众。可以看出，这些提供方式与实物社会转移非常相似。

2. 实际最终消费

基于支出的消费核算，其不足之处在于住户部门获取的消费物，对应的支出主体不仅包括住户而且还涉及政府和为住户服务的非营利机构，而承担最终支出的部门并不一定就是消费物的实际获取部门。实际最终消费是常住机构单位最终获取的消费物的价值，即按获得标准核算的消费流量。与消费支出类似，实际最终消费也可区分为个人实际消费与公共实际消费两个分量。个人实际消费指住户个人实际获取的消费物价值，因此不仅包括通过个人消费支出获取的消费物，而且还包括与实物社会转移相对应的用于住户个人的最终消费支出的价值。而公共实际消费是指社会公众获取的消费物价值，等于公共消费支出减去用于住户个人的公共消费支出（或实物社会转移），也就是用于公共服务的公共消费支出。因此，从宏观上看，最终消费支出与实际最终消费总额相等，差别体现在分量上，即住户实际消费大于住户消费支出，公共实际消费小于公共消费支出，之间的差额就是用于住户个人的公共消费支出。

3. 住户养老金权益变化的调整

住户养老金权益变化的调整是一个调整项，等于住户向养老金计划缴纳的社会缴款加上由属于投保人的财产收入引致的追加缴款，减去相关服务费用和由养老金计划支付的养老金（即社会保险福利）。

SNA－2008认为，养老金计划所持有的养老准备金本质上是住户的金融资产，是养老金计划的负债，因此其变动及存量应该分别计入金融账户和资产负债表中。但国民核算为了更有效地分析住户部门的收入情况，同时又将住户对养老金计划的缴款和从养老金计划获取的养老金处理为社会缴款与社会福利,计入了收入再分配账户,作为经常转移必将影响住户部门的可支配收入。为了使整体核算保持一致,SNA-2008 在收入使用账户中进行了冲抵处理,即在住户部门加上养老金权益变化的调整,同时在养老金计划所在部门进行反向调整,以冲抵收入再分配账户中的相应流量。如此处理之后,似乎养老金计划的社会缴款和社会福利没有发生,相关的流量仍然记录在金融账户当中。

4. 储蓄

储蓄是收入使用账户的平衡项,即可支配收入或调整后可支配收入没有用于消费的结余,具体为

储蓄=可支配收入－最终消费支出;储蓄=调整后可支配收入－实际最终消费

通过以上两种方式计算的储蓄结果是一致的。以住户部门为例,其调整后可支配收入等于可支配收入加上实物社会转移,其实际最终消费等于最终消费支出加上用于住户个人的公共消费支出,而实物社会转移与用于住户个人的公共消费支出数额相等,因此,两种方式计算的储蓄结果相同,同样可理解政府和为住户服务的非营利机构部门。至于非金融公司和金融公司部门,由于没有消费功能,因此其最终消费支出和实际最终消费均为 0,其可支配收入或调整后可支配收入直接转化为储蓄。

储蓄的经济意义在于:若储蓄为正,说明该部门存在未用完的收入,因此可用于增加非金融或金融资产,或者减少本部门的负债;若储蓄为负,意味着本部门的可支配收入尚无法满足消费的资金需求,必然会通过减少资产或增加负债来筹措资金以满足当期的消费。无论储蓄的数额大小,或为正为负,均将收入使用账户与资本账户联结起来;从更宏观的角度来看,将经常账户与积累账户联系起来。

(二)账户结构

可支配收入使用账户描述可支配收入在最终消费支出和储蓄之间的分配,其起始项是可支配收入,源于收入再分配账户的平衡项,使用方记录最终消费支出,储蓄作为平衡项记录在最终消费支出的下方(见表 4-13),最终消费支出包括个人消费支出和公共消费支出两个分量,与前述平衡项一样,储蓄也有总额与净额之分。此外,账户左右两方还包括养老金权益变化调整这一调整项,也同样可见于调整后可支配收入使用账户。

表 4-13　经济总体的可支配收入使用账户　　　　　　　　　单位:亿元

使　　用		来　　源	
最终消费支出	1 399	可支配总收入	1 826
个人消费支出	1 230	固定资本消耗(－)	222
公共消费支出	169	可支配净收入	1 604
养老金权益变化调整	11	养老金权益变化调整	11
总储蓄	427		
固定资本消耗(－)	222		
净储蓄	205		
合计	1 837	合计	1 837

资料来源:联合国、欧盟委员会、经济合作与发展组织、国际货币基金组织、世界银行编,《2008 国民账户体系》,中国统计出版社 2012 年版,表 9.1,第 207—208 页。

将各部门可支配收入使用账户拼装在一起即形成可支配收入使用部门综合账户（见表4-14）。只有住户、政府和为住户服务的非营利机构部门有消费支出，非金融公司和金融公司部门的可支配收入才可直接转化为储蓄，因而对这两个部门而言，可支配收入使用账户是一个虚设账户，同样可理解调整后可支配收入使用账户。

表4-14 可支配收入使用部门综合账户 单位：亿元

合计	国外	经济总体	NPISH	住户	一般政府	金融公司	非金融公司	交易和平衡项	非金融公司	金融公司	一般政府	住户	NPISH	经济总体	国外	合计
								可支配总收入	228	25	317	1 219	37	1 826		1 826
								固定资本消耗（一）	157	12	27	23	3	222		222
								可支配净收入	71	13	290	1 196	34	1 604		1 604
1 399		1 399	32	1 015	352			最终消费支出								
1 230		1 230	31	1 015	184			个人消费支出								
169		169	1		168			公共消费支出								
11	0	11	0			11	0	养老金权益变化调整				11		11	0	11
427		427	5	215	—35	14	228	总储蓄								
205		205	2	192	—62	2	71	净储蓄								

资料来源：联合国、欧盟委员会、经济合作与发展组织、国际货币基金组织、世界银行编，《2008国民账户体系》，中国统计出版社2012年版，表9.1，第207—208页。

调整后可支配收入使用账户（见表4-15）的起始项源于实物收入再分配账户的平衡项，使用方记录实际最终消费，包括个人实际消费与公共实际消费两个分量，与可支配收入使用账户一样，其平衡项为储蓄。由于SNA-2008认为为住户服务的非营利机构部门既能提供个人货物与服务也能提供公共服务，因而与政府一样也具有实际最终消费的功能。

表4-15 经济总体的调整后可支配收入使用账户 单位：亿元

使 用		来 源	
实际最终消费	1 399	调整后可支配总收入	1 826
个人实际消费	1 230	固定资本消耗（一）	222
公共实际消费	169	调整后可支配净收入	1 604
养老金权益变化调整	11	养老金权益变化调整	11
总储蓄	427		
固定资本消耗（一）	222		
净储蓄	205		
合计	1 837	合计	1 837

资料来源：联合国、欧盟委员会、经济合作与发展组织、国际货币基金组织、世界银行编，《2008国民账户体系》，中国统计出版社2012年版，表9.2，第209—210页。

将调整后可支配收入使用部门综合账户(见表 4-16)与可支配收入使用部门综合账户(见表 4-14)对比可知,住户、一般政府和为住户服务的非营利机构部门在收入与消费方面的差异是相同的。例如住户部门,

调整后可支配收入－可支配收入＝1 434－1 219＝215,即住户部门应收的实物社会转移;

个人实际消费－个人消费支出＝1 230－1 015＝215,即用于住户个人的公共消费支出。

又如一般政府部门,

调整后可支配收入－可支配收入＝133－317＝－184,即政府部门应付的实物社会转移;

政府公共实际消费－政府最终消费支出＝168－352＝－184,即政府部门用于住户个人的公共消费支出。

再如为住户服务的非营利机构部门,

调整后可支配收入－可支配收入＝6－37＝－31,即为住户服务的非营利机构部门应付的实物社会转移;

NPISH 公共实际消费－NPISH 最终消费支出＝1－32＝－31,即为住户服务的非营利机构部门用于住户个人的公共消费支出。

由此可知,两个账户所描述的住户、政府和为住户服务的非营利机构部门在消费方面的差异就是收入方面的差异,而这一差异体现了一国住户部门所享用的福利水平高低。例如,对住户部门的实际最终消费进行分解对比,得出个人消费支出与用于住户个人的公共消费支出的比值为1 015∶215＝4.72∶1,即该经济体的住户部门所获取的 5.72 单位的消费物中,就有 1 个单位的消费物是政府或为住户服务的非营利机构部门提供的。将这一比值进行静态或动态分析,一方面可以反映各经济体在福利水平方面的差异,另一方面可以折射一国福利政策的变动态势。相对最终消费支出而言,实际最终消费能够更完整地描述住户的生活水平,尤其是那些实施高福利政策的国家,因此调整后可支配收入使用账户提供了更多的消费与福利信息。

表 4-16 调整后可支配收入使用部门综合账户 单位:亿元

使 用							交易和平衡项	来 源							
合计	国外	经济总体	NPISH	住户	一般政府	金融公司	非金融公司		非金融公司	金融公司	一般政府	住户	NPISH	经济总体	国外	合计
								调整后可支配总收入	228	25	133	1 434	6	1 826		1 826
								固定资本消耗(－)	157	12	27	23	3	222		222
								可支配净收入	71	13	106	1 411	3	1 604		1 604
1 399		1 399	1	1 230	168			实际最终消费								

续　表

使 用								交易和平衡项	来 源							
合计	国外	经济总体	NPISH	住户	一般政府	金融公司	非金融公司		非金融公司	金融公司	一般政府	住户	NPISH	经济总体	国外	合计
1 230		1 230		1 230				个人实际消费								
169		169	1		168			公共实际消费								
11	0	11	0		0	11	0	养老金权益变化调整				11		11	0	11
427		427	5	215	—35	14	228	总储蓄								
205		205	2	192	—62	2	71	净储蓄								

资料来源：联合国、欧盟委员会、经济合作与发展组织、国际货币基金组织、世界银行编，《2008 国民账户体系》，中国统计出版社 2012 年版，表 9.2，第 209—210 页。

第五节　收入分配与使用核算的应用分析

一、收入分配的结构分析

收入分配核算的应用分析一般侧重于结构分析，如部门占有结构和各种分配性流量结构等。

（一）收入分配的部门占有结构

部门占有结构又称为主体结构，指各机构部门所获取的收入占国民经济总收入的份额，如各机构部门的总增加值、原始总收入、可支配总收入、调整后可支配总收入占国内生产总值、国民总收入、国民可支配总收入以及调整后国民可支配总收入的比重，其计算公式为

$$部门收入份额 = \frac{部门收入}{国民经济该项收入总量} \times 100\%$$

表 4-17　收入分配的部门占有结构　　　　单位：%

部门 份额	非金融 公司部门	金融公司 部门	一般政府 部门	住户部门	NPISH
总增加值	77.34	5.46	7.32	9.01	0.87
原始总收入	13.63	1.45	10.62	74.09	0.21
可支配总收入	12.49	1.37	17.36	66.76	2.02
调整后可支配总收入	12.49	1.37	7.28	78.53	0.33

依据表4-12可分别计算各机构部门的收入占有结构(见表4-17)。若进一步测算机构部门内各子部门的收入分配份额,即可得到规模分配格局,如一般政府部门中的中央政府、省级政府和地方政府的收入分配格局;住户部门中的雇主、自雇工作者、雇员与财产收入和转移收入接受者的收入分配格局,等等。

也可在表4-17的基础上对机构部门进行整合(见表4-18),如将非金融公司与金融公司部门合并为企业部门,将一般政府与为住户服务的非营利机构部门合并为政府部门。尽管国民经济核算体系将为住户服务的非营利机构单列为一个机构部门,但各国基于本国的国情可能有不同的处理,如中国国民经济核算体系(2002)将为住户服务的非营利机构并入政府部门,还有一些国家因该部门的规模较小以及与住户部门的密切关系而将其并入住户部门。若将为住户服务的非营利机构并入一般政府部门,则可进一步描述国家、集体和个人之间的收入分配格局,动态考察还可反映分配政策变化引致的格局变动态势。

表4-18 收入分配的部门占有结构   单位:%

份额 ＼ 部门	企业部门	政府部门	住户部门
总增加值	82.80	8.19	9.01
原始总收入	15.08	10.83	74.09
可支配总收入	13.86	19.38	66.76
调整后可支配总收入	13.86	7.61	78.53

(二) 收入分配的渠道结构

收入分配的渠道指不同的分配手段,如收入初次分配中的雇员报酬、生产税净额和财产收入。在收入分配的渠道结构分析中,分别测算部门初次分配的支出流量占部门增加值的比重,以及部门再分配的支出流量占部门原始收入的比重,可反映各种分配手段所起作用的强弱程度,进而为宏观调控政策的制定以及分配格局的调整提供数据基础。在收入初次分配中,渠道结构的分析指标如下:

(1) 雇员报酬分配系数,即各机构部门应付雇员报酬占本部门增加值的比重。

(2) 生产税分配系数,即各机构部门应付生产税净额占本部门增加值的比重。

(3) 营业盈余分配系数,即各机构部门的营业盈余占本部门增加值的比重。

(4) 财产收入分配系数,即各机构部门应付财产收入占本部门增加值的比重。财产收入分配系数与其他分配系数的不同之处在于:支付的财产收入不一定完全来自本部门的增加值,因此该指标是一个强度相对数而非结构相对数。

在收入再分配中,渠道结构的分析指标包括:

(1) 现期所得税等再分配系数,即各机构部门应付(应收)的现期所得税等与本部门原始收入的比值。

(2) 社会缴款再分配系数,即各机构部门应付(应收)的社会缴款与本部门原始收入的比值。

（3）社会福利再分配系数，即各机构部门应付（应收）的社会福利与本部门原始收入的比值。

（4）其他经常转移再分配系数，即各机构部门应付（应收）的其他经常转移与本部门原始收入的比值。

表 4-19　收入再分配的渠道结构分析

流量 ＼ 部门	非金融公司	金融公司	一般政府	住户	NPISH	国民经济
原始净收入	97	15	171	1 358	1	1 642
现期所得税等	24	10	0	178	0	212
社会缴款				333		333
社会福利	62	205	112	0	5	384
其他经常转移	12	62	136	71	2	283
系数（%） 现期所得税等	24.74	66.67		13.11		12.91
系数（%） 社会缴款				24.52		20.28
系数（%） 社会福利	63.92	1 366.67	65.50		500	23.39
系数（%） 其他经常转移	12.37	413.33	79.53	5.23	200	17.24

表 4-19 依据收入再分配账户的数据测算了再分配系数，均以支出流量计算。从经济总体来看，社会福利与社会缴款的再分配系数较大，其调节作用较强，是非常重要的再分配手段。此外，收入分配核算的应用分析还包括公平程度分析，如洛伦兹曲线、基尼系数和财富分配系数等。

二、收入使用的结构分析

收入使用指可支配收入在最终消费支出与储蓄之间的分配，或者调整后可支配收入在实际最终消费与储蓄之间的分配，其结构分析指标包括消费率[①]与储蓄率。

$$消费率 = \frac{最终消费支出}{可支配收入} ; 储蓄率 = \frac{储蓄}{可支配收入}$$

$$消费率 = \frac{实际最终消费}{调整后可支配收入} ; 储蓄率 = \frac{储蓄}{调整后可支配收入}$$

在上述指标的计算中，一要注意收入与消费指标的概念对应，如最终消费支出对应可支配收入，实际最终消费对应调整后可支配收入。若分析目的侧重于费用承担宜选

---

① 韩云虹等（2005）认为消费率等于最终消费支出除以支出法 GDP，即从 GDP 的使用入手计算，能够反映生产成果与最终消费使用的关系，同时还可以判别是否属于消费需求拉动型的经济增长类型，并可进一步测算消费拉动率等指标。

择最终消费支出,若为实际获取的消费物则应选用实际最终消费;二要注意分母的选择,即不论可支配收入还是调整后可支配收入,均可选择总额或净额,但只有选择同一口径的分母时消费率与储蓄率才可能形成互补关系。由于储蓄也有总额与净额之分,因此储蓄率的计算应保持分子分母的对应关系。从长期来看,一经济体的储蓄水平高低必将影响其资产存量的多寡,进而决定未来的生产水平。若储蓄率较低,则增加的资本存量较少,国民生产将在某个低水平上运行;若储蓄率较高,则增加的资本存量较多,国民生产则将在某个较高的水平上运行。

表 4 - 20　收入使用的结构分析

流量 ＼ 部门	非金融公司	金融公司	一般政府	住户	NPISH	国民经济
可支配总收入	228	25(-11)	317	1 219(+11)	37	1 826
最终消费支出	—	—	352	1 015	32	1 399
总储蓄	228	14	-35	215	5	427
消费率(%)	—	—	111.04	82.52	86.49	76.62
储蓄率(%)	100.00	100.00	-11.04	17.48	13.51	23.38
调整后可支配总收入	228	25(-11)	133	1 434(+11)	6	1 826
实际最终消费	—	—	168	1 230	1	1 399
总储蓄	228	14	-35	215	5	427
消费率(%)	—	—	126.32	85.12	16.67	76.62
储蓄率(%)	100.00	100.00	-26.32	14.88	83.33	23.38

表 4 - 20 依据收入使用核算的数据资料测算了该经济体各机构部门的消费率与储蓄率。在计算金融公司与住户部门的消费率与储蓄率时,首先对两个部门的可支配总收入与调整后可支配总收入进行了调整,即在住户养老金权益变化的基础上,将金融公司部门的可支配总收入调整为 14(25-11),住户部门的可支配总收入调整为 1 230(1 219+11),这一处理使金融公司与非金融公司一样,其储蓄率均为 100%。观察可知,不同部门的消费率和储蓄率差别较大,如政府部门的消费率超过了 100%,故其储蓄率为负数,表明政府部门当期的可支配收入无法满足最终消费的资金需求,需通过减少资产或发生负债来维持当前消费。从国民经济总体来看,其消费率为 76.62%,低于一般政府、住户和为住户服务的非营利机构部门的消费率(依据可支配收入计算);由于两个公司部门的消费率均被处理为 0,因此国民经济总体的消费率实质上就是各机构部门消费率的加权平均。令 C 为经济总体的消费率,c_i 为各机构部门的消费率,q_i 为各机构部门的可支配总收入,则

$$C = \frac{\sum_{i=1}^{n} c_i q_i}{\sum_{i=1}^{n} q_i} = \sum_{i=1}^{n} c_i \times \frac{q_i}{\sum_{i=1}^{n} q_i}$$

上式表明,国民经济总体的消费率不仅与各机构部门的消费率水平有关,而且还与可支配收入的部门构成有关。若一般政府、住户和为住户服务的非营利机构部门的可支配收入份额越高,则经济总体的消费率水平亦越高;若两个公司部门的可支配收入比重越大,则国民经济总体的储蓄率越高,说明可通过可支配收入的部门占有结构调整来提高或降低一国的消费率。此外,还可计算住户部门的消费结构,即核算期住户家庭或个人消费中各类消费支出占住户消费支出的比重,其中食品消费支出所占比重即为国际通行的恩格尔(E. Engel)系数,其计算公式为

$$恩格尔系数 = \frac{食品消费支出}{住户最终消费支出}$$

研究表明,住户的收入水平越低,则食品类支出所占的比重越大,或恩格尔系数越高;从宏观上看,一个国家越贫穷,其恩格尔系数越高,反之越低,此即著名的恩格尔定律。在住户消费支出中,食品类支出具有较为明显的刚性,其变动速度一般慢于收入与消费总量的变动速度。当住户收入和消费水平提高时,恩格尔系数一般会呈现下降态势。国际上将恩格尔系数在60%以上定义为生活绝对贫困,50%—60%之间为勉强度日,40%—50%为小康水平,20%—40%为富裕水平,20%以下为最富裕。

修订情况及研究趋势

在收入分配与使用核算中,SNA-2008的主要修订情况归纳如下:

1. 业主收入。建议仅对非金融公司与金融公司部门计算业主收入。尽管政府与住户部门可能也拥有从事市场生产的非法人企业,但服务于市场生产的那部分资产很难从总资产当中分离出来,因而很难识别与测算相关的财产收入。

2. 社会缴款与社会福利。除社会保险福利与社会救济福利这一分类之外,SNA-2008还将社会福利区分为养老金与所有其他社会福利,后者又被称为非养老金福利。类似地,可将社会缴款划分为与养老金有关的缴款以及与其他福利相关的缴款,后者主要针对住户在疾病、失业、居住、教育和家庭环境方面的保险需求。

3. 财产收入。在SNA-1993中,财产收入被划分为利息、公司已分配收入(红利和准公司收入提取)、外国直接投资的再投资收益、属于投保人的财产收入以及地租等分量。在SNA-2008中,财产收入被区分为投资收入和地租两个子类,其中投资收入包括利息、公司已分配收入(红利和准公司收入提取)、外国直接投资的再投资收益、其他投资收入(属于投保人的财产收入、对养老金权益的应付投资收入和属于投资基金股东集体的投资收入)。其中对养老金权益的应付投资收入可分为定额缴款计划与定额福利计划两种,前者等于基金投资收入加上通过出租基金所有的土地或建筑物而获得的全部营业盈余净额,后者是最终薪金或特定时期内平均薪金的函数。

SNA-2008引入了与租金支付有关的资源租赁的概念。即营业盈余/混合收入不仅需用来支付生产中所持有资产的显性与隐性利息支出,还需支付显性和隐性地租,后者即为自然资源所有者由于向其他单位出租自然资源而应收取的地租。此外,对从公司与准公司提取的超级红利的核算方法进行了改进,使之更加合理。

4. 生产税净额。在其他生产税中,包含了为获取出租车执照和娱乐场所执照而缴纳的营业与执业执照税。由于中央银行还承担着阐释和执行部分经济政策的职能,因此可能会产生隐含的生产税净额。如中央银行可能为存款准备金率制定一个低于市场水平的利率,或者高于市场水平的利率,基于此,SNA-2008将中央银行所定利率(汇率)与市场利率(汇率)之间的差额处理为隐含生产税与隐含补贴。

5. 实物社会转移。在SNA-1993中,实物社会转移包括实物社会福利(报销的社会保障福利、其他实物社会保障福利、实物社会援助福利)与个人非市场货物或服务的转移两个分项;SNA-2008简化了这一分类,但事实上仍可分为两个部分,一是市场购买然后免费提供给住户,二是以无经济意义的价格向住户出售其非市场产出。

6. 为住户服务的非营利机构。SNA-2008与SNA-1993一样,将非营利机构分散并入非金融公司、金融公司和一般政府部门,余下的非营利机构被组建为为住户服务的非营利机构部门,同时在该部门新建了提供公共服务的非营利机构子部门。因此,为住户服务的非营利机构部门不仅具有公共消费支出而且兼有公共实际消费的功能。但SNA-2008同时指出,为住户服务的非营利机构部门所产生的公共实际消费的流量较小,故无必要过分强调这一流量的识别与核算。

除以上修订之外,SNA-2008还提出了未来的研究趋势,主要包括:

1. 公司的最终消费;

2. 对国外的实物社会转移的处理;

3. 澄清SNA中的收入概念;

4. SNA中税收的作用;

5. 再投资收益;

6. SNA中的应计利息;

7. 资产带来的收入;

8. 从事非正规经济活动所产生的收入;

9. 将社会保障权利确认为负债;

10. 对贷款更多地使用公允价值;

11. 债务减让;

12. 股权估价及其含义;

13. 逆向交易。

思考与练习

1. 试述收入分配与使用核算的思路与框架,以及与生产核算的联系。
2. 何为混合收入? 与雇员报酬和营业盈余相比有何区别与联系?
3. 简述原始收入分配账户的基本结构以及与收入形成账户的联系与区别。
4. 试述财产收入及其类别。
5. 试述国民总(净)收入与国内生产总(净)值的联系与区别。
6. 何为转移? 资本转移与经常转移的区别是什么?
7. 试述现金转移与实物转移在记账方式上的区别。
8. 什么是社会缴款与社会福利,各有哪些表现形式?
9. 什么是实物社会转移? 与可支配收入及调整后可支配收入的关系如何?
10. 何为最终消费支出与实际最终消费,两者之间的关系如何?
11. 什么是可支配收入? 如何计算国民可支配收入?
12. 何为个人消费与公共消费?
13. 试述储蓄及其经济含义。

第五章　资本形成与金融交易核算

引　言

　　一个完整的经济运行过程始于生产,经过收入分配与使用,止于积累。但与经济运行存在密切关系的因素还包括资产负债存量,因为期初存量是当期经济运行的前提,而当期生产的货物与服务,一部分被当期生产过程所消耗,一部分用于最终消费及出口,余下的部分即为积累,加之生产过程中的固定资本消耗,必将导致期初存量发生变化,因此期末存量是当期经济运行的结果。导致期初资产负债存量变动的因素既包括经济交易也包括非交易因素,本章重点探讨其中的经济交易因素,即资本形成与金融交易核算。

第一节　资本形成与金融交易核算的一般问题

▶ 一、经济资产的概念及种类

　　由于积累活动会导致机构单位的经济资产和负债发生变动,因此,有必要首先介绍一下经济资产及其种类(见图 5-1)。

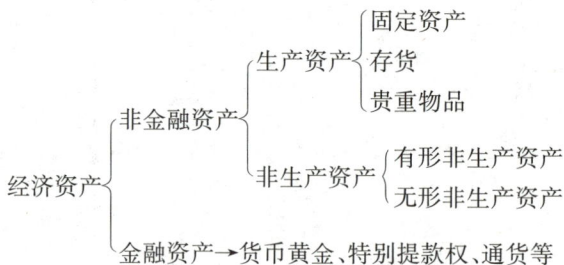

```
                                      ┌ 固定资产
                          ┌ 生产资产 ─┤ 存货
                          │           └ 贵重物品
              ┌ 非金融资产 ┤
              │           │           ┌ 有形非生产资产
  经济资产 ───┤           └ 非生产资产 ┤
              │                       └ 无形非生产资产
              │
              └ 金融资产 → 货币黄金、特别提款权、通货等
```

图 5-1　国民经济核算的资产分类图

　　所谓经济资产,是机构单位个别或共同持有的,能够为其带来经济利益的实体。拥有经济资产的首要前提是能够行使所有权,不论是某一机构单位单独所有还是若干个机构单位共同所有,这意味着我们周围的空气以及公海中的自然资源不可能成为经济资产,因为无法对其行使所有权;此外,所有者持有或使用经济资产的目的在于获取经

济利益,如使用固定资产生产产出,持有股票带来红利,持有贵重物品作为保值增值的手段,等等。因此,耐用消费品不是资产;依据现有技术无法开发的地下矿藏,由于无法为其所有者带来经济利益也不能视作经济资产。

在现实生活中,经济资产的种类繁多,形态各异。国民经济核算首先将经济资产区分为非金融资产和金融资产两个大类。前者指非金融性的资产,一些资产具有实物形态,如土地、建筑物、机器设备和存货等;另一些资产不具有实物形态,如专利权、商标权和计算机软件等。金融资产是以货币黄金、特别提款权以及各种金融债权(如通货、存款、贷款、股票等)形式出现的经济资产。

一般来说,非金融资产尤其是实物形态的非金融资产通常在一国经济资产中属于主要的组成部分,故在核算中具有重要的地位。依据产生方式的不同,非金融资产可划分为生产资产与非生产资产。生产资产是以往生产的未被消耗的产出累积形成的资产,当其被消耗或毁损之后,可由同样的生产过程再次复制,因此又被称为可再生资产。必须注意的是,土地改良的结果也属于生产资产,即附着在非生产资产上的生产资产。反之,非生产资产又被称为不可再生的资产,即由生产过程以外的方式获得的资产,包括自然资源(如土地、矿藏和非人工培育的森林);合约、租约与许可以及外购商誉和营销资产等,这些资产的形成或者由于所有权控制,或者由于法律程序所形成的垄断,或者因为核算活动所形成。非生产资产被消耗或毁损之后,不能通过原生产过程重新复制。因此,除非有大的变动(如通过科学研究以取得专利等),非生产资产不能再生的特点决定了其所占份额会逐渐下降,反之,生产资产所占份额会逐渐上升,因此是积累核算的重点内容。

生产资产可进一步区分为固定资产、存货和贵重物品三大类。其中固定资产和存货是为生产而持有的资产,而贵重物品则是作为保值增值的手段而持有的货物,故其价值量相当大。固定资产是在生产过程中可被反复或连续使用一年以上的生产资产。具体包括:(1)住宅,即完全或基本用于居住的建筑物,包括各种附属结构;(2)其他建筑和构筑物,包括非住宅建筑(如厂房、餐馆、监狱、学校和公共纪念物等)与其他构筑物(如公路、街道、铁路、港口、大坝和机场跑道等);(3)土地改良,即由于改良而导致土地的数量、质量或生产率提高的部分;(4)机器设备,包括用于交通运输和生产的各类机器设备,具体分为运输设备、ICT设备(信息、计算机和通信设备)以及其他机器和设备;(5)武器系统,包括军舰、潜艇、军用飞机、导弹运载工具和发射架等军事交通设备与武器平台;(6)培育性生物资产,即机构单位直接控制和管理的能重复提供产品的动物和植物,如种畜、役畜和果树等;(7)非生产资产所有权转移费用,类似于生产资产的所有权转移费用;(8)知识产权产品,包括研究与开发(R&D)的成果、矿藏勘探与评估、计算机软件和数据库以及娱乐、文学或艺术品原件等。

存货是生产者和政府所持有的、当期或前期产生的用于生产、销售或其他用途的货物与服务,具体包括:(1)材料和用品;(2)在制品;(3)制成品;(4)转卖货物;(5)政府持有的各种存货,如战略物资和粮食储备等。尽管作为生产手段的固定资产一般均具有耐用性,但作为生产对象的存货却并非就不具有耐用性,其决定因素还包括单价等其他因素,因此小型的、简单的、价值较低的耐用品(如工具)以及耐用消费品和未完成与未出售的耐用品(自用或为特定用户生产的除外)均属于存货。此外,某些未完成的建筑设计服务也应做类似处理,尽管它们属于服务而不是货物。

贵重物品主要指用于价值贮藏手段的贵重金属、宝石、珠宝和艺术品等。贵重物品既未用于生产也未用于消费,其价格一般不会随时间流逝而下降,反而有可能上升,因此主要作为价值贮藏的手段。

▶ 二、基本框架与核算原则

在国民经济核算的账户体系中,资本账户、金融账户、资产物量其他变化账户和重估价账户共同构成了积累账户。实施积累核算的目的是描述在核算期内所发生的资产、负债和净值的变化,提供一经济体的资产负债存量如何由期初水平变动到期末水平的所有解释变量的信息。

国民经济核算包括流量核算与存量核算,存量核算的方式是资产负债表(账户),而资产负债的变动核算属于流量核算。综合来看,导致资产负债存量变动的原因主要有以下三个方面:

(1)经济交易,如非金融资产的获得与处置,金融交易所导致的金融资产或负债的增减变动,等等。

(2)资产的发现与毁损,如可开采地下资源的增加,由于自然灾害或战争而导致的资产损坏等,无论是发现还是毁损,均会导致当期资产的数量变化以及负债和净值的对应变化。

(3)资产负债的价格变动会产生持有损益,进而引起资产或负债的经济价值变化。

正是基于上述因素的不同影响,积累核算设置了四套账户(见表 5-1)来分类描述资产负债的存量变动:经济交易引起的资产负债变化由资本账户和金融账户核算,资产负债数量的其他变化由资产物量其他变化账户核算,价格变化引起的资产负债变动由重估价账户核算。将上述四套账户综合起来,就能完整地解释一国资产负债的存量变动。由于增加一国非金融与金融资产的主要方式是经济交易,因此,资本账户和金融账户就成为了积累账户的主要部分,即积累核算的主体,而资产物量其他变化账户与重估价账户所起的作用仅仅是辅助性的,例如,重估价账户核算的资产负债变化并不代表经济资产存量的真实变动。

表 5-1 积累账户的设置

账　户	记　录　内　容
资本账户	经济交易导致的非金融资产变动
金融账户	经济交易导致的金融资产与负债的变动
资产物量其他变化账户	非经济交易引起的资产、负债和净值变化
重估价账户	价格变动引致的资产负债的持有损益

第二节　资本形成核算

一、资本形成核算概述

资本账户记录各种经济交易所导致的各机构部门的非金融资产的获得与处置,由于资本形成是非金融投资的主要部分,因此资本账户核算又称为资本形成核算。

二、资本账户

(一) 变量设置

1. 净储蓄

储蓄是可支配收入扣减最终消费支出的结余部分,即各机构部门可用于非金融投资与净金融投资的自有资金来源。尽管储蓄有总额与净额之分,但影响机构单位或部门净值变化的是净储蓄,因为固定资本消耗是转移价值。

2. 资本转移

在收入再分配核算时,已经探讨了转移及其分类。经常转移与资本转移的主要区别在于:经常转移会影响交易双方的可支配收入,进而影响当期消费水平及储蓄;资本转移会导致交易双方的资产负债存量变动,但不会影响即期收入与消费水平。因此,资本转移是资本账户的核算内容,并应谨慎地区分经常转移与资本转移,否则可能会误导经济分析和相关决策。按照 SNA-2008 的特别规定,即使某一转移只涉及交易一方的资产获得与处置,交易双方也应将其处理为资本转移;反之,若根据现有证据无法判定转移的性质,则应将其处理为经常转移。

资本转移包括以下项目:(1)资本税,即政府部门对机构单位所拥有的资产或净值,或对遗产以及生者之间的赠予等不定期征收的税收,具体包括资本税和资本转移税。(2)投资补助,即政府向常住或非常住单位提供的用于获取固定资产的资金或实物。(3)其他资本转移,即除资本税和投资补助之外的所有资本转移,如补偿保险单未包括的大规模损坏或严重损伤的支付、灾难之后的特别巨大的保险赔付、中央政府向下级政府拨付的用于形成固定资产的费用、机构单位之间的巨额赠予、住户对非营利机构的特大捐赠以形成固定资产,等等。与经常转移一样,资本转移也可区分为现金转移与实物转移,实物资本转移应做两笔处理,即首先记录一笔现金资本转移,然后由接收方作购买资本品处理。由于资本转移既可能发生在国内常住单位之间,也可能出现于常住单位与非常住单位之间,因此综合之后,国内流量将被抵消,余下的仅为国内应收的资本转移净额。

3. 资本形成总额

资本形成总额是指各机构单位当期获得与处置的生产资产的净额,即固定资本形成总额、存货变化和贵重物品净获得的合计。具体来看，获得包括购入、自制或接受转移，处置包括出售、报废或转让等。因此，资本形成总额等于生产资产的净获得，但由于固定资本形成总额中包括了固定资本消耗，因此净获得的资产中还含有利用折旧基金更新的那部分固定资产。依据资本形成总额的计算原理，对具体机构单位而言，其数据可正可负，若获得大于处置为"净获得"，反之为"净处置"。

从宏观来看，一经济体的资本形成总额对应的必为当期生产或进口的新资产，而不是以往产出或进口转化的旧资产。就某一机构单位而言，当期获得的资产有可能是新资产或旧资产，但处置的必为旧资产，因为旧资产被定义为处置方的原有资产，而不论其所有权的转手次数以及资产的使用年限。对经济体的资本形成总额进行综合，则旧资产的获得与处置相互抵消，最终表现为新资产的增量。由于资本形成表现为当期产出和进口中用于积累的那部分货物与服务，既未用于当期生活消费也未被当期生产过程所消耗，因此既不同于最终消费也区别于中间消耗。若将经济总体的资本形成总额与最终消费支出加总，可得到当期国内总支出，即常住单位在最终使用上的支出；扣除固定资本消耗之后为国内净支出。若在国内总支出的基础上再加上当期货物与服务的净出口，则得到一国的国内生产总值。因此，从货物与服务的使用来看，资本形成总额与最终消费、中间消耗属并列关系。

在资本形成核算中，还应注意遵循以下核算原则：

（1）记录时间原则。应以资产所有权的转移时间为记录时间，这一时间不一定是资产的生产时间，也不同于资产投入到生产过程开始使用的时间。具体而言，对于购入资产应以购入时间为准，对于自制资产应以生产时间为准，对于赠予资产应以接收时间为准。

（2）估价原则。应以现期市场的实际价格估算资本形成总额，同时应将运费、安装调试费、所有权转移费与转移税等费用计入在内。具体来看，对于购入资产应以购买者价格计算；对于自制资产应以基本价格估算，若无基本价格则以生产成本代替；对于通过转移接收的资产，应以基本价格和运费、转移费用估算之。在核算时，应注意两个对应：一是资产接收方与资产出让方在估价方面的对应，二是新资产与当期产出在估价方面的对应，如此能够确保资产交易双方以及生产与使用核算的一致性。

4. 固定资本形成

固定资产是在生产过程中能够反复或连续使用一年以上的货物与服务，但不包括耐用消费品和小型工器具（如锯子、铲子、锤子和斧子等）。固定资本形成是各机构单位、部门或经济总体通过经济交易所积累的固定资产。在大多数情况下，固定资本形成是资本形成的主要组成部分，具体由以下三个部分构成。

（1）有形固定资本形成。即有形固定资产的获得减处置，其实物形式对应住宅、其他建筑和构筑物、机器设备、武器系统和培育性生物资产，还包括在上述资产上的翻修、改建和大修理等现有资产的重大改善，且作为新资产的获得处理，但不包括针对这些资产的一般性维修，因为一般性维修没有改变现有资产的性能、能力和预期使用年限，目的仅在于维持正常的工作状态。

（2）无形固定资本形成。即无形固定资产的获得减处置，其实物形式对应矿藏勘探与评估、研究与开发、计算机软件和数据库、娱乐及文学或艺术品原件等，类似地，发生在上述资产上的重大改善价值也应作为新资产的获得而包括在内。

（3）附着在土地及其他非生产资产上的资本形成。如修筑堤坝、引水渠或海堤、消除森林或岩石等以开垦土地、灌溉土地或防止洪涝灾害，等等。上述经济活动或者增加了可利用的土地数量，或者提升了土地质量和生产率，实际上增加了资产的价值而被称为土地改良活动，相应的支出属于土地改良价值。尽管土地属于非生产资产，但其改良部分却是人类生产活动的产物，因此要计入当期产出以及固定资本形成之中。此外，在非生产资产的获得与处置中也可能产生其他费用，如业务费或佣金、交易和运输费用、资产所有权转让税等，这些费用统称为所有权转让费，不论是由购买者承担还是由出售者承担费用，均应记入固定资本形成。

综合来看，一机构单位固定资本形成总额的计算公式为：

有形固定资产的获得减处置＋无形固定资产的获得减处置＋附着在土地及其他非生产资产上的资本形成 ＝ 固定资本形成

固定资本形成也有总额与净额之分，两者的差别仅在于固定资本消耗。由于固定资本形成总额为一机构单位获得减处置的固定资产，因此代表当期净获得的固定资产，且有完整的实物对应。固定资本消耗是指当期生产过程中，由于正常损耗而导致的资产价值下降，或从当期产出中提取出来的用于弥补这一损耗的补偿，因此从价值上看，固定资本形成总额既包括了当期积累所增加的固定资产价值，也包括了用于弥补生产过程所导致的固定资产的价值下降部分，而扣除固定资本消耗之后的固定资本形成净额指的是当期固定资产的新增价值量，并没有完整的实物对应。正因为此，核算时更注重固定资本形成总额。还需注意的是，固定资本消耗这一流量尽管参与了收入分配与使用核算，但仅仅是"流经"了上述环节。到了积累阶段，固定资本消耗作为"计提折旧"基金，已经被使用进而构成当期固定资本形成总额的一个部分，因此前述账户中的平衡项，其总额与净额之分到资本账户之后将不复存在。类似地，由于固定资本形成有总额与净额之分，因而导致资本形成也存在总额与净额之分，即资本形成总额是当期通过经济交易净获得的生产资产价值，资本形成净额由于扣除了固定资本消耗，因而反映的是新增的生产资产价值。

5. 存货变化

存货包括材料和用品、在制品、制成品、转卖货物和政府持有的各种存货，而存货变化是指机构单位期末与期初相比存货资产的净变化，因此与固定资本形成的核算方法相似，等于当期获得的存货价值减去处置的存货价值。但对不同种类的存货，由于其用途或目的不同，故其获得与处置的含义相差较大（见表5-2），即存货的获得意味着购入或增加，而存货的处置则表现为中间消耗、成品的增加或销售使用。若宽泛理解，则存货的获得就是当期入库的货物与服务，存货的处置就是当期出库的货物与服务。

表5-2　存货变化中获得与处置的含义

存 货 项 目	获 得	处 置
材料与用品	购入	中间消耗
在制品	在制品的增加	加工成成品
制成品	增加库存	销售
转卖货物和政府储备	购入	销售或使用

在存货变化核算中,应特别注意计价问题,因为期末存货减期初存货,要求两者的价格一致,并且均固定在期末价格水平上,即当期市场价格估价,如此才能消除价格水平的影响,反映存货的实际变动。因此在核算中,需假定当期由库存中拨出的货物均为本期购入的,按当期购买价格估价,当期出库的货物按出售价格估算。然而,由于会计核算采取历史成本原则,由会计资料得到的期初与期末存货并非同一计价基础,因此不符合国民核算的要求。为解决这一问题,可采取后进先出法并将在制品和成品库存的价格由成本价调整为市场价进行计算,如此比较接近现期市场价格。

6. 贵重物品净获得

贵重物品净获得属于资本形成的一个组成部分,其核算与固定资本形成相似,等于当期获得的贵重物品价值减去当期处置的贵重物品价值。类似地,当期获得的贵重物品可能是新资产也可能是旧资产,但当期处置的一定是处置方的原有资产。因此,从经济总体的角度来看,合计之后旧资产将相互抵消,最终对应的必为当期生产或进口的贵重物品所构成的新资产。

7. 土地及其他非生产资产的净购买

土地及其他非生产资产可具体分为两个分项,即土地、地下资产以及专利权和购得的商誉等,净购买指通过经济交易对上述资产的获得减处置的净额。

核算中须注意的问题包括:土地净购买指的是土地本身,即覆盖的土层与相连的地表水,因此不能包括位于土地之上的建筑物、构筑物、作物和土地改良的价值,也不能包括位于土地之下的地下资产价值(如煤、石油、天然气或其他燃料以及金属矿藏等)。尽管在实践中一笔土地交易也许同时包括了上述资产,但核算时应该将其分开,归类至相应的项目之中。此外,在土地交易过程中还会涉及与土地(使用权)转让权有关的费用支出,这些费用应作为固定资本形成处理。如此处理之后,土地交易双方所记录的必然是完全一致的。实践中,购买一经济体所属土地的机构单位可能涉及常住单位与非常住单位,但国民核算规定,若非常住单位购买了本国土地,应虚拟一个本国常住单位,视作该虚拟单位的获得,同时对非常住单位发生了一笔负债。故从核算的角度来看,土地交易均发生在本国常住单位之间,一方的获得必为另一方的处置,综合之后正负抵消,即土地净购买的总额是零。

地下资产以及其他非生产资产的净购买与土地净购买的核算方法完全相同。特别地,地下资产的获得与处置也发生在常住单位之间,从一国层次来看其总额为零。但需注意的是,出于生产目的而开采地下资产所导致的耗减,不能计入地下资产的处置,而应记入资产物量其他变化账户。

8. 净贷出（＋）/净借入（一）

在资本形成核算中,净储蓄加上应收资本转移净额被称为资本筹集,前者是机构单位进行投资活动的自有资金来源,后者是经由转移获取的资金来源,两者合计即为一机构单位进行投资活动的资金来源总额;而资本形成净额加上土地及其他非生产资产净购买被称为非金融投资,即一机构单位通过经济交易新增的非金融资产价值,可以理解为资金占用。

将资本筹集减去非金融投资,如果余额为正,说明机构单位所拥有的资金来源除满足本单位的非金融投资需求之外,还有多余的资金可以提供给其他常住或非常住单位,故该余额被称为净贷出（＋）;反之,若余额为负,表示本单位所筹集的资金来源无法满足非金融投资的资金需求,需向其他单位或国外借入,因此该余额被称为净借入（一）。由此可见,净贷出（＋）/净借入（一）描述了机构单位（部门或经济体）在非金融投资方面的资金余缺状况,而这一余缺需通过金融交易来调节。基于此,净贷出（＋）/净借入（一）既是资本账户的平衡项,又是金融账户的起始项,并将两个账户连接起来。

（二）账户结构

设置资本账户的目的在于描述机构单位（部门和经济体）在非金融投资过程中的资金来源及资金占用情况（见表5-3）。由于资本账户是收入使用账户的后续账户,故其起始项为净储蓄,该经济体的净储蓄为205。

表5-3　经济总体的资本账户　　　　　　　　　　单位:亿元

资产变化		负债与净值变化	
资本形成总额	414	净储蓄	205
固定资本形成总额	376	应收资本转移	62
存货变化	28	应付资本转移（一）	65
贵重物品净获得	10		
固定资本消耗（一）	222		
土地及其他非生产资产净购买	0		
净贷出（＋）/净借入（一）	10		
合计	202	合计	202

资料来源:联合国、欧盟委员会、经济合作与发展组织、国际货币基金组织、世界银行编,《2008国民账户体系》,中国统计出版社2012年版,表10.1,第224—225页。

资本账户的右方（负债与净值[①]变化方）记录应收和应付资本转移,且应收资本转移减去应付资本转移的余额被称为资本转移净额,将净储蓄与资本转移净额加总即为资本筹集额;资本账户的左方（资产变化方）记录通过经济交易获取和处置的非金融资产,包括固定资本形成总额、存货变化、贵重物品净获得、土地及其他非生产资产净购买等,其中前三项合并即为资本形成总额,扣除固定资本消耗为资本形成净额;资本形成再加上土地及其他非生产资产净购买得到非金融投资额,反映了非金融投资过程中的资金占用。

将资本筹集额减去非金融投资额即为净贷出（＋）/净借入（一）,作为资本账户的平

①　净值是机构单位或部门所拥有的资产存量减去负债存量之后的余值。

衡项放在资产变化方。由表5-3可知,该经济体的资本筹集额为202(205+62-65),非金融投资额为192(414-222+0),差额为10(202-192),即为平衡项净贷出(+),说明该经济体资金有余可供贷出。

将各机构部门的资本账户拼装在一起形成资本形成部门综合账户(见表5-4),可更加全面地描述各机构部门非金融投资的详细特征。由负债与净值变化方可知,净储蓄最多的部门是住户部门,其次为非金融公司、金融公司和为住户服务的非营利机构部门,而一般政府部门为负数;观察资产变化方,固定资本形成和存货变化是主要的非金融投资项目,而贵重物品净获得以及土地及其他非生产资产净购买数额较小,且非金融公司是非金融投资的主要部门。经过非金融投资之后,只有住户部门是净贷出(174),属于资金有余的部门,而其他部门均有资金借入的需求。例如,一般政府为满足非金融投资的需求,需向常住单位或非常住单位借入103,而整个经济体需贷出资金10。

表5-4 资本形成部门综合账户 单位:亿元

合计	国外	经济总体	NPISH	住户	一般政府	金融公司	非金融公司	交易和平衡项	非金融公司	金融公司	一般政府	住户	NPISH	经济总体	国外	合计
								净储蓄	71	2	-62	192	2	205		205
								对外经常差额							-13	-13
414		414	5	55	38	8	308	资本形成总额								
376		376	5	48	35	8	280	固定资本形成总额								
28		28	0	2	0	0	26	存货变化								
10		10	0	5	3	0	2	贵重物品净获得								
222		222	3	23	27	12	157	固定资本消耗(一)								
0		0	1	4	2	0	-7	土地及其他非生产资产净购买								
								应收资本转移	33	0	6	23	0	62	4	66
								应付资本转移(一)	16	7	34	5	3	65	1	66
								储蓄和资本转移引起的净值变化	88	-5	-90	210	-1	202	-10	192
0	-10	10	-4	174	-103	-1	-56	净贷出(+)/净借入(一)								

资料来源:联合国、欧盟委员会、经济合作与发展组织、国际货币基金组织、世界银行编,《2008国民账户体系》,中国统计出版社2012年版,表10.1,第224—225页。

对各机构部门、经济总体而言,其资本账户的平衡关系表现为:固定资本形成总额+存货变化+贵重物品净获得-固定资本消耗+土地及其他非生产资产净购买+净贷出(+)/净借入(一)=净储蓄+应收资本转移-应付资本转移

以住户部门为例:

资产变化方→48+2+5-23+4+174=192+23-5←负债与净值变化方

上式说明,住户部门通过净储蓄及资本转移净额共筹措资金210,将使本部门净值增加210(192+23-5),或者说住户部门能够购买的非金融和金融资产的数额。必须注意的是资本筹集额与净储蓄类似,可能为正数也可能为负数;住户部门在非金融投资中,新增非金融资产36(48+2+5-23+4),平衡项为净贷出174(210-36)。

在表5-4中,"对外经常差额"是原始收入和经常转移对外账户的平衡项,反映了本国与国外所发生的各种经常交易(即收入初次分配与再分配)的最终差额,从功能上看类似于国内各机构部门账户的储蓄,若差额为正,表示国外对该国的经常性交易为盈余;若差额为负表示国外的逆差,其计算过程及作用详见本书之对外经济核算部分。

第三节　金融交易核算

▶ 一、金融交易核算概述

金融交易指常住单位之间或常住单位与非常住单位之间与金融资产所有权变化有关的交易,或使用金融工具进行的交易。金融工具是显示金融资产所有权的凭证,如通货、存款、股票和债券等,获得或处置金融工具意味着拥有或失去金融资产的所有权。因此,金融资产是指以金融债权、货币黄金、特别提款权和公司股票等形式出现的资产,而金融债权表现为一方的资产,同时体现为另一方的负债。

交易是机构单位间依协议所产生的经济活动,即一对组合活动。金融交易首先是货币性交易,具体可分为两类:一是严格的金融交易,即交易的两个流量均为金融性的,或者说金融工具与金融工具之间的交易,将导致金融资产所有权的转移、金融资产或负债的产生和消失,如将通货转化为存款,以现金购买债券等。二是其他货币性交易,即交易中的一个流量是金融性的,另一流量是非金融性的,或者说金融工具与非金融工具之间的交易,如住户以现金购买消费品、企业向住户支付雇员报酬等,此时金融工具的流动伴随着实际资源的流动。由此可见,金融交易有广义与狭义之分,狭义的金融交易专指严格的金融交易,而广义的金融交易还包括其他货币性交易。国民经济核算对金融交易的定义较宽,即在金融账户中对两类交易均进行核算。

不论是哪一类金融交易,核算时均需遵循一定的核算原则,这些原则主要如下:

（一）估价原则

即交易双方应按资产获得或处置时的同一价格记录，价格构成中不能包括手续费、佣金和其他类似费用，而应作为获取服务的支付；也不能包括金融交易税，这类税收应作为产品税处理。

（二）记录时间原则

具体分两种情况。对于严格的金融交易，交易双方应在金融资产所有权转移时记录；对于其他货币性交易，金融交易的记录时间应与非金融流量的记录时间保持一致。例如，住户以现金购买消费品，现金资产的记录时间应以消费品所有权的转移时间为准。

（三）取净值与合并原则

金融账户的记录基础是取净值与合并。在金融账户中，只记录金融资产的净获得与负债的净发生，其中金融资产的净获得是获得与处置的总额相抵之后的净额，负债的净发生是发生与清偿的总额相抵之后的净额。例如，股票资产的净获得等于当期获得的股票资产减去当期处置的股票资产的净额。

金融交易核算中的合并即从来源方与使用方抵消部门或经济总体的内部流量。因此，合并可在子部门、部门或经济总体的层次上进行，但具有不同的经济意义。如在经济总体层次上的合并，会抵消国内各机构部门之间的交易，所得数据将反映国内与国外之间的金融交易状况；在机构部门层次上的合并，有利于观察部门之间的资金流动情况。

▶ 二、金融账户

（一）变量设置

国民经济核算根据金融资产负债的流动性、债权人与债务人之间关系的性质以及资产的期限对金融资产和负债进行分类。

1. 货币黄金

货币黄金是中央银行作为金融资产或外汇储备组成部分而持有的黄金。在金融账户中，货币黄金交易发生在货币当局之间，即一国当期购入（出售）的货币黄金记录为国内货币当局金融账户的资产增加（减少），对应国外的资产减少（增加）。但是，货币黄金的产生与消失类金融交易（如黄金的货币化与非货币化等），应计入资产物量其他变化账户；因而货币黄金仅体现为一方的资产，但没有对应的负债，故相关交易记录在金融账户的资产变化方。

2. 特别提款权

特别提款权（SDR）是国际货币基金组织（IMF）发行的由各成员国官方（即中央银行）和其他某些国际机构持有的储备资产，是可转让的资产。特别提款权的创立和消失属于金融交易，分别记入参加国的金融账户和代表参加国全体的国外，意味着特别提款权是有对应负债的资产，代表的是参加国全体而不是对国际货币基金组织的债权。

3. 通货与存款

通货包括流通中的本币与外币，是持有者的资产，货币当局（中央银行或中央政府等）或国外（外国中央银行或中央政府等）的负债。存款是持有者的资产，是金融机构或国外的负债。当期本币的净发行额记为本国金融机构的负债变化,外币的净流入额记为国外的负债变化。当期各部门的存款净增加额记入本部门金融账户的资产方,同时记入本国金融机构(国内存款)或国外(国外存款)的负债变化。

4. 债务性证券

债务性证券包括票据、债券、商业汇票、债权证以及通常可在金融市场交易的类似工具,可按期限不同分为短期与长期两类。其主要特征表现为到期还本付息,具有可兑换性。债务性证券是持有者的资产,是证券发行方或开具部门的负债。当期各部门购买减处置(如兑现或出售)的债务性证券净额记入本部门的资产变化,各部门发行减兑付的债务性证券净额记入本部门的负债变化。

5. 贷款

贷款是债权人将资金借给债务人时所产生的金融资产,包括透支、分期付款贷款、分期付款购物信用和信用融资贷款等,根据期限长短可分为短期贷款和长期贷款。贷款是贷出者的资产,借入者的负债。当期的国内贷款净额(贷出减清偿)记入贷出部门的资产变化和借入部门的负债变化,自国外获取的贷款净额记入国外的资产变化和国内借入部门的负债变化。

6. 股权和投资基金份额

股权和投资基金份额不具有到期还本付息的可兑换性,但持有者对发行单位的资产有剩余价值的索取权。因此,将股权和投资基金份额看作是持有者的资产与发行者的负债。对于准公司,其所有者对股本的增加减提取的净额记为所有者所属部门的资产变化与公司部门的负债变化;对于法人企业,当期新发行股票和其他权益记为公司部门的负债变化,以及购入者所属部门的资产变化。至于持有股票的买卖,各部门均按购入减出售之净额记入本部门的资产变化。

7. 保险、养老和标准化担保计划

保险、养老和标准化担保计划包括非寿险专门准备金、寿险和年金权益、养老金权益、养老金发起人的养老基金债权和标准经担保代偿准备金。保险专门准备金是投保人的金融资产,是保险人的负债。如住户对人寿保险准备金和养恤基金的净权益,按当期交易引起的增加与减少之净变化记入住户部门的资产变化与金融机构的负债变化;对保险费预付款与未结索赔准备金,按期初期末的变化量记入投保人所属部门的资产变化与金融机构的负债变化,但不包括期间产生的持有资产损益,持有资产损益应记入重估价账户。

8. 金融衍生工具和雇员股票期权

金融衍生工具可分为期权合约(期权)和远期类合约(远期)两类。期权是指在未来一定时期可以买卖的权利,即买方向卖方支付权利金(期权价格)后拥有的在未来一段时期(指美式期权)或未来某一日期(指欧式期权)以事先约定的价格向卖方购买或出售某一特定金融工具和商品的权利,但不负有必须买进或卖出的义务。在期权交易中,权利金作为买方金融资产获得和卖方负债发生记录。远期指合约双方商定在未来某一时刻按约定的价格买卖一定数量的金融资产的交易。在合约签订初期,合约价值为零;随着时间的推移,双方风险暴露的市场价值出现差异,故一方拥有资产(债权人),而另一方发生负债(债务人)。

雇员股票期权是雇主与雇员签订的协议。依据协议,雇员可在一定的期限内按照约定的价格(执行价格)购买一定份额的雇主股票。在金融账户中,住户获得的雇员股票期权应与雇员报酬中的相应部分相匹配,同时雇主要有一项相应的负债。

9. 其他应收应付款

其他应收应付款包括商业信用和其他应收应付款,是应收预付者的金融资产,是应付预收者的负债。核算时应按当期发生与结算之净额分别记入应收预付部门的资产变化与应付预收部门的负债变化。

(二)账户结构

设置金融账户(见表5-5)的目的在于描述由经济交易所导致的机构单位(部门、经济总体)的金融资产和负债变动情况。金融账户的起始项为净贷出(+)/净借入(-),账户右方(负债与净值变化方)记录负债净发生,左方(资产变化方)记录金融资产的净获得。金融账户所记录的金融资产和负债在项目排序上相同,但货币黄金与特别提款权仅记录于资产变化方,没有负债的对应。在金融账户中,金融资产净获得与负债净发生的差额正好是净贷出(+)/净借入(-),因此起始项同时又兼具平衡项的功能,使金融账户不需要再设置平衡项,这是金融账户与生产、收入分配与使用以及资本账户的不同之处。

表5-5　经济总体的金融账户 单位:亿元

资 产 变 化		负债与净值变化	
		净贷出(+)净借入	10
金融资产净获得	436	负债净发生	426
货币黄金和特别提款权	-1	货币黄金和特别提款权	0
通货和存款	89	通货和存款	102
债务性证券	86	债务性证券	74
贷款	78	贷款	47
股权和投资基金份额	107	股权和投资基金份额	105
保险、养老金和标准化担保计划	48	保险、养老金和标准化担保计划	48
金融衍生工具和雇员股票期权	14	金融衍生工具和雇员股票期权	11
其他应收款	15	其他应付款	39
合计	436	合计	436

资料来源:联合国、欧盟委员会、经济合作与发展组织、国际货币基金组织、世界银行编,《2008 国民账户体系》,中国统计出版社 2012 年版,表 11.1,第 254—255 页。

将各机构部门的金融账户拼装在一起可形成金融交易部门综合账户(见表 5-6)。通过合并,抵消了部门内部的金融流量,以展现部门之间以及本国与外国之间的金融流量。金融交易部门综合账户可反映那些存在资金缺口的部门如何通过金融交易筹集资金,完成金融与非金融投资;描述资金有余的部门如何通过金融交易贷出资金以增加本部门的金融资产或减少负债。上述金融交易所导致的金融资产与负债变动以及资金流入流出侧重体现在金融账户的两种平衡关系方面。

表 5-6　金融交易部门综合账户　　　　　　　　　　　　　　单位：亿元

资产变化								交易和平衡项	负债和净值变化							
合计	国外	经济总体	NPISH	住户	一般政府	金融公司	非金融公司		非金融公司	金融公司	一般政府	住户	NPISH	经济总体	国外	合计
								净贷出(+)/净借入	-56	-1	-103	174	-4	10	-10	0
483	47	436	2	189	-10	172	83	金融资产净获得								
								负债净发生	139	173	93	15	6	426	57	483
0	1	-1				-1		货币黄金和特别提款权	0	0	0			0		0
100	11	89	2	64	-26	10	39	通货和存款		65	37			102	-2	100
95	9	86	-1	10	4	66	7	债务性证券	6	30	38	0		74	21	95
82	4	78	0	3	3	53	19	贷款	21	0	9	11	6	47	35	82
119	12	107	0	66	3	28	10	股权和投资基金份额	83	22				105	14	119
48	0	48	0	39	1	7	1	保险、养老金和标准化担保计划	0	48				48		48
14	0	14	0	3	0	8	3	金融衍生工具和雇员股票期权	3	8	0	0	0	11	3	14
25	10	15	1	4	5	1	4	其他应收应付款	26	0	9	4		39	-14	25

资料来源：联合国、欧盟委员会、经济合作与发展组织、国际货币基金组织、世界银行编，《2008 国民账户体系》，中国统计出版社 2012 年版，表 11.1，第 254—255 页。

1. 机构部门内部的平衡关系

机构部门内部的平衡关系是表现在单个机构部门在金融资产净获得与负债净发生之间的平衡关系，即：金融资产净获得＝负债净发生＋净贷出(＋)/净借入(一)。以非金融公司为例：

金融资产净获得→83＝139＋(－56)←负债净发生＋净借入

该平衡关系说明非金融公司部门通过金融交易净获得金融资产 83，负债净发生 139。如果将该平衡关系与资本账户非金融公司的平衡关系(见表 5-4)组合起来，则能更好地说明非金融公司在非金融投资、金融投资过程中的资金来源与资金占用。例如，非金融公司部门的非金融投资与资本筹集资料如下：

非金融投资额→308－157＋(－7)＋(－56)＝71＋33－16←资本筹集额

即：144＋(－56)＝88

综合分析可知,非金融公司通过净储蓄和资本转移净额筹集资金 88,但非金融投资需要占用资金 144,故资金缺口为 56;在金融账户中,非金融公司部门通过负债筹集了资金 139,其中的 56 用于弥补非金融投资的资金不足,余下的 83 用于增加金融资产。以上充分说明资本账户的平衡项无论是净贷出还是净借入,均需在金融市场通过增加金融资产或减少负债,或者通过减少金融资产增加负债的方式来解决资金有余或资金不足的问题。

类似平衡关系也表现在国民经济层次上,如

$$\text{金融资产净获得} \rightarrow 436 = 426 + 10 \leftarrow \text{负债净发生} + \text{净贷出}$$

同样的,也可结合资本账户来进一步分析这一平衡关系。

2. 机构部门间的平衡关系

机构部门间的平衡关系体现了某些类型的金融资产与负债的对应性,因为除货币黄金与特别提款权之外,其他类型的金融资产表现为一方的资产,同时体现为另一方的负债,据此可描述机构部门之间以及国内与国外之间的平衡关系,即金融资产净获得=负债净发生。以债务性证券为例,其平衡关系表现为:

$$\text{资产净获得} \rightarrow 95 = 7 + 66 + 4 + 10 + (-1) + 9 = 6 + 30 + 38 + 21 = 95 \leftarrow \text{负债净发生}$$

上式表明非金融公司、金融公司、一般政府、住户和为住户服务的非营利机构部门获得债务性证券资产分别为 7、66、4、10 和 -1,意味着资金流出本部门;非金融公司、金融公司和一般政府在债务性证券方面的负债分别增加了 6、30 和 38,说明资金流入本部门。合并国内各机构部门的交易流量之后,得到如下平衡关系式:

$$\text{资产净获得} \rightarrow 95 = 9(\text{国外}) + 86(\text{国内}) = 74(\text{国内}) + 21(\text{国外}) = 95 \leftarrow \text{负债净发生}$$

从国内来看,金融资产净获取 86,负债净发生 74,两者相抵为净资产增加 12,说明国内资金净流出至国外 12,即国内资金对国外的弥补作用;再从国外来看,金融资产净获取 9,负债净发生 21,两者相抵为净负债增加 12,说明净流入至国外的资金为 12。综合整个经济体,其平衡关系表现为:

$$\text{资产净获得} \rightarrow 483 = 47(\text{国外}) + 436(\text{国内}) = 426(\text{国内}) + 57(\text{国外})$$
$$= 483 \leftarrow \text{负债净发生}$$

国内资产净获得(436)与负债净发生(426)所决定的资金净贷出 10,正好与国外部门的相应差额 -10(47-57)相对应,表明了国外对国内的资金需求或者国内对国外的资金弥补。

此外,对金融账户的作用不能孤立地去理解,而应将其与非金融系列账户(包括生产账户、收入分配与使用账户以及资本账户)组合起来了解其设置与作用。从交易的种类及四式记账的原理来看,实物交易的两条流量均为非金融性的,均应记录在非金融系列账户且能够保持非金融账户的左右平衡。即使虚拟其金融交易流量,也由于四式记账的原理而相互抵消,因此不会影响账户的平衡关系;至于严格的金融交易,由于两条流量均为金融性的,因此均应记录在金融账户之中,或者表现为同一方向的一增一减

（如以一种金融资产置换另一种金融资产），或者表现为不同方向的同增同减（如动用金融资产以减少负债），因此不会影响金融账户的平衡。而其他货币性交易的处理则不同，由于一条流量是非金融性的，应记录在非金融账户；另一条流量是金融性的，应记录在金融账户，结果导致非金融账户与金融账户都不平衡，但两者数额相等方向相反，因此，同一平衡项目就既能保持非金融账户的平衡同时也能确保金融账户的平衡，这个平衡项就是净贷出（＋）/净借入（－）。

作为非金融账户的最终平衡项，净贷出（＋）/净借入（－）综合反映了生产、收入分配与使用以及非金融投资过程中的资金余缺状况。如果是净贷出，意味着当期收入除满足收入使用以及非金融投资之后还有多余的资金，既然这部分资金在消费与非金融投资领域无法找寻出路，则必将流入金融市场，或者用于增加金融资产或者用于清偿负债；如果是净借入，说明当期收入无法满足收入使用与非金融投资的资金需求，则必将通过金融交易筹措资金，即减少金融资产或者发生负债以解决资金不足的问题。因此，金融账户与非金融账户之间存在着密切的关系，即金融账户相当于决算账户。非金融账户与金融账户共用一个平衡项实质上体现了国民经济运行中的实物运动与价值运动的统一，同时为账户体系的一致性检验提供了参考依据。由于金融账户没有平衡项，因此自此之后不再存在平衡项的结转，意味着描述各部门经济交易流量的账户终结于金融账户，即金融账户是国民账户体系中核算经济交易流量的最后一个账户。

第四节　资金流量表

资金流量核算又称为资金循环核算，是以国民经济总体资金运动为对象，核算各机构部门资金的来源和使用、流量大小与流动方向、资金结构及余缺调剂的情况。资金流量核算可将一经济体的实物运动与资金运动有机地联系起来，从而更好地描述国民经济的运行状况。

资金流量核算大体上分为三种类型：一是仅核算严格的金融交易，即范围最小且为最严格意义上的资金流量核算；二是在严格的金融交易的基础上，将储蓄和非金融投资包括进来。严格的金融交易是相对独立于实物运动的资金运动，将储蓄和投资纳入进来之后，则将实物运动与资金运动联系起来了，因此以储蓄为起点可将非金融投资和金融交易一起纳入资金流量核算，有利于揭示两种不同类型的经济活动之间的联系和作用，目前世界上大多数国家都按此类型展开资金流量核算。三是以国内生产总值作为核算起点，则核算范围进一步扩展至收入分配与使用，是范围最大的资金流量核算。这一扩展将收入分配与使用过程中的资金运动也包括进来，其资金流量核算更加全面。选择哪一类型的资金流量核算不仅取决于研究的目的，而且也应综合考虑本国金融市场的发育程度以及国民经济核算体系的完善程度，我国资金流量核算采用的是第三种类型。

▶ 一、资金流量表(实物交易)

资金流量表(实物交易)采取交易项目×机构部门的矩阵形式,主栏是交易和平衡项目,即从增加值入手,涉及收入分配和使用以及非金融投资三个部分,宾栏列示各机构部门,每一部门下设置"来源"(S)与"使用"(U)两个栏目,以记录各部门的收入与支出流量。

表5-7 资金流量表(实物交易)

部门 交易	非金融企业		金融机构		政府		住户		NPISH		国外		合计	
	U	S	U	S	U	S	U	S	U	S	U	S	U	S
	(1)	(2)	(3)	(4)	(5)	(6)	(7)	(8)	(9)	(10)	(11)	(12)	(13)	(14)
增加值														
雇员报酬														
生产税净额														
财产收入														
初次分配收入														
经常转移														
可支配总收入														
总消费														
总储蓄														
资本转移														
总投资														
净贷出(+)/ 净借入														

由表5-7可知,资金流量表(实物交易)事实上就是收入初次分配、再分配、可支配收入使用以及资本账户的综合,因此其平衡关系类似于上述账户。将上述账户拼装在一起进行概括归纳,有利于人们从整体上了解收入分配与使用以及资本形成过程中的资金流动,不足之处在于一些信息由于高度概括而省略了,如业主收入、调整后可支配收入和实际最终消费等。

▶ 二、资金流量表(金融交易)

资金流量表(金融交易)的主栏为交易项目,宾栏为非金融企业、金融机构、政府、住户和为住户服务的非营利机构五个机构部门以及国外(见表5-8)。在每个机构部门下分设"使用"(资产变化)和"来源"(负债变化)两栏,分别记录各机构部门和国外因经济交易引致的资产净获得与负债净发生。每一机构部门资产变化和负债变化之差额正好对应本部门的净贷出（＋）/净借入（－），使部门来源与使用两方保持平衡。在每一资产类型上，各部门记录的来源合计与使用合计相等，反映了金融资产和负债交易的对称性，以及资金流动过程中部门之间的平衡关系，也揭示了部门之间资金调剂的流量与流向。

表 5-8　资金流量表（金融交易）

部门\\交易	非金融企业		金融机构		政府		住户		NPISH		国外		合计	
	U	S	U	S	U	S	U	S	U	S	U	S	U	S
	(1)	(2)	(3)	(4)	(5)	(6)	(7)	(8)	(9)	(10)	(11)	(12)	(13)	(14)
净贷出（＋）/净借入														
金融资产净获得														
负债净发生														
货币黄金和特别提款权														
通货和存款														
债务性证券														
贷款														
股权和投资基金份额														
保险、养老金和标准化担保计划														
金融衍生工具和雇员股票期权														
其他应收应付款														

资料来源：联合国、欧盟委员会、经济合作与发展组织、国际货币基金组织、世界银行编，《2008 国民账户体系》，中国统计出版社 2012 年版，表 27.3，第 570—571 页。

将资金流量表（金融部分）与金融交易部门综合账户对比可知，两者在本质上基本相同，差别仅在于：金融账户的记账符号为"资产变化"和"负债与净值变化"，而资金流量表为"来源"与"使用"；在金融账户中，交易项目放置在账户的中间位置，而资金流量表设置在表的左侧，即主栏，宾栏列示各机构部门与国外。无论是金融账户还是资金流量表（金融部分），只能描述各机构部门有多少资金流入，又有多少资金流出，除此之外无法提供更为详尽的信息，如谁向谁提供了资金？通过何种金融手段？

基于此,SNA-1993 设置了详细的资金流量表(见表 5-9、表 5-10)。以详细的资金流量表(金融资产)为例,其宾栏是各个机构部门,其中金融机构细分为中央银行、其他存款机构、其他金融中介机构、金融辅助机构和保险公司五个子部门,其他机构部门也可进一步细分,以更详尽地描述各部门的资金流动。表的主栏既列示了金融工具又列出了机构部门。因此,详细的资金流量表是部门×部门×项目的三维结构。其中宾

表 5-9 详细的资金流量表(金融资产)

以下机构的金融资产											债权类型与债务人
					金融机构						
国外	住户	NPISH	一般政府	非金融公司	中央银行	其他存款机构	其他金融中介机构	金融辅助机构	保险公司	合计	
											1. 货币黄金和特别提款权
											2. 通货和存款 ——常住者 ——非常住者

											3. 股票以外的证券
											  a. 短期
											    一、非金融公司
											    二、金融公司
											    三、政府
											    四、住户
											    五、NPISH
											    六、国外
											  b. 长期
											  (同上分组)

											4. 贷款
											  a. 短期
											    一、非金融公司
											    二、金融公司
											    三、政府
											    四、住户
											    五、NPISH
											    六、国外
											  b. 长期
											  (同上分组)

											⋮

资料来源:联合国、欧盟委员会、经济合作与发展组织、国际货币基金组织、世界银行编,《2008 国民账户体系》,中国统计出版社 2012 年版,表 11.3a—11.3b,第 273—278 页。

表 5-10　详细的资金流量表(负债)

| 以下机构的负债 | | | | | | | | | | | 债权类型与债务人 |
| | | | | | 金融机构 | | | | | | |
国外	住户	NPISH	一般政府	非金融公司	中央银行	其他存款机构	其他金融中介机构	金融辅助机构	保险公司	合计	
											1. 货币黄金和特别提款权
											2. 通货和存款 ——常住者 ——非常住者
											3. 股票以外的证券 　a. 短期 　　一、非金融公司 　　二、金融公司 　　三、政府 　　四、住户 　　五、NPISH 　　六、国外 　b. 长期 　　(同上分组)
											4. 贷款 　a. 短期 　　一、非金融公司 　　二、金融公司 　　三、政府 　　四、住户 　　五、NPISH 　　六、国外 　b. 长期 　　(同上分组)
											……

资料来源:联合国、欧盟委员会、经济合作与发展组织、国际货币基金组织、世界银行编,《2008 国民账户体系》,中国统计出版社 2012 年版,表 11.3a—11.3b,第 273—278 页。

栏显示各机构部门的资产,即资金流出;主栏表明各机构部门以及国外的负债,即资金流入。主栏与宾栏的交叉处能够详细说明某一金融工具是哪一机构部门的资产,同时又是哪一机构部门的负债(货币黄金与特别提款权除外)。详细的资金流量表能够将相关部门的资产负债变动与资金流出流入联系起来,形成了完整的金融交易三维分析模式。

第五节 资本形成与金融交易核算的应用分析

▶▶ 一、非金融投资分析

非金融投资分析主要包括投资率分析与投资结构分析两个方面。

(一)投资率分析

投资率是机构单位(部门或经济总体)的非金融投资额与可支配收入(调整后可支配收入)的比值[①],其计算公式为:

$$投资率=\frac{非金融投资总(净)额}{可支配总(净)收入};投资率=\frac{非金融投资总(净)额}{调整后可支配总(净)收入}$$

投资率可按总额或净额计算,但分子分母需保持对应关系。从收入使用来看,可支配收入中的一部分被用于即期消费,余下的部分是储蓄,而非金融投资是储蓄的进一步使用。若本国与国外的资本转移净额以及净贷出或净借入为0或数额较小,则非金融投资额与储蓄相等或差别不大,此时投资率与储蓄率相等或接近,与消费率互为余数。当净贷出(+)/净借入(-)为0时,本国应收资本转移大于应付资本转移,则投资率大于消费率,反之投资率小于消费率,说明一国投资率的大小与储蓄率密切相关,如较高的储蓄率一般会导致较高的投资率,或较低的消费率可能伴随着较高的投资率。此外,一国投资率水平的高低也与国内投资需求有关,因为国内投资需求的变化会影响一国资本转移的净额。

从层次上看,投资率可分别按机构单位、部门或经济总体计算(见表5-11)。观察可知,由于各机构部门的特点不同及作用差异,其投资率差别较大。一般来说,非金融公司部门的投资率较大,住户部门的投资率较小。由于国内各机构部门之间的资金流动,导致各部门的投资率与储蓄率不一致,如非金融公司、一般政府部门的投资率一般会大于其储蓄率,住户部门的投资率可能会小于其储蓄率;按可支配收入与调整后可支配收入计算的结果会存在一定的差异,主要表现在一般政府、为住户服务的非营利机构和住户三个部门,原因在于三个部门可支配收入与调整后可支配收入之间的差异。综

[①] 也有学者认为投资率等于资本形成总额除以支出法GDP,即从GDP的使用入手计算投资率,可研究投资与生产的关系,进而计算投资拉动率,以判别一国的经济增长类型,即投资拉动型、消费拉动型或外需拉动型(韩云虹等,2005,第145页)。

合来看,一经济体的投资率高低既与各部门投资率有关,也与各部门可支配收入或调整后可支配收入的部门构成有关。令各部门投资率为 i_i,可支配收入为 q_i,则经济总体的投资率 I 为:

$$I = \frac{\sum_{i=1}^{n} i_i q_i}{\sum_{i=1}^{n} q_i} = \sum_{i=1}^{n} i_i \times \frac{q_i}{\sum_{i=1}^{n} q_i}$$

表 5-11 投资率与储蓄率的计算

流量 \ 部门	非金融公司	金融公司	一般政府	住户	NPISH	国民经济
可支配总收入	228	25(-11)	317	1 219 (+11)	37	1 826
总储蓄	228	14	-35	215	5	427
非金融投资总额	301	8	40	59	6	414
投资率(%)	132.02	57.14	12.62	4.80	16.22	22.67
储蓄率(%)	100.00	100.00	-11.04	17.48	13.51	23.38
调整后可支配总收入	228	25(-11)	133	1 434 (+11)	6	1 826
总储蓄	228	14	-35	215	5	427
非金融投资总额	301	8	40	59	6	414
投资率(%)	132.02	57.14	30.08	4.08	100	22.67
储蓄率(%)	100.00	100.00	-26.32	14.88	83.33	23.38

因此,经济总体的投资率是各机构部门投资率的加权平均。如果两个公司部门的可支配收入份额越高,则经济总体的投资率越大。而调整一国投资率水平高低的途径包括:或者提高机构部门的投资率,或者通过收入分配环节调整机构部门的可支配收入份额。

(二) 非金融投资结构分析

非金融投资结构分析主要包括投资部门结构分析和投资内容结构分析。

1. 投资部门结构

投资部门结构又称投资主体结构,即各机构部门的非金融投资额占经济总体非金融投资额的比重。

表 5-12   各部门非金融投资结构

流量 \ 部门	非金融公司	金融公司	一般政府	住户	NPISH	国民经济
非金融投资总额	301	8	40	59	6	414
部门份额(%)	72.71	1.93	9.66	14.25	1.45	100

由表 5-12 可知,非金融公司部门的非金融投资额占经济总体非金融投资额的七成以上,是非金融投资的主要部门。住户部门的非金融投资份额也比较高,达到了 14.25%。但仅分析机构部门的投资结构还是不够的,若能将机构部门与产业部门综合起来进行分析则更有价值。在表 5-13 中,主词是产业部门分类,宾词是按机构部门分类的投资份额,该表不仅反映了各机构部门的投资份额,而且还描述了各机构部门三次产业的非金融投资格局,故与表 5-12 相比,能够提供更多的信息,如投资结构变动对产业结构调整的影响等。当然,若能对三次产业再进行细分,则所提供的信息量更多。

表 5-13   各机构部门在三次产业的投资份额   单位:%

产业部门 \ 机构部门	投资份额					
	非金融公司	金融公司	一般政府	住户	NPISH	国民经济
第一产业						
第二产业						
第三产业						
国民经济						

2. 投资内容结构

投资内容结构又称投资用途结构,是固定资本形成、库存变化、贵重物品净获得以及土地等其他非生产资产净购买等分量占非金融投资额的比重。观察表 5-14 可知,在各机构部门的非金融投资中,固定资本形成总额所占的比重最大;另一值得关注的是存货变化所占比重,如果这一比重过大,则表明产品积压较为严重。该经济体的存货变化仅为 6.76%,因此处于正常状态。

表 5-14   非金融投资内容结构分析

流量 \ 部门	非金融公司	金融公司	一般政府	住户	NPISH	国民经济
固定资本形成总额 比重(%)	280 93.02	8 100.00	35 87.50	48 81.36	5 83.33	376 90.82
存货变化 比重(%)	26 8.64	0 0	0 0	2 3.39	0 0	28 6.76

续　表

流量＼部门	非金融公司	金融公司	一般政府	住户	NPISH	国民经济
贵重物品净获得 比重(%)	2 0.66	0 0	3 7.50	5 8.47	0 0	10 2.42
土地及其他非生产资产净购买 比重(%)	−7 −2.32	0 0	2 5	4 6.78	1 16.67	0 0
非金融投资额 比重(%)	301 100.00	8 100.00	40 100.00	59 100.00	6 100.00	414 100.00

二、金融交易分析

利用金融交易核算所提供的资料,可进行资金余缺分析、金融工具类型的结构分析等。

（一）资金余缺分析

金融交易核算与资金流量表均能反映各部门的资金来源与资金占用,依据金融账户的资料(见表 5 - 15)可知,该经济体中非金融公司、金融公司、一般政府和为住户服务的非营利机构部门均属于资金不足的部门,仅有住户部门为资金有余的部门。住户部门多余的资金除弥补本国各机构部门的资金不足之外,还可以向国外贷出资金10。若有时序资料,还可进一步观察各机构部门资金余缺的动态变化。

表 5 - 15　各机构部门的净贷出与净借入　　单位:亿元

流量＼部门	非金融公司	金融公司	一般政府	住户	NPISH	国民经济
净贷出(＋)/净借入(−)	−56	−1	−103	174	−4	10

（二）金融工具类型的结构分析

不同时期的金融交易具有不同的类型组合,不同机构部门由于特点及作用不同在金融工具类型选择方面也有不同的特点。通过对金融工具类型进行结构分析,可以了解各机构部门金融资产与负债的选择特点。由表 5 - 16 可知,非金融公司部门所获取的通货与存款资产占 46.99%,股权和投资基金份额类负债占 59.71%,说明该部门获取金融资产的主要方式为通货与存款,通过负债筹措资金的主要方式是股权和投资基金份额。

145

表 5‑16　非金融公司部门资产负债变动结构

资产变化		交易和平衡项	负债和净值变化	
总量	结构（%）		总量	结构（%）
83	100	金融资产净获得		
		负债净发生	139	100
		货币黄金和特别提款权		
39	46.99	通货和存款		
7	8.43	债务性证券	6	4.31
19	22.89	贷款	21	15.11
10	12.05	股权和投资基金份额	83	59.71
1	1.20	保险、养老金和标准化担保计划	0	0
3	3.62	金融衍生工具和雇员股票期权	3	2.16
4	4.82	其他应收应付款	26	18.71

欲对比各机构部门在金融资产净获得与负债净发生方面的结构差异，可进一步计算各机构部门的资产负债变动结构（见表 5‑17），如此可更全面地了解各部门在金融投资与资金筹措方面的特点。

表 5‑17　各机构部门资产负债变动结构　　　　　　　　　单位：%

资产变化						交易和平衡项	负债和净值变化					
经济总体	NPISH	住户	一般政府	金融公司	非金融公司		非金融公司	金融公司	一般政府	住户	NPISH	经济总体
100	100	100	100	100	100	金融资产净获得						
						负债净发生	100	100	100	100	100	100
−0.23				−0.58		货币黄金和 SDR						
20.41	100	33.86	260	5.81	46.99	通货和存款		37.57	39.78			23.94
19.72	−50	5.29	−40	38.37	8.43	债务性证券	4.31	17.34	40.86	0	0	17.37
17.89	0	1.59	−30	30.82	22.89	贷款	15.11	0	9.68	73.33	100	11.03
24.54	0	34.92	−30	16.28	12.05	股权和投资基金份额	59.71	12.72	0			24.65
11.01	0	20.63	−10	4.07	1.20	保险、养老金和标准化担保计划	0	27.74	0			11.27
3.22	0	1.59	0	4.65	3.62	金融衍生工具和雇员股票期权	2.16	4.63	0	0	0	2.58
3.44	50	2.12	−50	0.58	4.82	其他应收应付款	18.71	0	9.68	26.67		9.16

　　不同的金融工具在不同机构部门的分布也是不同的,因而有必要进一步分析各金融工具的类型结构(见表 5‐18),即以金融账户为基础,分别计算各金融工具在不同部门的资产净获得比重以及负债净发生比重。例如非金融公司、金融公司、一般政府、住户和为住户服务的非营利机构部门在应收款资产方面的分布为 26.67%、6.67%、33.32%、26.67% 和 6.67%;在应付款负债方面的分布为 66.67%、0%、23.08%、10.25% 和 0%。又如股权和投资基金份额,资产的主要获取方是住户和金融公司部门,负债的主要发生方是非金融公司部门,说明非金融公司部门的主要筹资对象是住户和金融公司部门。

表 5‐18　各金融工具的类型结构　　　　　　　　　　单位:%

资　产　变　化						交易和平衡项	负债和净值变化					
经济总体	NPISH	住户	一般政府	金融公司	非金融公司		非金融公司	金融公司	一般政府	住户	NPISH	经济总体
100	0.45	43.35	−2.29	39.45	19.04	金融资产净获得						
						负债净发生	32.63	40.61	21.83	3.52	1.41	100
100				100		黄金和特别提款权						
100	2.24	71.91	−29.21	11.24	43.82	通货和存款	0	63.73	36.27	0	0	100
100	−1.16	11.63	4.65	76.74	8.14	债务性证券	8.11	40.54	51.35	0	0	100
100	0	3.85	3.85	67.95	24.35	贷款	44.68	0	19.15	23.4	12.77	100
100	0	61.68	2.8	26.17	9.35	股权和投资基金份额	79.05	20.95	0	0	0	100
100	0	81.25	2.08	14.59	2.08	保险、养老金和标准化担保计划	0	100	0	0	0	100
100	0	21.43	0	57.14	21.43	金融衍生工具和雇员股票期权	27.27	72.73	0	0	0	100
100	6.67	26.67	33.32	6.67	26.67	其他应收应付款	66.67	0	23.08	10.25	0	100

修订情况及研究趋势

　　在资本形成与金融交易核算部分,SNA‐2008 的改进主要表现在:
　　1. 资产分类。将非生产资产细分为自然资源;合约、租约和许可;外购商誉和营销资产三类。将土地改良单列为一类固定资产,以区别于土地这类自然资产。在固定资产分类中引入了信息、计算机和通信设备类固定资产(即 ICT 设备类固定资产);武器系统类固定资产(包括军舰、潜艇、军用飞机、坦克、导弹运载工具和发射架等)和知识产权产品类固定资产(包括研究和开发的成果、矿藏勘探的评估、计算机软件和数据库以及娱乐、文学或艺术品原件)。在存货变化中增加了军事存货类,如弹药、导弹、火箭和炸弹等。

与 SNA-1993 不同的是,SNA-2008 认为特别提款权是有负债对应的资产,同时引入了银行间头寸这一金融资产的新分类。

2. 核算方法的改进与完善。在非金融资产的核算部分,澄清了资产终期费用的概念、核算内容与费用的摊销方式;将研究与开发的成果定义为知识产权产品,指出应将大部分研究与开发作为资本形成处理;将 SNA-1993 中的矿藏勘探类无形固定资产改称为矿藏勘探与评估,即将评估产出处理为固定资产并包括在企业固定资本形成总额之中;将 SNA-1993 中的计算机软件类资产细分为计算机软件与数据库两个分项,明确了数据库的固定资产属性与核算方法;界定与阐述了合约、租约和许可的概念及核算方法,以及商誉和营销资产的概念与核算方法。

在金融资产的核算部分,完善了与指数挂钩的证券的核算方法,扩充了保险专门准备金的范围,即将养老金权益和标准化担保计划纳入其中,同时将雇员股票期权与金融衍生工具并列为一个项目。

除以上修订之外,SNA-2008 还提出了未来的研究议题,主要包括:

1. 拨备;
2. 股权估价及其含义;
3. 可交易的排污许可;
4. 自然资源使用或开采租赁;
5. 扩展固定资产的边界,包括其他知识产权资产在内;
6. 营销资产;
7. 贵重物品和非生产资产的所有权转移费用;
8. 在寿命期内的资产所有权转移。

思考与练习

1. 试述积累核算的意义及框架。
2. 简述经济资产及其分类。
3. 什么是生产资产与非生产资产,两者有何区别?
4. 什么是资本形成? 与中间消耗、最终消费有何区别?
5. 试述资本账户的基本结构及平衡关系。
6. 何为净贷出(＋)/净借入(一),如何理解其经济含义?
7. 试述固定资本形成总额的核算方法。

8. 简述金融交易及其分类。
9. 试述金融交易的核算原则与核算方法。
10. 简述金融账户的框架结构及平衡关系。
11. 为什么金融账户不需要平衡项？
12. 试述详细的资金流量表的基本结构。

第六章　资产负债核算

引　言

　　在国民经济运行中,流量与存量相互依存,相互制约,期初存量是国民经济运行的先决条件,期末存量是国民经济流量运行的终点,同时又是新一轮国民经济流量运行的起点。可以说,资产负债核算在整个国民经济核算体系中处于承上启下的位置,是所有经常交易的积累,又是形成期末存量的前提,有着与其他流量核算不同的特殊作用。本章将着重考察一定时点的经济存量状况,即对一国经济总体所拥有资产和负债进行核算,并结合其变动情况给予完整的描述,以使经济存量核算与经济流量核算形成一个紧密衔接的有机体系。

第一节　资产负债核算的基本问题

　　资产负债核算是以国民资产负债表或账户形式表现的,反映国民经济总体、地区或部门在一定时点上拥有各类资产和净值的状况,表明国民经济运行的起点和终结的存量规模与结构。正像微观经济主体核算"家底"时需要了解其拥有资产的种类和单价一样,资产负债核算也有资产的定义及分类与估价两大基本问题。而且,由于国民经济具有整体性、综合性和复杂性的特点,使得资产负债核算的难度更大,对基础数据的要求更高。

▶ 一、资产负债核算的意义及与流量核算的关系

　　国民经济核算,包括经济流量核算和经济存量核算。经济流量是关于国民经济运行过程中累计的投入和产出、收入和支出、消费与投资等的数量。经济存量是一定时点上积累的资产或资源等的数量。资产负债核算是关于国民经济"家底"的核算,属于存量核算,是对各个机构部门和经济总体一定时点上的资产和负债进行核算,以反映资产和负债的总量、结构及其变动状况。

　　从国民经济运行过程考察,对一个经济总体进行国民资产负债存量核算具有重要意义。因为资产负债存量与投入产出、收入支出、消费积累等经济流量之间具有密不可分的联系。各种经济流量的沉淀积累形成存量,而经济存量是经济运行的起点,构成经济流量形成的基础。一方面,资产是进行生产、创造收入的基础;另一方面,生产的价值

创造和收入分配构成了资产扩大的基本来源,各部门依据当期获得的可支配收入,在未用于消费的收入(即储蓄)基础上进行投资,从而积累起新的资产,扩大了未来时期的价值创造和收入获得能力。因此,存量核算对于预测未来的生产、收入与消费能力具有重要意义。从国民经济宏观管理来看,资产负债核算提供了反映各个机构部门经济情况的指标,提供了反映经济总体国民财富的指标。这些指标有助于监测和评估金融条件和行为、社会财富的分布状况和流动性,是进行宏观调控与管理、制定国民经济中长期发展规划和调整产业政策的基本依据。

资产负债核算作为对经济存量的核算,理应被纳入国民经济核算体系,这是构成一个完整的国民经济核算体系所必要的。按照国民资产负债核算奠基性贡献者戈德·史密斯的说法,缺少了资产负债表的国民经济核算体系,是不能被认为完整的。只有将资产负债核算纳入国民经济核算体系,并与其他四个流量核算子体系相结合,才能全面系统地反映国民经济运行全过程及所产生的综合效果。在期初资产负债的基础上,本期经济交易会导致资产负债存量的变动;此外,由于价格变化以及意外事件(如地下资源的发现或耗减、战争或其他政治事件的破坏、自然灾害的破坏等)也会导致资产负债的存量变动。因此,期末资产负债与期初资产负债有以下关系,即"期初资产负债→生产→收入分配→收入使用→积累→国外交易→资产其他物量变动与重估价→期末资产负债"。从这样一个完整的经济循环模式可以看出,国民经济的存量和流量相互依存、相互制约,国民经济就是在存量和流量循环转化中不断向前发展的。

▋▶ 二、资产负债核算的内容及其分类

SNA-2008 是一个以国民经济为整体、旨在全面反映国民经济运行过程及其结果的核算体系。因此,其中心问题是有关"经济现象和过程"的核算。也就是说,除了在环境经济综合核算中有必要将各种环境资产包括进来之外,SNA-2008 的中心框架是以"经济资产"为基础范畴来组织经济存量核算的。如前所述,纳入核算体系的经济资产必须满足两个条件:一是机构单位能够对其行使所有权;二是其所有者能够通过持有和运用它们获取经济利益,两者缺一不可。根据第一个条件,那些不在任何单位的有效控制之下的实体,如公海、空气等自然资产,都不属于经济资产;相反,当土地、森林、鸟类、鱼类等自然资源实际为某个机构单位所有,并成为其所有者的利益来源时,这种自然资产就属于经济资产。而依据第二个条件,住户拥有的耐用消费品则被排除在经济资产之外。在实际社会经济生活中,经济资产种类繁多,来源不同,存在形态也不相同,为了对其进行核算和分析,本书第五章已经给出了有关经济资产和负债的分类体系,这些分类体系在资金流量核算和资产负债核算中是协调一致的。

广义的资产负债核算包括资产负债存量核算和资产负债流量核算。资产负债存量核算是指对企业、部门、地区或国家在某一时点上所拥有的资产和所承担的负债进行的核算。资产负债存量核算主要就是编制两张表,分别是期初资产负债表与期末资产负债表。资产负债流量核算是指核算主体在两个不同时点之间所拥有资产与所承担负债的变动情况进行的核算,也就是对因积累而引起的资产负债变动进行的核算。引起资

产负债变动的原因主要分为物量因素和价格因素,其中,物量因素又分为交易因素和外生因素。因此,资产负债流量核算包括:(1)对交易因素引起资产负债变动进行的流量核算,主要编制资本账户与金融账户;(2)对外生因素引起资产负债变动进行的流量核算,主要编制资产物量其他变化账户;(3)对价格因素引起资产负债变动进行的流量核算,主要编制重估价账户。资产负债核算的完整内容如图6-1所示。

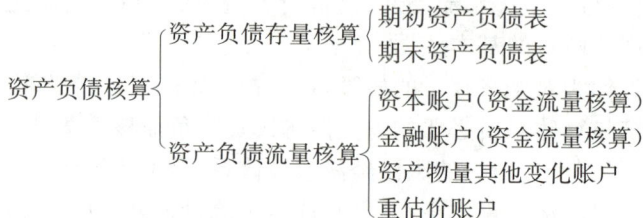

图6-1 资产负债核算的基本内容

三、资产负债核算的估价问题

在国民经济核算中,各项核算指标一般都以价值形式登录,因此资产负债的估价问题是一个既重要又比较困难的问题,它是进行资产负债核算时最为基础的一项工作。为正确解决资产负债核算的估价问题,必须遵循科学原则并采用恰当的估价方法。

(一)估价原则

1. 现行市场价格原则

作为国民经济核算体系的一个组成部分,资产负债核算的估价原则应与整个体系一致,国民经济流量是采用市场原则和现行价格计价原则,那么资产负债存量的价值核算也应贯彻现行市场价格估价这一原则。只有这样才能使流量与存量核算资料相互衔接,统一可比。资产负债核算估价的这一原则,与当前我国企业资产负债核算所采用的历史成本价格是不一致的。这里所说的现行市场价格可以是实际的,也可以是虚拟的,前者是指某些资产在市场中实际买卖的价格,后者则是某些资产因可能没有进行市场交易而估计的近似或准市场价格。

2. 一致性价格原则

对于一笔特定资产来说,交易者双方估价采用的应该是同一价格。对金融资产负债来说,债权人和债务人双方也应采用一致的价格进行估价。采用同一价格估价,保证国民资产负债的非金融资产与金融资产、金融债权与负债的增减变化的数额保持一致。

3. 重估价原则

对于某一核算时点来说,全国(地区或单位)所拥有的各种资产和负债,都是由过去不同时期形成的,但经过一段时间的经营使用,以及生产力发展等多种因素影响,它们的价值量、市场价格及与价格相联系的市场利率、汇率会发生许多变动。这些变动必然引起资产负债的名义价值与实际价值相背离,账面价值不能反映实际情况。所以核算时需要进行重估价调整。

（二）估价方法

关于资产负债核算的估价方法的理论与实践有很多种,常用的方法有以下几种:

1. 现行市价法

现行市价法又称销售比较法。这种方法是将需要估价的资产负债项目与其他同类资产负债项目的现行市场价格相比较,来确定其价值。在实际应用中,现行市价法又有几种不同的估价方法:一是市场测定价值法,即直接根据资产负债在市场上的成交价格来估算其价值;二是市场价格参照法,它是以市场上相同的或类似的交易价格为参照物,来确定需要核算的各个资产负债项目的价值;三是市场折余法,以同样资产在全新条件下,按现行市场价格核算的价值量,减去已使用年限也按现行市场价格核算的累计折旧额后的余额,作为被估计资产的价值。这三种方法都是通过销售价格比较来确定价值,较多地考虑了市场变动因素,运用较为灵活,适用于各种固定资产、存货和负债,只是操作起来具有一定的随意性,难以掌握统一标准。

2. 重置成本法

重置成本法是将过去积累形成的资产,按现在市场上交易成交价格重新核算的资产价值。具体操作上,重置成本法可以分为两种:一是复原重置成本法,指按照现行市场价格购置与原资产技术、质量完全相同的资产所需要的成本;二是更新重置成本法,指按照现行市场价格购置与原资产相似和功能相同的,但采用新技术、新材料制造的资产所需要的成本。一般来看,使用更新重置成本法更有利于技术进步,估算的资产价值也与实际价值比较接近,但由于它需要较多经济数据,实际操作有一定难度。

3. 价格指数法

价格指数法是以各类资产购置年度为基期,计算出各类资产的定基价格指数,利用这些指数对各类资产的价值进行重新估算。这种方法的关键在于准确编制各类资产价格指数。通常构造较长时期的合适价格指数在理论上和实践上都有难度。价格指数法适用于无法获取当期资产价格,但拥有该资产的完整价格序列的情况。

4. 收益现值法

收益现值法通过测算出被估值资产的未来预期收益现值,并按照一定的贴现率估算资产的价值。在收益现值法中,未来预期收益和贴现率是确定资产估算价值的两个基本因素。未来预期收益是依据该项资产在运行寿命期限内发展变化的诸多影响因素(如矿产开采、管理水平、社会环境等)来综合考虑确定。贴现率是把未来资产折算成现实资金(即现值)的比率,可以根据一般市场利率加上一定的风险收益率来确定。收益现值法通常适用于生产资产中的固定资产和其他非金融资产(如资源资产、无形资产等)。

5. 汇率调整法

汇率调整法是以被估计资产的实际购置价格为基础,用外币汇率变动指数调整确定资产的估算价值。外币汇率指数是以资产重估时的汇率与资产购置时汇率相对比的相对数。汇率调整法适用于少数的、以外汇进口的技术设备及受汇率影响较大的一些资产的估价问题。

6. 永续盘存法

永续盘存法(perpetual inventory method,PIM)是 SNA - 2008 推荐用来对固定资

产存量、固定资产折旧以及固定资产残余净值进行估价推算的方法。它的基本思路是对历年投资形成的且界定了使用年限的固定资产进行重估价,然后选用合适的折旧方法确定固定资本损耗,最后同时考虑固定资本损耗和资产报废,逐年推算得到编表时点的资本存量、固定资本损耗和资本存量净额。应用这个方法需要有固定资产形成总额、固定资产价格指数、固定资产损耗或固定资产使用年限等数据。要考虑资产磨损和退役,进行两次价格转换,最后才能得到核算期当期价格的固定资产净值。现应用联合国统计处例子说明永续盘存法在固定资产估价中的应用(数据和推算过程见表6-1)。

表6-1 根据固定资产流量推算固定资产存量的永续盘存法

行	项目	价格基础	年份(t)							
			1	2	3	4	5	6	7	8
a	固定资本形成总额	现价	500	735	848	920	1 150	1 560	2 600	2 700
b	固定资产价格指数	定基指数	100	105	106	115	115	120	130	150
c	固定资本形成总额	不变价	500	700	800	800	1 000	1 300	2 000	1 800
d	年末固定资产总量	不变价	500	1 200	2 000	2 800	3 300	3 900	5 100	6 100
e	固定资本损耗	不变价	125	300	500	700	825	975	1 275	1 525
f	固定资本形成净额	不变价	375	400	300	100	175	325	725	275
g	年末固定资产净存量	不变价	375	775	1 075	1 175	1 350	1 675	2 400	2 675
h	年末固定资产净存量	现价	375	814	1 140	1 351	1 552	2 010	3 120	4 013
k	固定资本损耗	现价	125	315	530	805	949	1 170	1 658	2 288
l	重估价后的持有损益	现价	—	19	8	96	—	68	168	481

注:本表引自联合国统计处《关于国民经济核算体系的国民和部门资产负债表及协调账户的临时国际指导》(1977),第112页。为简化起见,例中假设第1年以前的存量为零,采用直线折旧法,且固定资产使用年限为4年。计算过程中原表中的i行和j行从略。

在表6-1中,a与b行的数据已知。其中a行数据为各年固定资产形成总额(按现行价格计算),各年固定资产价格指数即b行,t表示年份,则永续盘存法的具体估算程序如下(由于假定固定资产使用年限为4年,此处以第5年数据为例说明)。

(1)先把历年按现价计算的固定资产形成总额统一换算为按基年(即第一年)价格计算的固定资产形成总额即c行,其计算公式为:

$$c_t = a_t \div b_t, \quad c_5 = 1\ 150 \div 115\% = 1\ 000$$

(2)求按第一年价格(不变价)计算的年末固定资产存量即d行,因为假定资产使用期限为4年,所以第5年就应该将第5年之前连续4个年份不变价计算的固定资产形成总额相加,其计算公式为:

$$d_t = c_{t-3} + c_{t-2} + c_{t-1} + c_t, \quad d_5 = 700 + 800 + 800 + 1\ 000 = 3\ 300$$

(3)求不变价计算的固定资产消耗即e行,这是将不变价计算的年末固定资产存量除以固定资产使用年限L(本例为4年),其计算公式为:

$$e_t = d_t \div L, \quad e_5 = 3\,300 \div 4 = 825$$

（4）求不变价计算的固定资产存量净额年度增加额即 f 行，以某年的固定资产形成总额减该年资本消耗，计算公式为：

$$f_t = c_t - e_t, \quad f_5 = 1\,000 - 825 = 175$$

（5）求不变价计算的年末资产存量净额即 g 行，由上年度的年末固定资产存量净额加该年年末资产存量净额年度增加额，计算公式为：

$$g_t = g_{t-1} + f_t, \quad g_5 = 1\,175 + 175 = 1\,350$$

（6）推算出按现行价格计算的年末固定资产存量净额即 h 行，这是按某年年末固定资产存量净额乘以该年价格指数，其计算公式为：

$$h_t = g_t \times b_t, \quad h_5 = 1\,350 \times 115\% = 1\,552.5$$

（7）推算按现行价格计算的固定资产消耗即 k 行，按不变价计算的某年固定资产消耗乘以该年的价格指数，计算公式为：

$$k_t = e_t \times b_t, \quad k_t = 825 \times 115\% = 948.75$$

（8）推算资产重估价（即因价格变动形成的资产持有收益）l 行，这是按现价计算的年末资产存量净额减去年末资产存量总额与现价的固定资产消耗之差，计算公式为：

$$l_t = (h_t - h_{t-1}) - (a_t - k_t), \quad l_5 = (1\,552 - 1\,351) - (1\,150 - 949) = 0$$

上述过程利用永续盘存法推算出期末固定资产存量净额，同时也附带推算出该期固定资产消耗与重估价所持有的资产损益，这是永续盘存法的优点。但对于核算基础较为薄弱的我国，除了固定资本形成总额之外，永续盘存法所要求的历年固定资产投资价格指数和使用年限等数据目前是较难得到的。因此，在永续盘存法的实际运用中，就不得不借助于各种简化假设或变通处理，这在一定程度上影响到估算的准确性。

第二节　资产负债存量核算

广义的资产负债核算包括资产负债存量核算和资产负债流量核算。资产负债存量核算主要目标是在特定核算时点上，分别对各机构部门系统记录其持有的资产与承担的负债，以及由此决定的资产净值，最后通过国民资产负债表对核算结果予以系统表述。

一、资产负债存量核算的基本思路

资产负债核算的对象是一个经济总体内所有常住单位所拥有的资产、负债及其净值。其中，常住单位被归纳为非金融公司部门、金融公司部门、政府部门、为住户服务的非营利机构部门和住户部门;所持有的资产为第五章所定义的经济资产,负债则与金融资产对称存在,而净值是资产和负债相抵后的平衡项。所以,资产负债核算的主要内容就是如何分机构部门对不同类型的资产进行核算。

理论上说,资产价值由数量和价格两个变量所决定,进行资产负债核算,也应从这两方面入手。但是现实中,资产负债核算是按照机构单位以及机构部门核算进行的,其所拥有的资产涉及不同种类,许多时候所搜集的数据无法针对特定资产区分数量和价格,而是表现为各个机构单位所记录的资产总价值,这时,就需要就资产价值本身进行核算。总体来看,进行资产负债核算、编制国民资产负债表有两种方法:直接法和间接法。直接法是直接搜集有关经济存量的数据资料,根据国民资产负债核算的原则和方法对这些数据资料进行分解、归并、调整,最后估算出各部门资产负债核算数据;间接法是指在已经具备基准年度资产负债核算数据前提下,通过各种流量核算数据,外推出该核算时点的资产负债数据。

不同类型的资产具有不同的特征和属性,形成于不同的经济部门和经济活动,需要使用不同的估价方法,因此其核算方法常常有很大的不同。以下就不同资产类型分别予以讨论。

▋▋▶ 二、非金融资产的估价

对于非金融资产需要区别生产资产和非生产资产,生产资产是 SNA - 2008 生产范围内作为生产过程的产出而形成的非金融资产,而非生产资产是通过生产过程以外的方式形成的非金融资产。

(一) 生产资产的估价

对于固定资产,应当按照相同技术规格和使用年限的资产在市场中的通行价格进行估价。在实际中,假如无法获得详细信息,必须求助于其他方法进行估价。最通行的估价方法是:用资产负债表期初(或获得新资产的时间)价值加上核算期内资产的重估价因素,减去核算期内估算的固定资本消耗以及任何其他物量变化和处置价值。在计算固定资本消耗价值时,即使得不到完全的市场信息,也要对该资产价格的下降进行假设,并应当用部分信息检查该假设是否与此相一致。其中,住宅可以从新住宅销售和现有房屋销售中获得足够的信息,用以估算资产负债表中全部住宅的价值。土地价值能够依据最初实施改良的价值记录,并要进行适当的重估价。对现有汽车、飞机及其他运输工具,市场有足够的代表性以对这些存量的估价进行有用的价格观测,或者至少可与永续盘存法的假设相衔接。对于现有工业厂房和设备,观测到的市场价格却未必适用于确定资产负债表中的价值,可以采用综合物价指数对其原始购建价值调整得到一个近似市场价格。对于矿藏勘探和评估,要么以根据合同支付给其他机构单位的总额为基础进行估价;要么以自己勘探所发生的费用为基础进行估价。知识产权产品的原作,如计算机软件和娱乐、文学或艺术原创,应当基于其最初成本经减记的价值,以现期价格进行重估价。

对于存货,应当用资产负债表编表日期的价格进行估价,而不是用产品进入存货时的价格进行估价。在资产负债表中,存货的数据常常通过调整会计中存货的账面价值来进行估算。在 SNA - 2008 的其他情况下,材料和用品存货按购买者价格估价,制成品和在制品存货按基本价格估价。对于在制品存货,资产负债表期末价值等于期初资产负债表的价值,加上当期发生的投入,并根据核算期间内的价格变化而进行必要的重估价。人类活动培育的正在生长的一次性农作物(包括林木)以及为屠宰而饲养的牲畜,也视为在制品存货。对正在生长的林木,常规估价方法是,扣除林木培育、伐木等费用,确定销售林木的未来收益,然后贴现为现期价值。在大多数情况下,其他农作物和牲畜可以参考此类产品的市场价格进行估价。

对于贵重物品,考虑到贵重物品的基本作用是价值储藏,特别需要按现期价格对艺术品、古董、珠宝、宝石和贵金属进行估价。对于有良好组织程度的市场,贵重物品应当按资产负债表编表日期的实际购买价格或估算的购买价格估价,其中不包括销售者应付的代理人费用或佣金。从获得方进行估价时,要对这些物品以购买者支付的价格估价,包括代理人费用和佣金。如果缺乏有组织的市场,则可参考相关信息进行估价,比如以防火、防盗等投保价值对贵重物品进行估价。

(二) 非生产资产的估价

对于自然资源,原则上,记录在资产负债表之自然资源项下的土地价值,不包括土地改良的价值以及土地之上建筑物的价值。土地的现期市场价值会因为其位置不同以及用途不同而有明显区别。因此,需要识别每一块土地的位置和用途或土地的地域范围,然后予以估价。对于其上有建筑物的土地,有时市场可以直接提供土地价值的数据。但最常见的情况是无法获得这些数据,此时较通用的方法是,根据价值评估报告计算场地价值与建筑物价值的比率,然后利用建筑物的重置成本或土地和建筑物的合并市场价值,推算出土地的价值。一些被认为有经济价值的非培育性生物资源、水资源及其他自然资源也包括在资产负债表中,但其中不含与其相应的土地的价值。通常情况下自然资源由于无法获得可观测到的价格,通过预期未来收益的现值进行估价。

对于合约、租约和许可,其可能是在市场运作的使用自然资源的租约和许可证,也可能是开展某项活动的许可,以及未来货物和服务专用的授权。合约、租约合同只在法律协议使持有者的受益超出了支付给自然资源出租人、所有者或许可发放者的价格,并且在法律上和实际上得到持有者时才被作为资产。只有在资产价值较大且可以认定、并有必要的合适市场价格时才对这些资产进行记录。一旦超出合同协议时间,资产价值会随着合同剩余期限的缩短而下降。

对于商誉和营销资产,资产负债表记录的是企业被接收或营销资产被出售时出现在金融账户上的摊销后价值,这些记录不进行重估价。

▶▶ 三、金融资产(负债)的估价

金融资产(货币黄金和特别提款权除外)和负债是对称存在的,因此,负债的估价要依附于金融资产的估价,两者应该保持一致。金融资产的估价和存量核算需要区分两类情况:一类在有组织的金融市场上经常进行交易;另一类则不存在这样的交易。根据一般资产负债估价原则,在有组织的金融市场上经常进行交易的金融资产和负债,应该按照现期市场价格估价;不在有组织的金融市场上经常进行交易的金融资产和负债,则应该按照债务人为清偿债务必须向债权人支付的金额估价。以下结合具体资产类别探讨相关估价方法。

货币黄金应按在有组织的市场上形成的价格或中央银行之间双边协议确立的价格来估价。特别提款权的价值可按国际货币基金组织根据货币篮子每日决定的市场价格估价。

通货按其面值估价,存款应按债务人依照存款条件及合同义务应向债权人偿还的货币额估价。

对于债务性证券,短期证券及对应的负债应以其当期市场价值进行估价。长期证券应当始终按其市场价格估价,无论它们是定期支付利息的债券,还是付息很少的高贴现债券或不付息的零息票债券,其价格随时间发生的利息包括在内(即含息价)。对于指数化债务证券,在资产负债表中也应按照市场价格估价,而不管与证券相挂钩的指数具有何种特点。

对于贷款,债权人和债务人的资产负债表中都要记录的贷款价值,是指未偿付本金的数额。这个数额中包括已产生但未付的利息,还应当包括间接测算的由该项债务所承担的已产生但未付的服务费用的数额(银行利息与 SNA - 2008 利息的差)。如果有贷款的二手市场,而且可以得到市场报价单,就应将此类贷款重新归类为证券。如果贷款的本金是指数化的,或本金和利息是某种外币的指数,则应按上述具有类似特征的债券相同的方法处理。

对于股权和投资基金,上市股票会在证券交易所或有组织的金融市场中有规则地交易。在资产负债表中应以现期价格估价。对于未上市股票,可能没有可观测的市场价格。在无法获得实际市场价值时,需要进行估算。可采取各种接近直接投资企业中股东权益市场价值的方法。货币市场基金和其他投资基金中的份额(或单位)可以用股权中所建议的类似方法估价。上市基金份额采用基金份额的市场价格估价。未上市基金份额则可从上述未上市股权估价方法中选择某一种方法估价。

对于保险、年金、养老金以及标准化担保计划,应按实际的或估算的现期价格估价。对于金融衍生工具,期权应当以期权的现期价值估价,或以应付权利金的数额估价。远期合约以市场价值记录。雇员股票期权(ESOs)应根据所授予的权益工具的公允价值进行估价。

对于其他应收/应付款,商业信用、预付款和其他应收或应付项目(如税、红利、地租、工资和薪金、社会缴款),对债权人和债务人来说,都应按债务清偿时债务人有合同义务向债权人支付的本金额估价。产生于其他应收/应付款上的利息应包括在内,但通常而言,产生于债券上的利息则要作为该项资产的价值增长记录。

▐▶ 四、国民资产负债表

资产负债存量核算的主要形式是通过编制各种资产负债表进行的。实践操作环节中,国民资产负债核算中的资产负债表可以在单个机构部门和经济总体两个层次加以编制。单个机构部门资产负债表的编制方法相对简单,其一般形式为上述的账户形式。经济总体的资产负债存量核算则相对复杂,一般不采用账户形式,而是将各个机构部门资产负债表和部门核算资料按照一定的方式组合起来,编制平衡表式的国民资产负债表。

（一）资产负债表的账户形式

资产负债表旨在完整反映某一时点上各种资产与负债的总量、结构和平衡关系,国民经济核算中的资产负债表与企业资产负债表具有相似的结构。它依据一般账户原理,通常采用 T 字账户格式,左边记录资产项目,反映机构单位、机构部门乃至整个国民经济的各种非金融资产和金融资产;右边记录负债和净值项目,反映机构单位、机构部门和整个国民经济的各种负债和净值。按照是否对机构部门进行分组,资产负债核算可以分为简单账户和综合账户两种形式。

1. 简单账户形式

简单账户形式的资产负债表对核算主体不做任何分组,只列出资产、负债和净值的核算指标,如表 6-2 所示。

表 6-2　经济总体的期初资产负债表　　　　　　　　　　　　单位：亿元

资　　　　　　　　产		负　债　和　净　值	
非金融资产	4 621	负债	7 762
生产资产	2 818		
非生产资产	1 803	净值	5 090
金融资产	8 231		
合　计	12 852	合　计	12 852

资料来源：联合国、欧盟委员会、经济合作与发展组织、国际货币基金组织、世界银行编,《2008 国民账户体系》,中国统计出版社 2012 年版,第 499 页。

表 6-2 中的数据展示了期初核算总体的资产和负债状况：总资产 13 657 亿元,包括非金融资产 4 621 亿元,金融资产 9 036 亿元;总负债 9 036 亿元。账户中的净值 4 621 亿元是平衡项目,表明核算主体在这一时点上拥有的自有资产净值为 4 621 亿元。

资产负债账户既可以按地区或国家编制,也可以按机构部门或机构单位编制。就机构单位或机构部门而言,净值概括地反映了供其支配的金融资源和非金融资源;就经济总体而言,净值就是其国民财产或国民财富的价值表现。

2. 综合账户形式

综合账户形式的资产负债表则按机构部门分组,形成各机构部门及整个国民经济的资产负债一览表式,资产负债项目在 T 字账户中间,左边为各机构部门的资产方,右边为各机构部门的负债方和净值方。综合账户形式的资产负债表如表 6-3 所示。综合账户形式的资产负债账户不仅反映各机构部门及整个国民经济的资产负债和资产净值总量,而且反映整个国民经济的资产负债和资产净值的结构。

表6－3 综合账户形式的资产负债表

单位：亿元

资产									项目	负债和净值								
合计	货物和服务	国外	经济总体	为住户服务的非营利机构	住户	一般政府	金融公司	非金融公司		非金融公司	金融公司	一般政府	住户	为住户服务的非营利机构	经济总体	国外	货物和服务	合计
4 621			4 621	159	1 429	789	93	2 151	非金融资产									
2 818			2 818	124	856	497	67	1 274	非金融生产资产									
2 579			2 579	121	713	467	52	1 226	固定资产									
114			114	1	48	22		43	存货									
125			125	2	95	8	15	5	贵重物品									
1 803			1 803	35	573	292	26	877	非金融非生产资产									
1 781			1 781	35	573	286	23	864	自然资源									
22			22			6	3	13	合约、租约和许可									
									商誉和营销资产									
9 036		805	8 231	172	3 260	396	3 421	982	金融资产/负债	3 221	3 544	687	189	121	7 762	1 274		9 036
770			770			80	690		货币黄金和特别提款权						0	770		770
1 587		105	1 482	110	840	150		382	通货和存款	40	1 281	102	10	38	1 471	116		1 587
1 388		125	1 263	25	198	115	835	90	债务性证券	44	1 053	212	2		1 311	77		1 388
1 454		70	1 384	8	24	12	1 290	50	贷款	897		328	169	43	1 437	17		1 454
2 959		345	2 614	22	1 749	20	543	280	股票和投资基金份额/单位	1 987	765	4			2 756	203		2 959
496		26	470	4	391		50	25	保险、养老金和标准化担保计划	12	435	19		5	471	25		496
21		0	21	0	3	0	13	5	金融衍生工具和雇员股票期权	4	10				14	7		21
361		134	227	3	55	19		150	其他应收/应付款	237		22	8	35	302	59		361
									净值	−88	−30	498	4 500	210	5 090	−469		4 621

资料来源：联合国、欧盟委员会、经济合作与发展组织、国际货币基金组织、世界银行编，《2008国民账户体系》，中国统计出版社2012年版，第499页。

(二) 资产负债表的基本结构

资产负债表是采用简单"加总法"将各个机构部门资产负债表和部门核算资料组合起来而得到的,汇集了关于资产、负债以及净值存量核算的结果。与资金流量表的结构相似,国民资产负债表也采用资产与负债项目×机构部门二维矩阵平衡表形式,行标题列示各类资产和负债以及净值,列标题列示机构部门和经济总体,每一个机构部门都设有两列:一列为使用,表示资产存量;另一列为来源,表示负债和净值存量。

资产负债表可以在机构单位、机构部门以及经济总体等不同层次上编制。对于机构单位(如企业)而言,资产负债表是重要的财务报表之一,但是企业财务报表中的资产负债表与国民资产负债表存在一定的差异,不仅仅表现在资产分类和计价方法的不同,而且在基本结构上也有差别。财务报表中,资产负债表的基本结构是资产、负债和所有者权益,而国民资产负债表的基本结构是资产、负债和净值。从逻辑上讲,机构部门和经济总体的资产负债表是机构单位资产负债表的合并,在合并过程中将各机构部门内部各机构单位之间的金融债权债务关系相互抵消,从而得到各机构部门以及经济总体的非金融资产存量、对其他部门(包括国外)的金融债券债务以及资产净值。

根据《中国国民经济核算体系(2002)》,我国国民资产负债表的基本表式见表6-4,从表6-4可以看出,资产核算负债表的横栏包括三个部分:(1) 非金融资产项目,反映国内各机构部门、经济总体的非金融资产总规模及构成情况;(2) 金融资产与负债项目,其中国内金融资产与负债项目反映国内各机构部门、经济总体的金融资产与负债的状况及机构部门之间的债权债务关系;国外金融资产与负债项目反映各机构部门与国外部门由于资本往来和金融交易形成的资产负债存量状况;储备资产项目反映国家对外支付能力;(3) 资产负债差额(净值)反映各机构部门和经济总体的资产与负债相抵后的净值,它是各机构部门及经济总体的主要财富和经济实力的最终体现。资产负债表纵列中的机构部门包括:非金融企业部门、金融机构部门、政府部门、住户部门和国外部门。

(三) 资产负债表的主要平衡关系

从表6-4可以看出,国民资产负债表的平衡关系主要有以下几种:

(1) 从纵列看,对每一个部门以及经济总体内部,资金使用方合计等于资金来源项合计,即有:非金融资产＋国内金融资产＋国外金融资产＋储备资产＝国内金融负债＋国外金融负债＋资产负债差额(资产净值)。

(2) 从横行看,对每一个资产负债项目,都有各部门使用(来源)方合计等于总计栏"使用"("来源"),比如,各部门固定资产加总起来,等于总计栏的固定资产;进一步地,对各个金融资产负债项目,则有:各部门使用方(资产)合计等于各部门来源方(负债)合计,这样,通过资产与负债之间的对称关系,反映了基于存量的各部门间的信用关系。

(3) 从经济总体来看,资产净值代表国民财富,可以从国民资产负债表的不同角度计算,分别体现着不同的经济关系;从与国内各机构部门关系看:国民财富等于国内各机构部门净值之和;从资产负债平衡关系看,国民财富等于国内合计栏下使用方(资产)合计减去来源方(负债)合计的余值;从一国整体及其与国外对应关系看,国民财富等于国内非金融资产与对外金融净资产的合计,对外金融净资产是对外金融资产(包括储备资产)减对外负债的净值。

表 6-4　我国国民资产负债表的基本表式

部门\项目	非金融企业部门		金融机构部门		政府部门		住户部门		国内部门		国外部门		总计	
	使用	来源	使用	来源	使用	来源	使用	来源	使用	来源	使用	来源	使用	来源
	(1)	(2)	(3)	(4)	(5)	(6)	(7)	(8)	(9)	(10)	(11)	(12)	(13)	(14)
一、非金融资产														
（一）固定资产														
其中：在建工程														
（二）存货														
其中：产成品和商品														
库存														
（三）其他非金融资产														
其中：无形资产														
二、金融资产/负债														
（一）国内金融资产与负债														
通货和存款														
贷款														
证券														
股票及其他股权														
保险准备金														
其他														
（二）国外金融资产与负债														
直接投资														
证券投资														
其他投资														
（三）储备资产														
其中：货币黄金、外汇储备														
三、资产负债差额（资产净值）														
四、资产、负债与差额总计														

资料来源：国家统计局编，《中国国民经济账户体系 2002》，中国统计出版社 2003 年版。

第三节 资产负债流量核算

在国民经济运行过程中,无论是经济总体还是各机构部门,其资产和负债项目不断发生着物量变化和价格变化。资产存量从期初到期末都发生了一定的变动。本节将具体考察这种变动是如何引起的,如何对这种变动进行系统的核算。

一、资产负债变动核算概述

在对期初和期末资产负债表进行动态考察时,可能会发现资产负债核算记录的是资产负债的价值量,资产和负债的变化并没有在资产负债表中反映出来,对这些变化的核算就是资产负债流量核算。资产负债存量变化可以从两个角度来解释,即物量变化和价格变化。所谓资产物量变化,是指由外生因素引起的资产物量变化;而资产价格变化一方面取决于经济整体价格水平的变化,另一方面也存在不同资产价格的相对变化。价格变化只引起资产价值量变化,而不会影响到资产实际数量。

二、资产物量其他变化账户核算

资产物量其他变化是指由于机构单位无法控制的外生因素或事件发生而导致的资产和负债的数量变化。诸如新的资源的发现、战争或其他政治事件、自然灾害的破坏、资产所属机构单位和资产分类的变化以及机构部门结构变化等因素引起的资产数量的增减变动。资产物量其他变化账户就是为了记录这些意外事件引起的资产和负债数量变化而设置的,其目的在于对期末资产负债存量数据加以调整。尽管相对于交易导致的资产负债存量变化来说,资产物量其他变化处于次要位置,但从国民经济核算体系的角度考虑,资产物量其他变化账户核算具有重要意义。

资产其他物量变化的内容极为庞杂。为了进行核算,一般结合资产分类和变动的方式,把资产其他物量变化分为以下几种类型:非金融资产的经济出现、非培育生物资源的自然生长、非生产资产的经济消失、巨灾损失、无偿没收、其他物量变化以及分类和结构变化等。

(1)非金融资产的经济出现,是指非生产过程产物的物品,第一次被列入到资产范围而出现在资产负债表中。一般可以分为两种情形:一是非生产资产的经济出现,例如,可开采地下资源储量的增加,从未利用的自然资产向经济活动的首次转移,非生产资产经济用途变化引起的资产质量上升,无形非生产资产的出现等。二是生产资产的经济出现,如贵重物品或古迹首次被发现或承认。

(2)非培育生物资源的自然生长,是指不受机构单位控制、负责和管理的自然林木和生物资源的自然增长。

(3)非生产资产的经济消失,是指非生产资产存量在资产负债表中的减少。在资产负债核算中,经济活动对非生产资产的使用无法在中间消耗、最终消费和非金融投资这些环节得到记录,只能作为经济消失记录为资产其他物量变化。例如开采造成的地下资产储量减少,砍伐造成的森林耗减,由于经济活动引起的土地或水源质量退化,由于经济用途变化引起的非生产资产质量下降,购买的商誉、可转让合同等的注销和撤销及专利保护的结束等。

(4)灾害损失,是指可能毁灭所有类型资产的大规模的、偶然发生的事件,如自然灾害、政治事件以及诸如大量有毒物质泄漏等技术事故。例如地震导致建筑物和设备的毁坏,特大旱涝导致土地质量退化,火灾或政治事件导致货币或无记名证券的毁坏等,都属于巨灾损失。

(5)无偿没收,是指政府或其他机构单位以纳税和罚款之外的理由,占有包括非常住单位在内的机构单位的资产而不予以全额赔偿,之所以不包括征税或罚款,是因为这些属于强制性转移,在生产核算和收入分配核算中记录。

(6)未另分类的非金融资产物量变化,包括固定资产的意外淘汰,固定资本消耗中的正常损坏补偿金和实际损失之间的差额,生产设施在完工或投入使用前的废弃,存货的异常损失等。

(7)未另分类的金融资产物量变化。大多数金融资产是在债务人承认未来向债权人付款的义务时产生,在债务人履行付款义务后取消。对于那些不存在对应负债的金融资产,不可能通过这样的途径产生或消失,如特别提款权的分配和取消。此外,还有一些金融资产的消失是事先不可预测的,如债权人注销坏账。对于这些金融资产的变化,也属于资产其他物量变化核算的内容。

(8)分类和结构变化,包括机构单位分类变化和结构变化、资产和负债的分类变化。将一个机构单位从一个机构部门重新归类到另一个机构部门,或机构部门内部结构发生变化所导致的资产负债的转移、黄金的货币化或非货币化、土地用途变化等,都属于这一类变化。

资产和负债都可能经历上述各种物量变化,如果核算期内资产其他物量变化和负债其他物量变化不相等,则两者的差额就是由资产其他物量变化导致的净值变化。账户详细变化情况见表6-5、表6-6、表6-7。

三、重估价账户核算

在国民经济核算中,对于经济交易采用交易发生时的市场价格估价,对于资产和负债,则应按编制资产负债表时的市场价格或重置价格估价。依据这一估价原则,必然导致从期初到期末,任何价格的变动都会引起有关资产或负债的价值量发生增减变动,从而给持有者带来一定的收益或损失。具体说,当一笔特定资产的价值增加或者一笔特定负债的价值减少时,都可以给其持有者带来相应的持有收益;当一笔特定资产的价值减少或一笔特定负债的持有损益的价值增加时,都会给其持有者带来相应的持有损失。总之,有关资产或负债的持有损益是以它们各自对净值变动的影响来判断的,增加净值即为收益,减少净值则为损失。所以,对于负债的损益,要按照与资产的损益相反的方

表6-5 资产物量其他变化情况账户——由外部事件引起的资产变化（综合账户形式）

单位:亿元

资产变化									项目	负债和净值变化								
合计	货物和服务	国外	经济总体	NPISH	住户	一般政府	金融公司	非金融公司		非金融公司	金融公司	一般政府	住户	NPISH	经济总体	国外	货物和服务	合计
33			33	0	0	7	0	26	资产经济出现									
−11			−11	0	0	−2	0	−9	非生产性非金融资产经济									
−11			−11	0	0	−6	0	−5	巨灾损失消失									
−9			−9			−4		−5	生产性非金融资产									
−2			−2			−2			非生产性非金融资产									
0			0				0		金融资产/负债									
0			0	0	0	5		−5	无偿没收									
0			0			1		−1	生产性非金融资产									
0			0			4		−4	非生产性非金融资产									
0			0						金融资产/负债									
2			2	0	0	0	1	1	未分类的物量其他变化	0	0	0	1	0	1			1
1			1	0	0		1	1	生产性非金融资产									
0			0	0	0				非生产性非金融资产									
1			1	0	0	0	1		金融资产/负债	0	0	0	1	0	1			1
0			0	0	0	−4	−2	6	分类变化	0	0	2	0	0	2			2
13			13	0	0	0	−1	14	物量其他变化合计	0	0	2	1	0	3			3
−7			−7	0	0	−3	−2	−2	生产性非金融资产									
17			17	0	0	3	0	14	非生产性非金融资产									
3			3	0	0	0	1	2	金融资产	0	0	2	1	0	3			3
									由资产物量变化引起的净值变化	14	−1	−2	−1	0	10			

资料来源：联合国、欧盟委员会、经济合作与发展组织、国际货币基金组织、世界银行编《2008国民账户体系》，中国统计出版社2012年版，第206页。

表6-6　资产物量其他变化情况账户——由分类变化引起的资产变化（综合账户形式）

单位：亿元

资产变化									项　目	负债和净值变化							
合计	货物和服务	国外	经济总体	为住户服务的非营利机构	住户	一般政府	金融公司	非金融公司		非金融公司	金融公司	一般政府	住户	为住户服务的非营利机构	经济总体	国外	货物和服务	合计
33			33	0	0	7	0	26	资产经济出现									
−11			−11	0	0	−2	0	−9	非生产非金融资产经济消失									
−11			−11	0	0	−6	0	−5	巨灾损失									
0			0	0	0	5	0	−5	无偿没收									
2			2	0	0	0	1	1	未另分类的物量其他变化	0	0	0	1	0	1		1	
0			0	0	0	−4	−2	6	分类变化	0	0	2	0	0	2		2	
2			2	0	0	−4	0	6	部门分类和结构的变化	0	0	2	0	0	2		2	
2			2			−3		3	生产性非金融资产									
0			0			−1		1	非生产性非金融资产									
2			2					2	金融资产	0	0	2	0	0	2		2	
−2			−2	0	0	0	−2	0	资产和负债分类的变化	0	0	0	0	0	0		0	
−2			−2			0	−2	0	生产性非金融资产									
0			0					0	非生产性非金融资产									
0			0	0	0	0	0	0	金融资产	0	0	0	0	0	0		0	
13			13	0	0	0	−1	14	物量其他变化合计	0	0	2	1	0	3		3	
−7			−7	0	0	−3	−2	−2	生产性非金融资产									
17			17	0	0	3	0	14	非生产性非金融资产									
3			3	0	0	0	1	2	金融资产	0	0	2	1	0	3		3	
									由资产物量变化引起的净值变化	14	−1	−2	−1	0	10			

资料来源：联合国、欧盟委员会、经济合作与发展组织、国际货币基金组织、世界银行编，《2008国民账户体系》，中国统计出版社2012年版，第209页。

表 6-7　资产物量其他变化情况账户——按资产类型分的资产变化（综合账户形式）

单位：亿元

合计	资产变化								项　目	负债和净值变化								合计
	货物和服务	国外	经济总体	为住户服务的非营利机构	住户	一般政府	金融公司	非金融公司		非金融公司	金融公司	一般政府	住户	为住户服务的非营利机构	经济总体	国外	货物和服务	
13			13	0	0	0	-1	14	物量其他变化合计									
-7			-7	0	0	-3	-2	-2	生产性非金融资产									
-2			-2			-3		1	固定资产									
-3			-3					-3	存货									
-2			-2						贵重物品									
17			17	0	0	3	-2	14	非生产性非金融资产									
11			11	0	0	1	0	10	自然资源									
6			6			2	0	4	合约、租约和许可									
0			0					0	商誉和营销资产									
3			3	0	0	0	1	2	金融资产	0	0	2	1	0	3			3
0			0						货币黄金和特别提款权						0			0
0			0						通货和存款									
0			0						债务性证券									
0			0						贷款			2	1		2			2
2			2					2	股票和投资基金份额/单位		1				1			1
									保险、养老金和标准化担保计划									
1			1				1		金融衍生工具和雇员股票期权									
0			0						其他应收/应付款									
0			0					14	由资产物量变化引起的净值变化	14	-1	-2	-1	0	10			

资料来源：联合国、欧盟委员会、经济合作与发展组织、国际货币基金组织、世界银行编，《2008 国民账户体系》，中国统计出版社 2012 年版，第 210 页。

向去理解。

（一）重估价与持有损益

重估价核算记录由于价格水平变化引起的资产、负债和净值的价值变化,这类变化被称为持有损益,如果是以外币记值的资产,持有损益除了受资产市场价格波动的影响外,还要受汇率变动的影响。进行重估价核算的基本前提,是按照核算时点的市场价格进行资产负债存量核算,如果像企业会计那样,执行历史成本计价原则,就不存在重估价问题,也无须记录和核算持有损益。

持有损益是资产或负债的所有者由于持有资产或负债,而被动承受价格变动对资产或负债价值影响的后果,所有者在其中并未对资产或负债采取任何加工或转换的行为。最典型的例子就是投资者持有股票因为股价变化所带来的收益和损失;股价上升,给持有者带来持有收益,股价下跌,结果就是持有损失。类似情况还有在汇市上进行各种外汇交易所带来的损益,实际上,所有购置资产以待升值的行为,其目的都是获取持有收益(当然也有可能发生持有损失)。

正确理解持有损益概念需要注意以下三点:第一,持有损益是针对特定资产而计算的,每一笔资产/负债的持有损益的计算前提,是该资产负债的数量和质量保持不变。若发生了价格变化,固定资产消耗引起的资产价值下降、债券折价或溢价发行造成的差额、资产储存过程中因质量变化而造成的价值变化,这些都不属于持有损益;第二,在核算期间的任何时段持有的资产都可能产生持有损益,既包括期初拥有保持到期末的资产,也包括期初持有在期内处置、期内购置然后持有到期末、期内购置随后又在期内处置掉的资产;第三,持有损益只是理论值,不一定是实际实现的损益,只有当资产和负债在市场上变现时,损益才能得到真正的实现。

如果价格变化对所有者有利,则所有者得到持有收益,反之,则承受持有损失。显然,对于资产所有者,资产价格上升时获得持有收益,资产价格下降时承受持有损失;对于负债,情况则正好相反,价格上升会引起持有损失,价格下降则引起持有收益。用变化后的价格减去原来的价格计算持有损益,对于资产,当持有损益为正值时,所有者获得持有收益,当持有损益为负值时,所有者承受持有损失;对于负债,情况正好相反。因此,在解读持有损益的数值时,一定要注意所有者的身份。从一个机构单位(或部门)看,可能既拥有资产,又承担负债;价格变化结果,既可能引起持有资产损益,也可能引起持有负债的损益,将这两方面综合起来,就是针对该单位(部门)净值的持有损益。

（二）持有损益的核算与分解

持有损益产生于核算期间内资产和负债的价格变化。其核算一般采用以下两种方法。

1. 直接法

对于一个机构单位(或部门),直接计算其拥有不同类型资产和负债的持有损益,然后再将所有结果加总,这就是计算持有损益的直接法。以一笔特定的资产为例,在时间 0 和 t 之间的持有损益可以简单表示如下:

$$G = (p_t - p_0)q$$

其中，p_t 和 p_0 分别为时间 t 和时间 0 时的资产价格，q 为资产数量。应用直接法核算持有损益，需要具备分资产类型的期初、期末以及各资产购置、处置时点的价格和数量资料，计算工作量非常大，这在国民经济核算中几乎是难以实现的。因此，直接法持有损益不太常用。

2. 间接法

间接法是根据存量核算与积累核算之间的关系，采用下面的公式间接计算持有损益：

$$G = (期末资产存量 - 期初资产存量)$$
$$- (交易导致的资产变化 + 资产其他物量变化)$$

资产和负债都可能产生持有损益，如果一个机构单位（机构部门）核算期资产的持有损益和负债的持有损益不相等，则两者的差额就是该单位（部门）由持有损益导致的净值变化。

以上笼统定义的持有损益作为价格变化引起的资产负债全部持有损益，通常被称为名义持有损益。按照资产的价格变化幅度与一般物价水平的变化幅度是否相同，名义持有损益可以分解为中性持有损益和实际持有损益。

（1）中性持有损益及其计算。中性持有损益是指假定该资产的价格变化幅度与一般物价水平的变化幅度相同，在这种情况下资产价格变化引起的价值变化，即为给所有者带来的损益。设 r 为国民经济一般物价水平，r_t / r_0 为全社会一般价格指数，通常采用综合物价指数，假设记中性持有损益为 NG，则有：

$$NG = \left(\frac{r_t}{r_0} - 1\right) p_0 q$$

显然，中性持有损益的大小取决于当期国民经济一般价格水平的变化。当发生通货膨胀，即整个国民经济一般价格指数大于 1 时，所有资产的中性持有损益都为正值，即其所有者应获得持有损益，相应的债务人承担持有损失。当发生通货紧缩时，情况正好相反。而且，无论是何种资产，其中性持有损益相对于资产起初价值的比值都相等。中性持有损益实质是指为了使资产在核算期内保持实际价值不变而必须增值的部分。

（2）实际持有损益及其计算。实际持有损益是指资产价格由资产价格的总变化中不同于全社会一般物价水平变化的部分所导致的持有损益。实际持有损益等于名义持有损益减去中性持有损益。记实际持有损益为 RG，则有：

$$RG = G - NG$$
$$= (P_t - P_0)q - \left(\frac{r_t}{r_0} - 1\right) p_0 q$$
$$= \left(p_t - \frac{r_t}{r_0} p_0\right) q$$

$$= \left(\frac{p_t}{p_0} - \frac{r_t}{r_0} \right) p_0 q$$

式中，p_t/p_0 是资产自身的价格指数。式中下标与名义持有损益计算公式中的下标含义相同。

容易看出，实际持有损益的数值取决于特定资产（或资产组合）价格变化相对于国民经济一般物价水平变化的高低幅度，其取值有三种可能：正、零和负。如果该资产（或资产组合）价格上涨幅度大于国民经济一般物价水平上涨幅度，或者资产价格下降幅度小于国民经济一般物价水平的下降幅度，则实际持有收益为正，资产所有者获得持有收益，相应的债务人则承受持有损失。

（三）重估价账户

重估价账户记录了产生于资产和负债的名义持有损益，名义持有损益可分解为中性持有损益和实际持有损益，用两个子账户反映。在重估价账户中，资产的持有损益不管是正是负，都是记录在账户的左方，负债的持有损益都记录在右方，如表 6-8 所示。

重估价账户的平衡项是由于名义持有损益造成的净值变化，是一个机构单位（机构部门）全部资产和负债的正负名义持有损益的代数和。当重估价账户分解为中性和实际持有损益的两个独立账户时，这一平衡相应地分解为两个的平衡项，即由中性持有损益引起的净值变化和由实际持有损益引起的净值变化。这一分解对于实际分析非常有用，可以从中看出一个机构单位实际净值的变化量有多少是由实际持有损益造成的。

▶▶ 四、资产负债流量核算与存量核算的衔接

在国民经济核算中，资产负债流量核算通过编制资本账户与金融账户、资产物量其他变化账户和重估价账户组成的积累账户，反映因两个不同时点之间（即一段时期内）的积累而引起的资产负债变动量（流量）。而资产负债存量核算则通过编制期初资产负债表和期末资产负债表来反映核算主体在期初和期末两个时点上所拥有的资产状况与所承担的负债状况。两者之间存在一定的对应衔接关系，期初资产负债表中的资产、负债或净值加上期内所有积累账户表现的相应项目变动总额，就分别得到期末资产负债表中的资产、负债或净值。为了概括地反映在整个核算期内各种资产负债存量的总变动，以便在期初资产负债表和期末资产负债表之间建立直观的联系，引入资产负债变动表。

资产负债变动表的基本结构如表 6-9 所示，左方按经济资产的主要分类列示资产的总变动；右方相应地列示负债的总变动，并按引起净值变动的原因对其进行分组。

将期初、期末资产负债表与期内的资产负债变化表联系起来，就可以编制资产负债及其变化表，可以用来综合反映资产负债存量及其变动状况，见表 6-10。

表6-8 重估价账户

单位：亿元

| 资产 |||||||||交易和平衡项 | 负债和净值 |||||||||
合计	货物和服务	国外	经济总体	NPISHs	住户	政府	金融公司	非金融公司		非金融公司	金融公司	政府	住户	NPISHs	经济总体	国外	货物和服务	合计
									名义持有损益									
280			280	8	80	44	4	144	非金融资产									
126			126	5	35	21	2	63	生产资产									
154			154	3	45	23	2	81	非生产资产									
91		7	84	2	16	1	57	8	金融资产/负债	18	51	7	0	0	76	15		91
									名义持有损益引起的净值变化	134	10	38	96	10	288	-8		280
									中性持有损益									
198			198	6	56	32	3	101	非金融资产									
121			121	5	34	20	2	60	生产资产									
77			77	1	22	12	1	41	非生产资产									
148		12	136	3	36	36	71	18	金融资产/负债	37	68	13	5	3	126	22		148
									中性持有损益引起的净值变化	82	6	27	87	6	208	-10		198
									实际持有损益									
82			82	2	24	12	1	43	非金融资产									
5			5	0	1	1	0	3	生产资产									
77			77	2	23	11	1	40	非生产资产									
-57		-5	-52	-1	-20	-7	-14	-10	金融资产/负债	-19	-17	-6	-5	-3	-50	-7		-57
									实际持有损益引起的净值变化	52	4	11	9	4	80	2		82

资料来源：联合国、欧盟委员会、经济合作与发展组织、国际货币基金组织、世界银行编，《2008 国民账户体系》，中国统计出版社 2012 年版，第 497 页。

表6-9　国民资产负债变动表　　　　　　　　　　单位：亿元

资　　　　产		负　债　和　净　值	
资产总变动	1 005	负债总变动	505
非金融资产	482	净值总变动	500
固定资产	246	储蓄和净资本转移	202
存货	32	资产物量其他变化	10
非生产资产	188	名义持有损益	288
金融资产	523	中性持有损益	208
		实际持有损益	80

资料来源：联合国、欧盟委员会、经济合作与发展组织、国际货币基金组织、世界银行编，《2008 国民账户体系》，中国统计出版社 2012 年版，第 220 页。

表6-10　资产负债变化表　　　　　　　　　　单位：亿元

	资　　　产	交易和平衡项	负　　　债
期初资产负债表	4 621	非金融资产	
	2 818	生产资产	
	1 803	非生产资产	
	8 231	金融资产	
		负债	7 762
		净值	5 090
资产负债变化表	482	非金融资产	
	294	生产资产	
	188	非生产资产	
	523	金融资产	
		负债总变化	505
		净值总变化	500
		储蓄和净资本转移	202
		资产物量其他变化	10
		名义持有损益	288
		中性持有损益	208
		实际持有损益	80
期末资产负债表	5 103	非金融资产	
	3 112	生产资产	
	1 991	非生产资产	
	8 754	金融资产	
		负债	8 267
		净值	5 590

资料来源：联合国、欧盟委员会、经济合作与发展组织、国际货币基金组织、世界银行编，《2008 国民账户体系》，中国统计出版社 2012 年版，第 221 页。

表 6-10 中资产负债变化表的内容,实际上反映积累四个序列账户的总和,从表6-11简单列出。

表 6-11　积累账户及资产负债账户的综合表述(经济总体)　　　　单位:亿元

积累系列账户	资产变化	交易和平衡项	负债和净值变化
资本账户		净储蓄	205
	414	资本形成总额	
	376	固定资本形成总额	
	28	存货变化	
	−222	固定资本消耗	
		应收资本转移	62
		应付资本转移	−65
		由储蓄和资本转移引起的净值变化	202
	10	净借入	
金融账户	436	金融资产/负债净获得(细项省略)	426
		净借入	10
资产物量其他变化账户	13	物量其他变化总计	3
	−7	生产资产	
	17	非生产资产	
	3	金融资产/负债	3
		由资产物量其他变化引起的净值变化	10
重估价账户		名义持有损益	
	280	非金融资产	
	84	金融资产/负债	76
		由名义持有损益引起的净值变化	288
		中性持有损益	
	198	非金融资产	
	136	金融资产/负债	126
		由中性持有损益引起的净值变化	208
		实际持有损益	
	82	非金融资产	
	−52	金融资产/负债	−50
		由实际持有损益引起的净值变化	80

资料来源:联合国、欧盟委员会、经济合作与发展组织、国际货币基金组织、世界银行编,《2008 国民账户体系》,中国统计出版社 2012 年版,第 221 页。

根据表 6-10、表 6-11 内容,非金融资产的关系表现为:期初资产为 4 621,期间变化为 482,其中由于净储蓄和资本转移 202,重估价变化 280,期末资产 5 103,即4 621+482=5 103;202+280=482。

金融资产的关系表现为:期初资产为 8 231,期间变化为 523,其中由于金融交易净获得 436,资产物量其他变化为 3,重估价变化 84,期末资产 8 754,即 8 231＋523＝8 754;436＋3＋84＝523。

负债的关系表现为:期初负债为 7 762,期内变化 505,其中由于金融交易产生负债净额 426,资产物量其他变化为 3,重估价变化 126,期末负债为 8 267。即 7 762＋505＝8 267,426＋3＋76＝505。

净值的关系表现为:期初为 5 090,期内变化为 500,其中由于储蓄和资本转移引起的变化为 202,由于资本物量其他变化引起的变化为 10,由于名义持有损益引起的变化为 288,期末为 5 590。即 5 090＋500＝5 590;202＋10＋288＝500。

综上所述,资产负债账户与积累账户在资产、负债、净值的项目分类上是衔接一致的,其账户关系也可以综合列示(见表 6－12)。

表 6－12　资产负债账户与积累账户的关系

	非金融资产（一）	金融资产（二）	负债（三）	净值（四）
期初存量	期初存量	期初存量	期初存量	期初存量
资本账户	非金融投资	—	—	储蓄及净资本转移
金融账户	—	净获得	净发生	净变化
资产数量及其他变化账户	物量其他变化	物量其他变化	物量其他变化	净变化
重估价账户	持有资产损益	持有资产损益	持有负债损益	净变化
期末存量	期末存量	期末存量	期末存量	期末存量

注:平衡关系(一)＋(二)＝(三)＋(四),期初＋积累＝期末。

第四节　资产负债核算的分析应用

资产负债核算记录了核算主体资产负债的存量、结构与变化状况,应用资产负债核算资料可以直接研究国民财产达到的规模水平、国力财力状况及其内部各种分类结构。其包含的资料内容十分丰富,具有极大的开发利用价值,可以为国民经济研究与管理提供重要的参考信息。资产负债表的应用分析,一般来说,可以从以下三个方面进行。

一、资产负债的总量分析

资产负债表记录了某一时点核算主体所拥有的资产和负债的总量,反映了其拥有的经济资产的总规模。这里的核算主体可以是一个机构单位,也可以是一个机构部门或经济总体。国民经济核算较多地关注经济总体资产负债总量的分析研究。

就经济总体而言,依据国民资产负债表,可以研究一个国家或地区的资产负债总量规模,看其拥有多少资产,承担多少债务,能够全面分析一个国家或地区的国民财富、经济实力和生产能力,了解综合国力和基本国情。比如,将各年的国民财富和资产总量列成时间数列,分别计算定基增长速度和环比增长速度,可以反映国民财富在某一较长时期内总的增长情况和各个不同时期财富增长情况,即可进行经济存量总规模的总量变动分析;把国民资产总量及净值与国内生产总值联系起来,可以分析国民经济的总存量和总流量的相互依存、相互转化关系;把国民财富总量和人口数量联系起来,就可算出每个人平均的国民财富水平;把固定资产总量和人口数量联系起来,就可算出每个人平均的国民财富水平;把固定资产总量和人口数量联系起来,就可算出每个人平均的国民财富水平;把固定资产总量和劳动力数量联系起来,就可得出劳动力的技术装备程度指标;再依据行政区划和城乡分组的国民财富资料,便可研究城乡经济发展水平的差异程度及其发展变化趋势,便于比较不同地区国民财富总量、人均财富与存量、财富类别结构的特点等。把以上指标综合起来,便能全面分析研究一个国家或一个地区在一定时点上拥有的财富总和,进行不同国家和不同地区的对比,进而判断和把握本国本地区在国际国内经济发展中的实力水平和所处位置。国家决策部门依据这些分析资料,可以研究国家和地区的中长期经济规划和发展战略,制定相应的经济政策,以确保国民经济持续协调、健康发展。

二、资产负债的结构分析

国民资产负债表给出了在一定时点上机构部门和经济总体的资产、负债和财富总量构成的详细信息。分析这些构成资料,可以得到不同的信息,对认识资产负债基本结构很有帮助。利用国民资产负债的内部结构,也可以分析其部门分布情况,通过纵向和横向对比发现存在的问题。

(一)资产负债的项目结构分析

1. 资产负债的内部构成

资产负债表给出了一定时点上机构部门和经济总体中资产、负债和财富总量的详细信息,在此基础上,可以计算金融资产与非金融资产在资产总额中各自所占的比重,分析一个国家或一个地区金融市场的发达程度,揭示金融发展与实体经济之间的关系。再次,可以计算非金融资产与金融资产中各项目的比重。例如通过计算非金融资产中生产资料与全部资产总额的比率计算,可以掌握国民经济的物质基础和生产能力,了解固定资产等重要生产设备更新和技术水平,把握各行业资本有机构成的变化趋势;通过对固定资产与存货的比率计算,可以分析国家、地区各部门的固定价格和存货规模与结构,从而制定正确的生产、消费和投资政策,以防止经济中出现固定资产投资增长与存货规模不相适应的状况。通过对国内金融资产的各种比率计算,了解通货、存款、贷款、证券和股票的分布和规模、来源和使用,为国家制定正确的货币政策和信贷政策提供依据。

2. 资产负债比例分析

在机构部门和经济总体的资产负债存量分析中,可以构造针对机构部门或经济总体的资产负债比率和债务净值比率,前者是部门承担负债与拥有资产的比值用来分析经济总体所承担的债务负担大小,表明在资产总值中通过举债获得的资产份额;后者是部门承担负债与持有资产净值的比率,用来反映资产对负债的依赖程度。在宏观经济分析中,主要考虑的是对外债务。资产负债比例分析通常要分析一个国家或地区对外债务与资产之间的比例或对外债务与国外金融资产之间的比例,以反映外债的负担大小和偿还外债的能力。

(二)资产负债的部门结构分析

资产负债的部门结构分析主要考察在经济总体的各种资产、负债和净值(国民财富)中,各机构部门所占比重及其变动;以及在某一机构部门内部,各子部门占有的资产、负债和净值及其变动。通过分析资产负债的部门结构资料,可以全面描述和了解各个机构部门间资产负债的规模、结构、资金来源、使用和变动情况。各机构部门资产总额的大小反映了该部门的经济实力,其所占比重的大小则反映它们对经济发展的影响程度。资产的部门结构反映了生产资源在各产业部门的配置状况,因此,利用资产负债核算资料进行部门结构分析,有助于研究国民经济的行业发展和产业结构特点,为优化国民经济产业结构和制定产业发展政策提供依据。

三、资产负债存量的增长分析

利用国民资产负债的存量数据可以对一定时点经济总体和各机构部门的资金状况进行分析。这种分析是通过比较经济总体或每个部门一定时点的金融资产总额与金融负债总额实现的。现实经济管理分析中,资产存量和资产净值的增长是一个特别值得关注的问题。从经济总体来看,经济资产存量、国民财富这些指标代表了国民经济总能力。要实现未来时期的经济发展,很大程度上要取决于总能力的不断增加,可持续的发展要求经济资产保持一定幅度的增长。

现实中经常以国内生产总值来衡量一时期经济发展成果,以 GDP 的增长代表经济增长,这是从产出角度衡量经济增长。然而国内生产总值中有相当部分被用于消费和出口,余下的被积累部分(即资本形成总额)则增加了经济总体的经济资产。因此,以资本形成总额与核算期期初资产存量进行比较,计算得到的资产增长率是从存量角度衡量了经济的增长,同样代表了经济发展的成就。

修订情况及研究趋势

SNA-2008 关于资产负债核算部分的修订主要在资产的定义、账户的结构、资产负债表的登录项目三方面。

(一)资产的定义

金融资产中的其他存款除可转让存款外的,对中央银行、其他存款机构、政府单位,以及有些情况下对其他机构单位,以存款凭证表明的债权。包括不可转让的储蓄存款、定期存款,以及不可转让的以外币标价的存款。还包括由储蓄和贷款协会、房屋互助协会、信用合作社等发行的股票或类似存款凭证;作为国际储备组成部分的对国际货币基金组织的债权,以贷款为凭据的债权除外。

股票以外的证券通常在市场交易的，并给其持有者在规定的日期收取设定的固定金额的无条件权利（如汇票）或收取固定的货币收入或合同规定的可变货币收入的无条件权利（如债券和公司债券）的金融资产。永久性债券除外，债券和公司债券也给其持有者在规定的日期收取固定金额作为偿还本金的无条件权利。包括诸如以下各类的证券：汇票、债券、公司债券、可流通存单、银行承兑汇票、商业票据、由贷款或其他资产支持的可流通证券、支付固定收入但并不提供公司剩余收益或价值分享权的优先股或股票以及可转换为股票的债券。

派生金融工具是与某一特定的金融工具或指标或商品相联系的金融工具，特定的金融风险可以通过派生金融工具在金融市场上独立进行交易。派生金融工具合同的价值来自基础商品的价格：参考价格。"参考价格"可能与商品、金融资产、利率、汇率、其他派生工具或两种价格之间的差额有关。派生工具合同也可能指某一指数或一篮子价格。与债务证券不同的是，派生金融工具不预先偿还本金，也不应计投资收入。派生金融工具一般被用于若干目的，包括风险管理、套头交易、市场之间的套利和投机。派生金融工具有两大类：包括互换在内的远期类型合同和期权合同。

由贸易信贷和预付款及其他应收或应付款项组成的金融资产中，贸易信贷和预付款指的是直接提供给企业、政府、非营利机构、住户和世界其他地方的货物和服务的贸易信贷，以及对在制品（如果它列在库存项下）或未来制品的预付款。除了以上所述账款以外的其他应收和应付账款（例如捐税、股息、证券的买入和卖出、租金、工资和薪资及社会缴款）。基础资产中没有转化为资本的应计利息可包括在内。

（二）账户的结构

除了非金融资产以外，资产负债表也包含金融资产和负债。大多数金融资产都有与之对应的负债；一旦确立了对另一机构单位的债权，就产生这种资产。然而，金融资产也包括货币黄金、国际货币基金组织的特别提款权和公司股票（股票持有者将其差不多作为金融债权来对待）；就货币黄金和特别提款权来说，不存在任何未清偿负债，而核算体系则按惯例将股票视为负债。

对金融资产和负债分类的目的，是根据票据的流动性和说明原始债权人/债务人关系形式的票据的法律特性来区分各种票据。在此基础上，对货币黄金和特别提款权，货币和存款，股票以外的证券、贷款、股票和其他股权，保险专门准备金派生金融工具和其他应收或应付账款加以区分。如资本账户中所讨论的，或有资产或负债在国民经济核算中不作为金融资产或负债来处理。其次，核算体系一般不承认企业会计中规定为交易者未来负债（无论是确定还是或有的）或交易者未来支出而划出的金额。（核算体系承认的唯一"款项"是累积固定资本消耗）只有对另一方或几方的实际经常负债才明确包括在内。

（三）资产负债表的登录项目

就货币而言,估价是货币的名义或票面价值。对存款来说,债权人和债务人双方的资产负债表上记录的价值是债务人在清算存款时应按合同规定的存款条件偿还债权人的本金额。同派生金融工具合同有关的可退还保证金的现金付款都列入其他存款。

派生金融工具应以市场价值记入资产负债表。如果无法获得市场价值数据,可以使用其他的公平估价方法如期权模式或贴现现值对派生工具进行估价。期权的价值取决于保证金制度的运行情况,在账上记为 0 可能是合适的,因为持有者每天都将收到(付出)任何盈利(损失)。这些资产登录项目的对应部分应当作为负债入账。

期权在资产负债表上应当作为期权的当期价值——如果可以取得当期价值的话——或作为应付权酬金额估价。负债应当记入期权立权人部门,以代表买下期权持有者的权利的当期价值或持有资产收益的增加额。远期按市场价值记录。在实际付款时,资产和相关负债的价值被摊还,随后反映在相关会计日期的资产负债表价值中。在不同的会计日期,远期合同的市场价值可以在资产部位和负债部位之间转换,具体取决于基础商品的价格变动。所有的价格变动,包括导致这种变化的价格变动在内,均作为重估价处理。

思考与练习

1. 何谓经济流量? 何谓经济存量? 两者之间存在什么联系? 对经济流量和存量核算时应注意什么事项?

2. 什么是资产,什么是负债? 两者之间有何联系? 按联合国的分类法,经济资产如何分类?

3. 如何理解资产负债核算的原理?

4. 国民资产负债核算的主要平衡关系式是什么?

5. 简述国民资产负债核算表的表式与结构。

6. 资产负债项目估价的一般原则是什么?

7. 固定资产估价采用什么方法? 固定资产的永续盘存法的基本步骤是什么?

8. 简述各类不同的金融资产或负债的估价方法。

9. 何谓国民资产物量其他变动? 主要包括几类变动?

10. 如何理解资产重估价?

11. 分别解释资产的名义持有收益、中性持有收益和实际持有收益三个概念,并说明这三类资产持有收益的计算方法。

12. 如何利用资产负债表进行结构分析? 如何利用资产表进行经济效益分析?

13. 已知:(1) 期初非金融资产 35 000 亿元,其中,生产资产 22 720 亿元,非生产资产 12 280 亿元,金融资产 42 800 亿元,负债 42 400 亿元;(2)期内非金融资产积累 8 400 亿元,其中,生产资产 7 800 亿元,非生产资产 600 亿元,国外资本转移 400 亿元;(3)期内由于自然灾害等引起非金融资产的生产资产减少 260 亿元,非生产资产 40 亿元,由于清产核资等盘盈生产 100 亿元;(4)与期初相比,期末生产资产物价指数为 110%,非生产资产 105%,由于国际汇率、利率等变化,金融资产综合价格指数为 98%。

根据以上资料,编制:期内资产负债调整账户;期内资产负债变动账户;期末资产负债账户。

14.已知如下机构部门的资料(单位:万元):

(1)期初资料

非金融资产	2 000
现金和存款	300
证券	400
其他金融资产	300
长期贷款	800
商业信用	600
其他负债	400

(2)期内流量资料

实物投资	200
金融资产	
其中:现金和存款	1 680
证券	160
其他金融资产	200
金融负债:	
其中:长期贷款	1 160
其他负债	160

(3)重估价资料

非金融资产	220
证券	200

其他不变。

根据上述资料编制部门的期末资产负债表。

第七章　对外经济核算

引　言

　　在前述国民经济核算的相关内容中大都涉及了对外经济核算的内容。在生产账户中有与国外部门发生的货物和服务的进出口；收入分配账户中设置了国外部门，用以反映本国与他国之间的收入分配流量；资本账户与金融账户以及资产负债账户中利用国外部门描述了一国与他国间的金融流量和存量关系。这些内容虽然反映了一国的对外经济往来，但它们都是作为各账户的组成部分而存在，其目的主要是为了使各账户能够在复式记账原则下保持平衡而设置的，其项目设置和分类的详细程度都要从属于各账户的特定目的。如果仅仅依赖各子体系的核算而不单独进行对外经济核算，就无法将对外经济往来作为一个整体，系统反映一国参与国际经济往来的规模和影响，一些国际往来中的特殊分类就难以体现或难以细化，由此就难以支持各种深入的、有针对性的经济分析。因此，要完成对外经济核算的任务，必须将其从国内生产总值核算、资金流量核算以及资产负债核算中独立出来，进行系统和专门的描述。

　　对外经济核算旨在系统地反映国内机构单位与国外之间发生的各种经济往来，以及由这些经济往来所积累起来的资产负债存量，从而揭示一国在对外经济活动中的得与失，为国家制定对外经济政策提供参考依据。本章首先由对外经济核算的基本问题逐步展开，接着阐述对外经济核算的主要内容，包括国际收支核算和国际投资头寸核算。在此基础上，就对外经济核算的分析方法及应用进行了实例分析。最后对 SNA－2008 有关对外经济核算的修订情况及研究趋势进行了介绍。

第一节　对外经济核算的基本问题

▐▶ 一、对外经济往来的界定

　　对外经济核算是关于对外经济往来的核算，对外经济往来是指一定时期发生在常住单位与非常住单位之间的各种经济往来。对外经济往来构成了对外经济核算的全部内容，也就是说，对外经济核算并不核算非常住单位自身的、与常住单位毫无关系的其他经济活动，如生产、消费、资本形成等。此外，对外经济往来在核算内容与核算形式上与国内交易极为相似，比如，两者都包括货物与服务交易、分配性交易、金融手段交易等。

二、对外经济活动范围

对外经济活动具体分为对外贸易活动、对外投资活动、对外收入分配活动和对外转移活动。对外贸易活动包括货物贸易和服务贸易;对外投资活动包括直接投资和间接投资;对外收入分配活动包括投资收益分配和劳动收入分配;对外转移活动包括经常转移和资本转移。对外经济核算的对象是全部的对外经济活动,包括以交换形式发生(比如贸易)的和以转移形式(比如国际捐赠)发生的活动,同时还包括一些非交易性质的对外经济流量,例如各种原因引起的对外资产其他物量变化和重估价。

三、对外经济核算的方法和主要内容

进行综合的对外经济核算有两种做法:一是世界各国广泛应用的传统做法,即编制一国的国际收支平衡表。它将一国所有对外经济往来都按照借贷记账方法归纳到一个平衡表中,借以系统表达一国对外经济状况。该表的核算已成为国民经济核算体系的五个子体系之一。二是在国民经济核算的账户体系中,对外经济核算采用了设置"国外"账户的做法。"国外"被视为与本国居民、政府、非金融企业、金融机构具有同样地位的机构部门,它的功能在于系统反映一国与他国的经济关系。

国际收支平衡表与国外账户并不是截然不同的两种做法。两者对国外具有基本一致的定义,在核算范围上保持了一致,同时在对外交易方面采用了大体一致的分类,核算中体现了大体相似的层次。事实上,国外账户常要以国际收支平衡表的资料为基础来编制。在平衡表之后还要编制国外账户的原因在于国际收支平衡表是一相对独立的核算表,国外账户却是国民经济核算整套账户中的有机组成部分。两者在核算方式上的最大区别是国外账户立足于国外编制,国际收支平衡表则立足于本国编制。

对外经济核算是对一段时期内的对外经济活动及其结果所做的系统记录,还可以从流量和存量两个角度予以反映,主要包括国际收支核算和国际投资头寸核算,核算的具体形式是分别以国际收支平衡表和国际投资头寸表的形式呈现。

国际收支核算是对一个国家与其他国家在经济交往的过程中实际发生的商品、劳务、利息、股息、援助、直接投资和证券投资以及储备资产的交易结果所做的系统记录和分析。它是国际收支的一种反映方式,其主要内容是编制和分析国际收支平衡表。国际收支核算是从流量入手,与其紧密相连的则是从存量入手的国际投资头寸核算。投资头寸是在特定日期编制(如一年的年底)的一种统计报表,它包括:(1)一经济体的金融资产或其对世界其他地方的债权存量的价值和构成;(2)一经济体对世界其他地方的负债存量的价值和构成。

四、对外经济核算的基本原则

为了准确地反映一个国家与国外全部经济的交易情况,保证国际收支核算与核算体系中其他内容相互协调和衔接,在对外经济核算中必须遵循下列原则。

（一）估价原则

国际收支核算的估价原则与整个国民经济核算体系的估价原则一致,采用市场价格或其对等值作为各种交易估价的基础。作为国际收支估价标准的市场价格,是指常住单位与非常住单位交易时的成交价格。对于一些没有实际市场价格的交易,如单方面转移、易货贸易等,为了遵循市场价格原则,应该以类推的方法,采用已存在的市场价格制定此类交易的代表价。具体来说,关于货物和服务、收入分配与再分配、金融资产与负债交易,应按交易双方协议的实际价格估价。关于资产和负债存量,应按资产负债账户编制日期的现期市场价格估价。

（二）记录时间原则

在对外经济往来中,一项交易可能涉及几种既相关又不同的时间概念。如在货物贸易中,就分别有签约时间、交货时间、货物装运时间、海关结关时间、银行结算时间等。因此,对外经济核算也有一个资料记录时间的选择问题。

记录时间原则上应以常住单位和非常住单位交易双方所有权变更的时间为准,即遵循权责发生制,在经济价值产生、转换、交换、转移或消失时进行记录。这一原则也称为所有权变更原则,具体来说,货物和金融资产交易的记录时间是当它们不再是原所有者账上的资产,而变成新所有者账上资产的时候;服务交易的记录时间是提供服务过程结束的时候;不需要偿还的单方面转移的记录时间是在其资产改变所有权的时候。

（三）记账单位与换算原则

国际收支中的贸易、非贸易、资本和对外资产负债存量是以各种不同的货币单位或其他价值标准表示的,因此,在对其进行统一核算时,必须将其折算成一种统一的货币记账单位,才能将各种不同币值的资料在国际收支平衡表中汇总起来。在实践中,各国在确定其国际收支核算的货币记账单位时通常有两种方式:一是采用本国货币,以便直接与本国的国民经济核算资料进行比较,二是选用那些汇率相对稳定、为多国所熟悉的国际交易货币,以便进行国际比较。如我国目前采用美元作为国际收支核算的记账单位,而欧盟各国则采用欧元作为其国际收支核算的记账单位。为了便于汇总和比较分析,国际货币基金组织还采用一定方式将不同记账单位的各国国际收支资料换算成统一的关键货币,或某种通用的"标准记账单位"。

将各种货币折算成国际收支平衡表中规定的统一的货币记账单位,原则上要求按交易时外汇市场的即时汇率进行折算。对于交易,应选择交易日的通行市场汇率进行转换;对于存量,应按照资产负债表编制日的通行市场汇率进行转换。

第二节　国外账户核算

从整个核算体系的完整性考虑,本节介绍国外账户的性质及其编制原理。

一、国外账户的性质

与国内账户相比,国外账户具有以下特性:(1)国外账户是立足于国外来反映一国对外交易状况,因此,账户来源方和使用方,或资产获得方和负债发生方的意义与国内账户正好相反,国外的来源正是本国的使用,国外的使用正是本国的来源。平衡项为正值所表示的国外盈余或顺差,也就说明该国的亏损或逆差;平衡项为负值时,情况正好相反。(2)国外账户只记录一国常住单位与非常住单位之间发生的各类经济交易,它并不与任何待定的经济活动如生产、消费、资本形成等相联系。(3)国外账户记录的交易都不是孤立存在的,它总是国内机构部门账户上记录的某项经济交易的对应登录,国外账户可以看作国内机构部门账户系列的补充。

二、国外账户的具体内容

国外账户包括货物和服务对外账户、原始收入和经常转移对外账户、对外积累账户、对外资产负债账户,具体内容分述如下。

(一)货物和服务对外账户

货物和服务对外账户是记录一国常住单位与非常住单位之间货物与劳务往来的账户。由于立足于国外设置,该账户来源方按货物和服务进口列示,表明因国内进口使国外获取的收入,使用方按货物和服务的出口列示,反映国内出口使国外花费的支出。这些流量与国内各部门相应货物与服务流量都有对应登录项,实际上反映了一国当期所获得的国外产出和提供给国外的产出。货物与服务对外交易差额作为平衡项列在账户使用方,差额为正值,表明进口大于出口,国外货物与服务交易收支相抵有顺差,也就是该国对外有逆差;负值差额表明国外的逆差和国内的对外顺差。具体账户形式见表7-1。

表7-1 货物和服务对外账户　　　　　　单位:亿元

使　　用		来　　源	
货物和服务的出口	540	货物和服务的进口	499
货物的出口	462	货物的进口	392
服务的出口	78	服务的进口	107
货物和服务的对外差额	−41		
合计	499	合计	499

资料来源:联合国、欧盟委员会、经济合作与发展组织、国际货币基金组织、世界银行编,《2008国民账户体系》,中国统计出版社2012年版,第481—482页。

从表中数据可以看出,出口总值540大于进口总值499,形成国外的逆差41,以负值记在账户上,说明该国对外货物与劳务交易的顺差为41。

（二）原始收入和经常转移对外账户

原始收入与经常转移对外账户是记录一国常住单位与非常住单位之间收入分配流量的账户。收入分配的项目包括雇员报酬、财产收入、生产税与进口税减补贴、现期收入与财产税、社会缴款与福利、其他经常转移等。账户来源方记录国外在上述项目上的应收额，使用方记录国外在上述项目上的应付额，货物与服务对外交易差额作为本账户核算起点也被列在来源方。平衡项"经常交易对外差额"列在使用方，该差额的功能类似于国内机构部门账户的储蓄，当差额为正值时表示国外对该国经常性交易具有盈余，负值差额则表示国外的逆差，它们反过来恰恰表示了该国经济对外经常交易的逆差或顺差（具体见表7-2）。

表7-2　原始收入和经常转移对外账户　　　　　　　　单位：亿元

使　　　用		来　　　源	
雇员报酬	6	货物和服务的对外差额	−41
财产收入	44	雇员报酬	2
生产税与进口税减补贴	0	财产收入	38
现期收入与财产税	1	生产税与进口税减补贴	0
社会缴款与福利	0	现期收入与财产税	0
其他经常转移	16	社会缴款与福利	0
经常交易对外差额	−13	其他经常转移	55
合计	54	合计	54

资料来源：联合国、欧盟委员会、经济合作与发展组织、国际货币基金组织、世界银行编，《2008国民账户体系》，中国统计出版社2012年版，第482—490页。

在表7-2数据中，国外货物与服务对外交易差额−41，当期获得的原始收入和经常转移为95，支付的原始收入和经常转移为67，来源与使用相减后所得经常交易对外差额为−13，反映了国外的亏损额，也就是该国经常交易的盈余额。

原始收入与经常转移对外账户记录的收入项目与该国国内收入初次分配和再分配账户的记录是对应存在的，其中雇员报酬、财产收入、生产税与进口税减补贴三个项目作为国外原始收入分配流量与该国国内机构部门初次分配账户相关项目有关。现期收入与财产税等、社会缴款和福利、其他经常转移三个项目作为国外经常转移分配流量，再现了再分配账户的对外部分。

（三）对外积累账户

对外积累账户有两类账户：一类是资本账户和金融账户；另一类是其他资产变化账户，包括资产物量其他变化账户和重估价账户，这类账户连接期初和期末的对外资产和负债账户。

1. 对外资本账户

对外资本账户记录一国常住单位与国外之间发生的非金融性资本交易。账户右方为负债和净值变化方，反映资金筹集来源，首先记录经常交易对外差额，以体现资本账户与收入账户的联系,同时记录国外对该国的应收资本转移和应付资本转移(一)。账户左方为资产变化方,反映对外的资产变化,包括非常住单位与常住单位之间非生产非金融资产的获得减处置,诸如生产者获得减处置的机器和设备等,无论新旧都作为货物的进出口,记录在货物和服务对外账户中,所以在对外资本账户中不记录这些项。负债和净值变化减去资产变化的结果称为国外净贷出或净借入,这是该账户的平衡项,数值为正时称为净贷出,表示国外资本账户的盈余也就是国内的对外净借入;数值为负时称为净借入,表示国外资本账户的亏缺,也就是国内资本账户的对外净贷出,记录在左方。具体可见表7-3。

表 7-3 对外资本账户 单位:亿元

资 产 变 化		负债和净值变化	
非生产非金融资产的获得减处置	0	对外经常交易差额	—13
		应收资本转移(+)	4
净贷出(+)/净借入(一)	—10	应付资本转移(一)	—1
合计	—10	合计	—10

资料来源:联合国、欧盟委员会、经济合作与发展组织、国际货币基金组织、世界银行编,《2008 国民账户体系》,中国统计出版社 2012 年版,第 491—492 页。

由表 7-3 中的数据可知,当期国外应收资本转移净额为 3 个单位,加上经常交易差额(-13),减去非生产非金融资产的获得减处置(0),使资本账户显示出 10 个单位的净借入,也就是该国对国外有 10 个单位的净贷出要求。

2. 对外金融账户

对外金融账户是对外积累账户的第二个账户,它记录常住单位和非常住单位之间的所有金融交易。对外金融账户紧接对外资本账户,是记录国外与该国常住单位之间所有金融交易的账户。账户资产变化方记录国外对该国金融资产的购买净额,负债与净值变化方记录国外对该国负债的净发生,两方相减之差额为国外对该国的净贷出(+)/净借入(一),记录在右方,从而与资本账户连接起来,见表 7-4。这些记录及平衡项与国内金融账户记录的对外金融交易是对应存在的,前者记录的国外金融资产购买净额(或负债净发生)是后者记录的对外负债净发生(或金融资产购买净额),前者记录的净贷出(+)或净借入(一)反映了国内需从国外净借入或净贷出的数额。

表 7-4 对外金融账户 单位:亿元

资 产 变 化		负债和净值变化	
货币黄金和特别提款权	1	货币黄金和特别提款权	0
通货和存款	11	通货和存款	—2
股票以外的证券	9	股票以外的证券	21
贷款	4	贷款	35
股票和其他权益	12	股票和其他权益	14

资　产　变　化		负债和净值变化	
保险专门准备金	0	保险专门准备金	3
其他应付款	10	其他应付款	−14
		净贷出（＋）/净借入（−）	−10
合计	47	合计	47

资料来源：联合国、欧盟委员会、经济合作与发展组织、国际货币基金组织、世界银行编，《2008 国民账户体系》，中国统计出版社 2012 年版，第 493—494 页。

　　由表 7－4 中的数据可知，国外负债变化为 57，资产变化为 47，两者相减得净借入 −10，说明国外最终对该国借入，即该国自国外贷出 10 个单位的资金，这与前述对外资本账户的结果是一致的。

　　3. 对外资产其他变化账户

　　对外资产其他变化账户是对外积累账户的一部分，它与对外资本账户和金融账户并列，反映因非经济交易原因引起的对外资产、负债和净值的变化，具体包括对外资产物量其他变化账户和重估价账户。

　　对外资产物量其他变化账户的内容和功能与整个体系的资产物量其他变化账户相似，只是它专门用于记录一国常住单位与非常住单位之间由于非经济交易原因引起的存量变化。账户左边记录国外资产变化，右边记录国外负债变化，记录的内容包括各种非金融无形资产如专利、软件等的无偿没收，金融资产和负债的无偿没收，未另分类的金融资产和负债的其他物量变动（如坏账注销），以及与机构合并引起的类别和结构变动有关的登录。国外资产变化与负债变化相减，产生平衡项"资产物量其他变化引起的净值变化"记录在账户右方，具体见表 7－5。

表 7－5　对外资产物量其他变化账户　　　　　　　　　　单位：亿元

资　产　变　化	负债和净值变化
无偿没收 未另分类的物量其他变化 分类和结构的变化	无偿没收 未另分类的物量其他变化 分类和结构的变化 资产物量其他变化引起的净值变化
合计	合计

资料来源：联合国、欧盟委员会、经济合作与发展组织、国际货币基金组织、世界银行编，《2008 国民账户体系》，中国统计出版社 2012 年版，第 495—496 页。

　　对外重估价账户除了反映价格的变化外，还包括汇率变化对折算成本国货币的影响。与国内机构单位、机构部门或经济总体的重估价账户不一样，对外重估价账户只记录金融资产和负债的变化。对外重估价账户首先反映名义持有收益变化（见表 7－6），然后分成中性持有收益账户（见表 7－7）和实际持有收益账户（见表 7－8）。由名义持有收益、中性持有收益和实际持有收益引起的净值变化是这三个账户的平衡项,等于非常住单位拥有的金融资产的持有收益与其负债的持有收益之差。

表 7-6　重估价账户　　　　　　　　　　　　　　　　单位:亿元

资　产　变　化		负债和净值变化	
货币黄金和特别提款权	0	货币黄金和特别提款权	12
通货和存款	0	通货和存款	0
股票以外的证券	4	股票以外的证券	2
贷款	0	贷款	0
股票和其他权益	3	股票和其他权益	1
保险专门准备金	0	保险专门准备金	0
其他应付款	0	其他应付款	0
		名义持有收益引起的净值变化	—8
合计	7	合计	7

资料来源:联合国、欧盟委员会、经济合作与发展组织、国际货币基金组织、世界银行编,《2008 国民账户体系》,中国统计出版社 2012 年版,第 497—498 页。

表 7-7　中性持有收益账户　　　　　　　　　　　　单位:亿元

资　产　变　化		负债和净值变化	
货币黄金和特别提款权	0	货币黄金和特别提款权	16
通货和存款	2	通货和存款	2
股票以外的证券	3	股票以外的证券	2
贷款	1	贷款	0
股票和其他权益	2	股票和其他权益	0
保险专门准备金	1	保险专门准备金	1
其他应付款	3	其他应付款	1
		中性持有收益引起的净值变化	—10
合计	12	合计	12

资料来源:联合国、欧盟委员会、经济合作与发展组织、国际货币基金组织、世界银行编,《2008 国民账户体系》,中国统计出版社 2012 年版,第 497—498 页。

表 7-8　实际持有收益账户　　　　　　　　　　　　单位:亿元

资　产　变　化		负债和净值变化	
货币黄金和特别提款权	0	货币黄金和特别提款权	—4
通货和存款	—2	通货和存款	—2
股票以外的证券	1	股票以外的证券	0
贷款	—1	贷款	0

续 表

资 产 变 化		负债和净值变化	
股票和其他权益	1	股票和其他权益	1
保险专门准备金	—1	保险专门准备金	—1
其他应付款	—3	其他应付款	—1
		实际持有收益引起的净值变化	2
合计	—5	合计	—5

资料来源：联合国、欧盟委员会、经济合作与发展组织、国际货币基金组织、世界银行编，《2008 国民账户体系》，中国统计出版社 2012 年版，第 497—498 页。

（四）对外资产负债账户

对外资产负债账户反映由于对外交易引起的对外金融资产和负债在一定时点上的存量规模。由于是站在国外角度，所以该账户中的数据表明期初和期末非常住单位对常住单位拥有的金融资产和负债。

表 7-9　对外期初资产负债账户　　　　　　　　　　　单位：亿元

资 　 产		负 债 和 净 值	
金融资产	805	负债	1 274
货币黄金和特别提款权	0	货币黄金和特别提款权	770
通货和存款	105	通货和存款	116
股票以外的证券	125	股票以外的证券	77
贷款	70	贷款	17
股票和其他权益	345	股票和其他权益	203
保险专门准备金	26	保险专门准备金	25
金融衍生工具和雇员股票期权	0	金融衍生工具和雇员股票期权	7
其他应付款	134	其他应付款	59
		净值	—469
合计	805	合计	805

资料来源：联合国、欧盟委员会、经济合作与发展组织、国际货币基金组织、世界银行编，《2008 国民账户体系》，中国统计出版社 2012 年版，第 499—500 页。

表 7-10　对外资产负债变化账户　　　　　　　　　　单位：亿元

资 　 产		负 债 和 净 值	
金融资产	54	负债	72
货币黄金和特别提款权	1	货币黄金和特别提款权	12
通货和存款	11	通货和存款	—2
股票以外的证券	13	股票以外的证券	23

续　表

资　　产		负债和净值	
贷款	4	贷款	35
股票和其他权益	15	股票和其他权益	15
保险专门准备金	0	保险专门准备金	0
金融衍生工具和雇员股票期权	0	金融衍生工具和雇员股票期权	3
其他应付款	10	其他应付款	—14
		净值变化	—18
		储蓄和资本转移引起的净值变化	—10
		资产物量其他变化引起的净值变化	0
		名义持有收益引起的净值变化	—8
		中性持有收益引起的净值变化	—10
		实际持有收益引起的净值变化	2
合计	54	合计	54

资料来源：联合国、欧盟委员会、经济合作与发展组织、国际货币基金组织、世界银行编，《2008 国民账户体系》，中国统计出版社 2012 年版，第 499—500 页。

表 7-11　对外期末资产负债账户　　　　　　　　　　　　单位：亿元

资　　产		负 债 和 净 值	
金融资产	859	负债	1 346
货币黄金和特别提款权	1	货币黄金和特别提款权	782
通货和存款	116	通货和存款	114
股票以外的证券	138	股票以外的证券	100
贷款	74	贷款	52
股票和其他权益	360	股票和其他权益	218
保险专门准备金	26	保险专门准备金	25
金融衍生工具和雇员股票期权	0	金融衍生工具和雇员股票期权	10
其他应付款	144	其他应付款	45
		净值	—487
合计	859	合计	859

资料来源：联合国、欧盟委员会、经济合作与发展组织、国际货币基金组织、世界银行编，《2008 国民账户体系》，中国统计出版社 2012 年版，第 499—500 页。

　　期末或期初时点的对外资产负债账户在账户结构上与整个体系的资产负债账户基本类似，只是前者所核算的资产仅限于金融资产。该账户的左方记录国外对该国的金融资产存量，即该国对国外的负债存量，右方记录国外对该国的负债存量，即该国对国外的金融资产存量。两者之差作为平衡项记录在账户的右方，正值差额表示国外对该国拥有的资产净值，即该国对国外的负债净值；负值差额表示国外对该国的负债净值，即该国对国外的金融资产净值。与国内机构单位、机构部门或经济总体的资产负债账户相比,对外资产负债账户只有金融资产和负债,以及平衡项净值。

依照表7-9中数据,国外对该国期初的金融资产(805)小于对该国的负债(1 274),因此国外对该国的负债净值为469,这也就是该国对外的资产净值。将对外积累账户的核算结果加以综合,即可得对外资产负债变化表(表7-10)。表的左方记录资产的变化,右方记录负债和净值的变化,它们分别是对本期对外资本账户、金融账户、资产数量其他变化账户、重估价账户上所记录资产变化和负债与净值变化的综合。依据表7-10中数据,国外资产总变化为54,即47+7,国外负债总变化为72,即57+15,国外净值总变化为-18,即54-72或-10-8。将对外期初资产负债表、对外资产负债变动表合并起来,就可以得到对外期末资产负债表(见表7-11),由此可以反映国外对该国资产负债自期初到期末的动态平衡关系。

第三节　国际收支核算

▮▶ 一、国际收支核算概述

国际收支是指常住单位与非常住单位之间因进行经济交易所发生的全部收支。对于国际收支这一概念,应从以下几个方面理解:第一,国际收支是一个流量概念。国际收支是对一定时期内(一年)交易的总计。与此相对应的,专门记录存量数据的概念是国际投资头寸。第二,国际收支记录的是指常住单位与非常住单位之间的交易。第三,国际收支反映的内容是以货币记录的交易,它不是以收支为基础,而是以交易为基础。有些交易可能不涉及货币支付,但这些不涉及货币收支的交易需折算成货币交易进行记录。

国际收支核算以国际收支平衡表为核心,是对一国在核算期内国际收支状况的系统记录。在内容上,它概括了当期所有对外经济交易活动,与国内生产总值核算、资金流量核算等具有对应性。但是,与国内交易核算相比,它不核算生产和消费,对非金融投资的核算也非常有限,只包括了无形非生产资产的核算。

国际收支核算与国民经济核算体系的其他部分存在广泛联系,尤其以资金流量核算涉及的对外经济交易最多,如资金流量核算中的产品进出口、对外劳动报酬收支和财产收入收支、对外的各种经常转移收支、对外的资本转移和非生产非金融资产交易、对外的各种金融交易等,都属于国际收支的范畴。国际收支核算具有相对独立的发展过程,国际收支核算子系统的建立也具有特殊的价值。因为它以更为系统的形式概括了国际收支的全部内容,其核算目的与其他核算有所不同,不仅表现了国际交易流量的水平和构成,而且还以适当方式反映了一国的国际收支平衡状况,可为宏观经济管理和分析提供重要的数据基础。

二、国际收支平衡表的组成及其结构

国际收支核算的主要工作是编制国际收支平衡表,下面主要介绍国际收支平衡表的组成及其结构。

国际收支平衡表(Balance of Payments Statement)是按照复式簿记原理,以某一特定货币为计量单位,运用简明的表格形式来反映一经济体(一般指一国家或地区)在特定时期内与世界其他经济体间发生的全部经济交易。各国或地区分析的目的不同,所编制的报表格式也就不一样。国际货币基金组织为使各国的国际收支平衡表具有可比性,对国际收支平衡表的概念、准则、惯例、分类方法以及标准构成等都作了统一的规定和说明。按照 IMF《国际收支手册(第五版)》(BPM5)[①]国际收支平衡表的标准组成包括两个基本部分:经常账户、资本和金融账户。

经常账户也称经常项目。它是国际收支平衡表中最基本、最重要的项目,记录货物和服务的进出口以及收入分配交易,具体区分为货物和服务、收益、经常转移三个项目。

资本和金融账户具体包括资本账户和金融账户。资本账户处理各种非金融投资,记录资本转移和无形非生产资产的交易,而金融账户则记录各种金融交易。中国的国际收支平衡表基本上沿用了 IMF《国际收支手册》的基本表式,但在官方储备资产部分的处理上有所不同,它不是放在金融账户之中,而是作为独立的项目单独列示,于是中国的国际收支平衡表包括经常账户、资本和金融账户、储备资产三部分。国际收支平衡表的组成及其比较见表 7-12。

表 7-12　国际收支平衡表的组成:中国与 IMF 的比较

IMF	中　国
一、经常项目	一、经常项目
A. 货物和服务	A. 货物和服务
a. 货物	a. 货物
b. 服务	b. 服务
1. 运输	1. 运输
2. 旅行	2. 旅游
3. 通讯服务	3. 通讯服务
4. 建筑服务	4. 建筑服务
5. 保险服务	5. 保险服务
6. 金融服务	6. 金融服务
7. 计算机和信息服务	7. 计算机和信息服务

[①]　《国际收支手册》确立的国际收支统计原则为世界上绝大多数国家和经济体所遵守。新版《国际收支手册(第六版)》(BPM6)在整体框架上和《国际收支手册(第五版)》(BPM5)基本一致,保持了高度的连续性,只是在某些方面进行修改。

续 表

IMF	中　　　国
8. 特许使用费和许可费	8. 专有权利使用费和特许费
9. 其他商业服务	9. 咨询
10. 个人、文化和娱乐服务	10. 广告、宣传
11. 别处未提及的政府服务	11. 电影、音像
B. 收益	12. 其他商业服务
1. 职工报酬	13. 别处未提及的政府服务
2. 投资收益	B. 收益
C. 经常转移	1. 职工报酬
1. 各级政府	2. 投资收益
2. 其他部门	C. 经常转移
二、资本和金融项目	1. 各级政府
A. 资本项目	2. 其他部门
B. 金融项目	二、资本和金融项目
1. 直接投资	A. 资本项目
2. 证券投资	B. 金融项目
3. 其他投资	1. 直接投资
4. 储备资产	2. 证券投资
4.1　货币黄金	3. 其他投资
4.2　特别提款权	三、储备资产
4.3　在基金组织的储备头寸	3.1　货币黄金
4.4　外汇	3.2　特别提款权
4.5　其他债权	3.3　在基金组织的储备头寸
	3.4　外汇
	3.5　其他债权

三、国际收支核算主要项目及其核算方法

国际收支平衡表所包括的内容十分广泛,由于世界各国的编制要求不同,因而国际收支平衡表的内容有很大差异,但其主要结构还是基本一致的。国际基金组织编制的国际收支平衡表通常分为经常项目、资本和金融项目、错误与遗漏三大类。

（一）经常项目

经常项目是指本国与外国交往中经常发生的国际经济交易,反映一国与外国之间实际资源的转移情况,因此它是一国国际收支平衡表中最基本、最重要的项目,对其他国际收支项目往往会起到影响与制约的作用。经常项目之下可以分为三个子项目:货物和服务、收入、经常转移。

1. 货物

货物又称为商品贸易，它是指货物的对外进出口活动。历史地看，货物交易是经常账户的基础，在一定意义上也是整个国际收支的基础。一般包括以下几项内容：

（1）一般商品。指居民向非居民出口或从非居民处进口的大多数可移动货物。除个别情况外，可移动货物的所有权发生了变更。

（2）用于加工的货物。包括跨越边境运到国外加工的货物的出口以及随后的再进口。

（3）货物修理。包括向非居民提供的或从非居民那里得到的船舶和飞机等运输工具上的货物修理活动。

（4）非货币黄金。非货币黄金包括不作为货币当局储备资产（货币黄金）的所有黄金的进口与出口，非货币黄金等同于其他商品。

国际货币基金组织建议，所有货物的进出口一律按离岸价格（FOB）计算。在实际中，很多国家为了统计方便，对出口商品按离岸价格计算，对进口商品却按到岸价格（CIF）计算，这样会影响到国际收支平衡表的精确性，甚至还会引起国家之间的贸易争端。

2. 服务

服务又称劳务贸易，是指常住单位和非常住单位之间相互提供服务的交易，主要包括以下内容：

（1）运输。包括一国或地区的居民向另一国或地区的居民所提供的涉及客运、货运、备有机组人员的运输工具的租金和其他辅助性服务。

（2）旅游。旅游不仅仅是一项具体的服务，而是旅游者消费的一整套服务。包括非居民旅游或因公、因私在另一国或地区停留不足一年的时间里从该国或地区所获得的货物和服务。学生和求医人员不论在外多长时间都被视为旅游者。

（3）其他各类服务。包括运输和旅游项下没有包括的国际服务交易，如通信服务、保险服务、金融服务、专利使用费和特许经营权使用费等。

国际服务的生产和贸易不同于货物的生产和贸易。一经济体生产的货物运输到另一经济体的居民那里，其居民有可能并不知道货物的具体生产时间。而服务的生产在生产发生之前就同某一经济体的生产者与另一经济体的消费者或一组消费者事先做出的一项安排联系在一起，其生产过程中就涉及居民与非居民双方。当然，在现今经济高速发展与融合的前提下，货物和服务的界限已变得相当模糊，货物项目中可能包含有服务的成分，而服务的项目下也有出现货物的可能。

3. 收入

收入又称收益，反映生产要素流动引起的生产要素报酬的收支。国际流动的生产要素有劳动与资本两项，因此，收入下设"职工报酬"与"投资收入"两项内容。

（1）职工报酬。职工报酬是指个人在另一个国家为所在国机构单位工作而得到的报酬，包括现金或实物形式的工资、薪水和福利，也包括由雇主代为缴纳的社会保障缴款。这里，职工主要是指季节工人、其他短工和边境工人。如果该职工在国外长期就业，停留时间超过1年，就转化为所在国的常住单位，其所得到的报酬就不再属于国际收支中的收益。

（2）投资收入。投资收入包括居民因拥有国外金融资产而得到的收入，包括直接投资收入，间接投资收入和其他投资收入三部分。投资收入强调报酬的收支，因而有其特殊性。例如，在一笔债务还本付息时，本金的流动记入金融账户，而利息记入经常账户的投资收入。

4. 经常转移

经常转移又称无偿转移或单方面转移，属于国内和国外之间发生的收入再分配活动，包括各级政府、其他部门两个部分。各级政府经常转移主要包括政府之间为自然灾害、战争或其他救济活动而发生的捐赠，政府定期向国际组织缴纳的款项，以及政府或国际组织向其他国家提供技术援助人员的薪水及其他费用。其他部门间经常转移主要包括个人汇款和其他经常转移，如救济捐赠、礼赠和赡养费等。可能是现金转移，也可能是实物转移。

经常转移主要包括所有非资本转移的转移项目，即排除以下三项所有权转移的所有转移项目：（1）固定资产所有权的转移；（2）同固定资产的收买或放弃相联系的或以其为条件的资金转移；（3）债权人不索取任何回报而取消的债务。

根据实施转移的主体不同，经常转移可分为政府转移，如无偿援助、战争赔款、政府向国际组织定期交纳的费用等。与私人转移，如侨汇、捐赠、继承、赡养费、资助性汇款、退休金等。

（二）资本与金融项目

资本和金融项目由资本项目与金融项目两部分构成。

1. 资本项目

资本项目记录对外发生的"资本转移"和"非生产、非金融资产的收买或放弃"。

资本转移与资金流量核算中资本转移的定义一致，是指与资产负债变化有关的单方面转移，既可以是现金转移，也可以是实物转移。尽管资本转移可以在各种名义下发生，比如捐赠，但是，从核算实践看，各国间资本转移的主要内容是债务减免和移民转移。

非生产、非金融资产的收买或放弃，主要包括不是由生产创造出来的有形资产（如土地和地下资产）与无形资产（专利、版权、商标、经销权等）的收买或放弃。

2. 金融项目

金融项目反映的是居民与非居民之间投资与借贷的增减变化。以前的分类方式是分成长期资本与短期资本，由于金融创新的不断涌现和资本流动的迅猛发展，长期资本与短期资本的区分越来越困难，因此，目前金融项目的划分主要分为直接投资、证券投资、其他投资、储备资产四种。

（1）直接投资。直接投资是指一个国家的常住单位为了在其他国家的企业中获取长远利益而进行的投资。按照 OECD 关于外国直接投资的基准定义，原则上，如果常住单位拥有国外企业 10% 及 10% 以上的股权或投票权，则该投资即可视为直接投资，由此形成直接投资者（属于一个国家的常住单位）和直接投资企业（属于另一个国家的常住单位）之间的对外经济关系。从一个国家看，同时存在直接投资流入和直接投资流出两个流量。

直接投资资本包括三个组成部分：① 股本，是指直接投资者在直接投资企业的股本金；② 再投资收益。是指直接投资企业未分配红利中属于直接投资者的部分，视同分配给投资者，然后又投回该企业；③ 其他资本，包括直接投资者和直接投资企业之间的各类资金借贷，如债券、信贷以及应收应付款项。

（2）证券投资。证券投资包括股本证券和债务证券的交易。投资者进行这类投资往往是为了获得价差收益或财产收入，而不是为了控制企业经营。其中，股本证券包括股票、参股证或类似文件，它们代表投资者对企业资产所拥有的权利。一般来说，只有投资者在企业拥有的投票权不到 10% 的情况才属于股本证券投资，否则就是直接投资；债务证券包括中长期债券和货币市场工具，如短期国库券、商业票据、银行承兑汇票、可转让大额存单等。

（3）其他投资。是一个剩余项目，包括所有直接投资、证券投资和储备资产没有覆盖的对外金融资产，主要有贸易信贷、贷款、利用基金组织的贷款、货币和存款等。其中，贸易信贷指由货物和服务交易的供应方或购买方直接提供的信贷、在建工程的预付款等；贷款是指直接放款产生的各种金融资产；利用基金组织的贷款是指成员国从基金组织的提款；货币是指流通中的纸币和铸币，包括常住单位持有的外币和非常住单位持有的本币；存款包括可转换存款和其他存款。

（4）储备资产。储备资产包括某一经济体的货币当局认为可以用来满足国际收支和在某些情况下满足其他目的的各类资产的交易。涉及的项目包括货币化黄金、特别提款权、在国际货币基金组织的储备头寸、外汇资产以及其他债权。货币黄金是指货币当局作为国际储备持有的黄金。货币黄金的变动有两种渠道：一是不同国家货币当局之间的货币黄金交易；二是货币当局与民间的交易，即黄金的货币化和非货币化。特别提款权是指国际货币基金组织对会员国根据其份额分配的、可用以归还国际货币基金组织或在会员国政府之间偿付国际收支赤字的一种账面资产。在各种交易中，特别提款权可用来购买其他成员国的货币、清偿金融债务以及提供贷款等。在国际货币基金组织的储备头寸是指在国际货币基金组织普通账户中会员国可自由提取使用的资产。储备头寸的购买是指成员国从基金组织购买的其他国家的货币，结果是该国外汇储备的增加；反之就是基金组织对头寸的回购，结果是该国外汇储备的减少。外汇资产包括货币当局对国外的债权，表现为货币、政府的有价证券、中长期债券、货币市场工具、衍生金融工具和股本证券等。

（三）错误与遗漏项目

错误与遗漏项目是为了使国际收支平衡表借方和贷方平衡而人为设立的一种平衡项目。根据复式簿记原则，借贷总额应该相等。但是，人们在实际编制国际收支平衡表的过程中，总会出现一定的错误与遗漏。错误与遗漏项目出现的原因主要有：（1）编制国际收支平衡表的原始统计资料来自各个方面，在原始资料的形成过程中，不可避免地会出现某些当事人故意改变、伪造某些项目数字的做法，造成了原始资料的失实或不完全，例如走私、资本外逃等。（2）统计数字的重复计算和漏算，原始统计资料来自四面八方，有的来自海关统计，有的来自银行报表，还有的来自官方主管机构的统计报表，这就难免发生统计口径不一致而造成重复计算与漏算。（3）有的统计数字本身就是估算的。

误差与遗漏在表明国际收支平衡表准确性的同时，还有很重要的分析用途。如果该项目长期出现较大数额而得不到扭转，则意味着有重要的信息没有被反映出来，例如研究者常常通过误差与遗漏来分析一国的资本外逃或热钱涌入状况。

▶▶ 四、国际收支核算的记录方法

国际收支核算的核心是国际收支平衡表，它是按照复式记账法进行记录编制的。其记账原理为：任何一笔交易都涉及借方和贷方两个方面，有借必有贷，借贷必相等。无论是实际资产还是金融资产，对外资产持有额的减少被记入贷方，对外资产持有额的增加被记入借方。通常来说，记入借方的项目包括：（1）反映进口实际资源的经常项目；（2）反映资产增加或负债减少的资本与金融项目。记入贷方的项目包括：（1）反映出口实际资源的经常项目；（2）反映资产减少或负债增加的资本与金融项目。

具体来看，有如下记账规则：（1）进口商品属于借方项目，出口商品属于贷方项目；（2）非居民为本国居民提供服务或从本国取得收入，属于借方项目，本国居民为非居民提供服务或从外国取得收入，属于贷方项目；（3）本国居民对非居民的单方向转移，属于借方项目，本国居民收到的国外的单方向转移，属于贷方项目；（4）本国居民获得外国资产属于借方项目，外国居民获得本国资产或对本国投资属于贷方项目；（5）本国居民偿还非居民债务属于借方项目，非居民偿还本国居民债务属于贷方项目；（6）官方储备增加属于借方项目，官方储备减少属于贷方项目。

每个具体项目的借方与贷方难做到收支相抵时会出现差额，如贸易差额、劳务差额等，统称为局部差额。各局部差额的合计，构成国际收支的总差额。一个国家的外汇收入大于外汇支出，有了盈余，称为国际收支顺差，用"＋"号表示；外汇收入与外汇支出相抵后有了亏空，称为国际收支逆差，用"－"号表示。国际收支平衡表的各个项目的借贷差额在差额栏里反映出来。

2010年中国国际收支平衡表的基本表式见表7－13，它记录了2010年中国的国际收支状况。

表7－13　2010年中国国际收支平衡表　　　　　单位：亿美元

项　　目	行次	差　额	贷　方	借　方
一、经常项目	1	3 054	19 468	16 414
A. 货物和服务	2	2 321	17 526	15 206
1. 货物	3	2 542	15 814	13 272
2. 服务	4	－221	1 712	1933
B. 收益	18	304	1 446	1 142
1. 职工报酬	19	122	136	15
2. 投资收益	20	182	1 310	1 128

项　目	行次	差　额	贷　方	借　方
C. 经常转移	21	429	495	66
1. 各级政府	22	—3	0	3
2. 其他部门	23	432	495	63
二、资本和金融项目	24	2 260	11 080	8 820
A. 资本项目	25	46	48	2
B. 金融项目	26	2 214	11 032	8 818
1. 直接投资	27	1 249	2 144	894
1.1 我国在外直接投资	28	—602	76	678
1.2 外国在华直接投资	29	1 851	2 068	217
2. 证券投资	30	240	636	395
2.1 资产	31	—76	268	345
2.2 负债	36	317	368	51
3. 其他投资	41	724	8 253	7 528
3.1 资产	42	—1 163	750	1 912
3.1.1 贸易信贷	43	—616	5	621
3.1.2 贷款	46	—210	197	407
3.1.3 货币和存款	49	—580	303	883
3.1.4 其他资产	50	244	245	1
3.2 负债	53	1 887	7 503	5 616
3.2.1 贸易信贷	54	495	583	88
3.2.2 贷款	57	791	5 860	5 069
3.2.3 货币和存款	60	603	1 038	435
3.2.4 其他负债	61	—3	22	25
三、储备资产	64	—4 717	0	4 717
3.1 货币黄金	65	0	0	0
3.2 特别提款权	66	—1	0	1
3.3 在基金组织的储备头寸	67	—21	0	21
3.4 外汇	68	—4 696	0	4 696
3.5 其他债权	69	0	0	0
四、净误差与遗漏	70	—597	0	597

注：① 本表计数采用四舍五入原则。② 从 2010 年三季度开始，按照国际标准，将外商投资企业归属外方的未分配利润和已分配未汇出利润同时记入国际收支平衡表中经常账户收益项目的借方和金融账户直接投资的贷方，2010 年各季度按此方法进行了调整。

资料来源：国家外汇管理局网站（http：//www. safe. gov. cn）。

第四节　国际投资头寸核算

国际投资头寸核算与国际收支核算是紧密联系,互相补充。国际收支平衡表反映的是在特定时期内一个国家或地区与世界其他国家或地区发生的一切经济交易,国际投资头寸表则反映的是特定时点上一个国家或地区对世界其他国家或地区的金融资产和负债存量状况。国际投资头寸表与国际收支平衡表结合在一起,构成一个国家或地区完整的国际账户体系。

▐▶ 一、国际投资头寸核算概述

国际投资头寸[①](international investment position,IIP)是指常住单位拥有的国外资产存量、对外负债存量以及净头寸,其中净头寸是资产存量减去负债存量的净额。作为存量,国际投资头寸属于国民资产负债的组成部分,也就是其中的对外资产和负债部分。

国际投资头寸大体体现了各时期国际投资交易的积累结果。从国际收支核算所记录的投资交易来看,尽管资本账户记录的是对外非金融投资,但由于这些交易属于所有权的变更,并不具有可偿还性,无法形成国际投资存量,因此,国际投资头寸主要是指对外金融资产负债存量,国际收支与国际投资头寸所对应的只是其金融账户和储备资产部分。与国际收支核算相一致,国际投资头寸的内容分类包括直接投资、证券投资、其他投资和储备资产四个部分。

▐▶ 二、国际投资头寸表的标准组成

国际投资头寸表是反映特定时点上一个国家或地区对世界其他国家或地区金融资产和负债存量的统计报表。国际投资头寸的变动是由特定时期内交易、价格变化、汇率变化和其他调整引起的。国际投资头寸表中对外金融资产和负债的差额就是净头寸,表明此国家或地区是对外净债权国还是净债务国。国际投资头寸表的标准表式见表7-14。对于一经济体的资产负债表,国际投资头寸加上一经济体非金融资产的存量等于该经济体的净值。

---

① 头寸(position)也称为"头衬",就是款项的意思,是金融界及商业界的流行用语。如果银行在当日的全部收付款中收入大于支出款项,就称为"多头寸",如果付出款项大于收入款项,就称为"缺头寸"。对预计这一类头寸的多与少的行为称为"轧头寸"。想方设法调进款项的行为称为"调头寸"。如果暂时未用的款项大于需用量时称为"头寸松",如果资金需求量大于闲置量时就称为"头寸紧"。

表 7 - 14 国际投资头寸表

	年初头寸	交易	价格变化	汇率变化	其他调整	年底头寸
A. 资产						
1. 在国外直接投资						
1.1 股本资本和再投资收入						
1.2 其他资本						
2. 证券投资						
2.1 股本证券						
2.2 债务证券						
3. 其他投资						
3.1 贸易信贷						
3.2 贷款						
3.3 货币和存款						
3.4 其他资产						
4. 储备资产						
4.1 货币黄金						
4.2 特别提款权						
4.3 在基金组织中的储备头寸						
4.4 外汇						
B. 负债						
1. 国外在国内的投资						
1.1 股本资本和再投资收入						
1.2 其他资本						
2. 证券投资						
2.1 股本证券						
2.2 债务证券						
3. 其他投资						
3.1 贸易信贷						
3.2 贷款						
3.3 货币和存款						
3.4 其他负债						

在表的横栏中,主要突出的是资产和负债的区别,两者的差额反映了净头寸的规模。国际投资头寸表的组成部分同国际收支平衡表金融账户组成部分完全一致,其项目内容是按功能划分的。根据国际货币基金组织的标准,国际投资头寸表的项目按资产和负债设置。资产细分为对外直接投资、证券投资、其他投资和储备资产四部分;负债细分为外国来华直接投资、证券投资、其他投资三部分。净头寸是指对外资产减去对外负债。

在国际投资头寸表的竖栏中,期初期末造成的头寸变化的各种因素都被记录下来。第一个项目就是同标准组成部分联系在一起的各种交易。其次就是价格变化和汇率变化影响各个组成部分的计价变化,如直接投资和储备资产项下的股本和债务证券在一个时期的期末记录投资头寸之前,还要加进其他调整项目。其他各项调整中包括特别提款权分配与撤销所引起的变化,黄金货币化与非货币化所引起的变化等。

国际投资头寸核算包括两项主要内容:一是期初期末的投资头寸存量;二是核算期内引起投资头寸变化的各种流量。原则上,金融资产和负债都应该按照统计时点(期初和期末)的当期市场价格估价,但在实践中全面贯彻该原则并不容易。比如说,直接投资常常按照直接投资企业资产负债表的账面价值确定,如果资产负债表是按照历史成本记录,就需要将搜集的数据予以价格转换;证券投资要以适当的参考日期根据当期市场价格计价,对于那些在有组织的市场上挂牌或可随时交易的股票和债务证券,应该按照实际价值计价,否则就要参照类似股票的价值计价,或者按照预计未来收款/付款的净现值计价;在各种其他投资中,贷款、存款、其他应收/应付款项和货币一样,一般要按照名义价格或面值计价;储备资产也要按照适当的参考日期的市场价格计价,其中货币黄金按照当前的市场价格计价,特别提款权按照基金组织公布的市场汇率计算,在基金组织的储备头寸按照基金组织的计算方法计算,外汇资产和其他债权按照参考日期的市场价格计价。

由核算原理可知,国际收支的金融交易是引起国际投资头寸变化的主要原因,这构成了国际收支和国际投资头寸之间统计上的主要联系,体现了流量核算与存量核算的对应关系。除了国际收支中的金融交易引起国际投资头寸变化之外,还可以发现:(1)对外资产负债会引起投资收益的发生及其在国际的流动,形成对外支付的投资收益和从国外获得的投资收益,这些要记录在国际收支平衡表的经常账户之中,因此投资头寸是决定国际收支核算之投资收益的主要因素。(2)尽管在核算关系上只有金融账户和储备资产账户与投资头寸具有直接联系,但由于国际收支核算采用复式记账方法,大部分对外交易体现为经常账户与金融账户、储备资产账户之间的借贷对应关系,因此经常账户的记录数额也会间接对国际投资头寸产生影响。

三、中国国际投资头寸表

中国国际投资头寸表是反映特定时点上我国(不含中国香港、澳门和台湾)对世界其他国家或地区金融资产和负债存量的统计报表(见表7-15)。

表 7 - 15　中国国际投资头寸表(年度表)　　　　　　　　单位:亿美元

项目	2004年末	2005年末	2006年末	2007年末	2008年末	2009年末	2010年末
净资产	2 764	4 077	6 402	11 881	14 938	14 905	16 880
A. 资产	9 291	12 233	16 905	24 162	29 567	34 369	41 189
1. 在国外直接投资	527	645	906	1 160	1 857	2 458	3 172
2. 证券投资	920	1 167	2 652	2 846	2 525	2 428	2 571
2.1 股本证券	0	0	15	196	214	546	630
2.2 债务证券	920	1 167	2 637	2 650	2 311	1 882	1 941
3. 其他投资	1 658	2 164	2 539	4 683	5 523	4 952	6 304
3.1 贸易信贷	432	661	922	1 160	1 102	1 444	2 060
3.2 贷款	590	719	670	888	1 071	974	1 174
3.3 货币和存款	553	675	736	1 380	1 529	1 310	2 051
3.4 其他资产	83	109	210	1 255	1 821	1 224	1 018
4. 储备资产	6 186	8 257	10 808	15 473	19 662	24 532	29 142
4.1 货币黄金	41	42	123	170	169	371	481
4.2 特别提款权	12	12	11	12	12	125	123
4.3 在基金组织中的储备头寸	33	14	11	8	20	44	64
4.4 外汇	6 099	8 189	10 663	15 282	19 460	23 992	28 473
B. 负债	6 527	8 156	10 503	12 281	14 629	19 464	24 308
1. 来华直接投资	3 690	4 715	6 144	7 037	9 155	13 148	15 696
2. 证券投资	566	766	1 207	1 466	1 677	1 900	2 239
2.1 股本证券	433	636	1 065	1 290	1 505	1 748	2 061
2.2 债务证券	133	130	142	176	172	152	178
3. 其他投资	2 271	2 675	3 152	3 778	3 796	4 416	6 373
3.1 贸易信贷	809	1 063	1 196	1 487	1 296	1 617	2 112
3.2 贷款	880	870	985	1 033	1 030	1 636	2 389
3.3 货币和存款	381	484	595	791	918	937	1 650
3.4 其他负债	200	257	377	467	552	227	222

资料来源:国家外汇管理局网站(http://www.safe.gov.cn)。

第五节　对外经济核算的应用分析

▐▶ 一、对外经济核算的分析方法

　　一个国家的国际收支平衡表和国际投资头寸表记录着这个国家一定时期内对其他各国经济往来的综合情况及资产负债变动情况,它们集中反映了这个国家对外经济关系的特点和作用以及国际金融活动的内容和范围。当今各国在经济和政治等各方面的联系越来越密切,一个国家不仅要了解自己,还要了解其他国家的政治经济实力和对外经济政策的动向。国际收支平衡表和国际投资头寸表涵盖了大量的政治经济信息,是国与国之间互相了解的重要窗口。通过对世界各国的国际收支平衡表和国际投资头寸表的分析与研究,可以充分了解各国经济实力和预测世界经济与贸易的发展趋势。

　　对外经济核算的分析方法主要有以下几种:

(一) 静态分析法

　　静态分析法是指对某国在某一时期(一年、一季或一个月)的国际收支平衡表进行分析的方法。具体讲就是计算和分析国际收支平衡表中的各个项目及其差额,分析各个差额形成的原因及其对国际收支总差额的影响。当然,由于各个项目差额的产生原因是多方面的,在分析其差额的形成原因时,只利用单一资料不能全面地掌握和认识实际情况,还应该结合其他有关资料,进行综合分析。

(二) 动态分析法

　　动态分析法是指对某国若干连续时期的国际收支平衡表和国际投资头寸表进行分析。一国一定时期的国际收支状况和国际投资头寸变化情况是过去一定时期该国经济结构状态、经济发展进程及经济政策导向的综合结果。而经济结构、经济发展以及经济政策并不是一成不变的,它随着时间的变化、环境的变化而不断变化。因此,一国的国际收支和国际投资头寸也处于一个连续不断的运动过程之中。无论是顺差还是逆差,无论是净债权状态还是净负债状态,都不能仅仅从静止的角度来考察,还必须考察其发展变化的情况。

(三) 比较分析法

　　比较分析中的纵向比较是指对一国若干连续时期的国际收支平衡表和国际投资头寸表进行比较分析。比较分析中的横向比较是指对不同国家在相同时期的国际收支平衡表和国际投资头寸表进行比较分析。随着国际政治、经济和军事关系的变化,一国与其他有关国家的国际收支会相应发生变化。因此,必须对相关国家的国际收支平衡表和国际投资头寸表进行横向的比较分析。当然,由于每个国家的国际收支平衡表和国际投资头寸表的项目设置与编制方法都不尽相同,可能在统计口径上横向比较会出现偏差。对于这一问题,可以利用国际货币基金组织公布的有关国际收支统计资料。国际货币基金组织公布的有关资料均是经过重新整理后编制的,在统计口径上达到一

致,因此国与国之间的数据具有可比性。

▶▶ 二、国际收支平衡状况分析

国际收支平衡是指一国对外经济活动收与支之间的协调关系。保持某一时期国际收支平衡,是一国对外经济活动的最重要约束。分析国际收支平衡状况,人们习惯于将国际收支项目按经常项目、资本往来项目、储备资产增减额项目的顺序作递进分析,认为经常收支差额是非常重要的指标,其顺逆状况将为整个国际收支平衡状况奠定基础;资本往来项目对经常项目收支差额具有调节弥补作用,但也有其自身的独立性,尤其是长期资本往来;最后是储备资产增减额这一最终调节性项目。三者之间的对应关系可以有多种组合,但综合各国情况,最典型的情况有以下几种。(1)经常项目顺差,资本往来项目也是顺差,结果使储备资产有很大增加额。说明该国既能保持在贸易和非贸易往来中的主动地位,又能有效地吸引国外资金,这是经济极具扩张力的表现,但从长远看应注意对储备资产的有效利用。(2)经常项目顺差,资本往来项目逆差,但在数额上前者大于后者或基本持平,使储备资产略有增加或保持稳定。说明该国对外经常性交易具有优势,多余收入转化为投资流向国外,这是发达国家国际收支的典型特征。(3)经常项目逆差,资本往来项目也是逆差,从而造成储备资产的较大减少。就是说,出口不能抵补进口,同时又不能吸引外部资金,这是那些落后的发展中国家所面临的情况。有限的国家储备不允许这种情况长期存在,最后只能引起压缩进口、货币贬值等后果。(4)经常项目逆差,资本往来项目为顺差,但在数额上前者大于后者或基本持平,使储备资产略有减少。处于这种情况下的国家从长远看必须注意提高本国出口的竞争力,并密切注意外债的规模和偿还能力。

国际收支平衡是一个带有综合性的问题,除了通过收支差额进行直接观测外,还应利用一些间接观测指标,如贸易条件指数、进出口商品结构、汇率变动等,对国际收支平衡状况及形成的原因作进一步的深入分析。下面以中国国际收支平衡表为例进行一些简要分析。

(一)总体情况

2010年中国国际收支交易呈现恢复性增长。全年国际收支交易总规模为5.6万亿美元,创历史新高,较上年增长36%,与同期国内生产总值之比为95%,较2009年增长13个百分点。中国贸易、直接投资、外债等主要项目交易规模均达到历史高峰。按国际收支统计口径,货物贸易总额为29 087亿美元,较上年增长35%;服务贸易总额为3 645亿美元,增长26%。

(二)差额分析

这里主要就经常账户差额、资本与金融账户差额以及这些差额之间的关系进行横向和纵向比较分析。

1. 横向分析

(1)经常账户差额分析。

在国际经济交往中,经常账户在较大程度上决定一国的国际收支状况,而货物和服务贸易又在很大程度上决定了该国的经常账户状况。在2010年我国的国际收支平衡表中,经常账户顺差3 054亿美元。其中货物贸易实现顺差2 542亿美元,服务贸易出现221亿美元逆差,货物和服务总计2 321亿美元顺差。在服务项目下的子项目中,通信服务、建筑服务、计算机和信息服务、咨询以及其他商业服务呈现顺差状态,其中又以建筑服务、计算机和信息服务咨询的顺差占绝大部分,这说明我国在这些服务方面的国际竞争力比较强;而包括运输、旅游、保险服务、专有权利使用费和特许费等在内的其他项目均为逆差,其中又以运输、保险服务、专有权利使用费和特许费占逆差前三位,这说明我国在这些服务项目上仍缺乏国际竞争力,有待提高。

(2)资本与金融项目差额分析。

资本与金融项目差额主要体现在金融项目差额上,金融项目的变化决定着资本与金融项目的变化。总体而言,2010年我国金融账户资金流入11 032亿美元,资金流出8 818亿美元,实现顺差2 214亿美元。其中我国在外直接投资净增加额602亿美元,外国在华直接投资净增加额1 851亿美元,直接投资项目盈余1 249亿美元;证券投资净流入240亿美元,其他投资净流入724亿美元。显然,在金融账户中外国在直接投资和其他投资项目方面占主要地位,证券投资所占比例小,也就是说,我国金融账户盈余主要来自直接投资和其他投资项目的盈余。

2. 纵向分析

根据对2010年我国国际收支平衡表的分析,并结合与2009年我国国际收支情况的对比。2010年总体来看,我国国际收支经常项目,资本和金融项目呈现双顺差,储备资产持续增长。

(1)经常项目。

2010年,我国经常项目顺差3 054亿美元,较2009年增长17%,我国货物贸易规模达历史最高,但较之2009年,2010年货物贸易未出现大幅增长,按国际收支统计口径,货物贸易顺差2 542亿美元,较2009年增长2%,其中2010年我国出口总值为15 814亿美元,比上年增长31%;进口总值为13 272亿美元,比上年增长39%。由于我国2010年货物贸易,货物进口增速大于货物出口增速,所以2010年与2009年相比,货物贸易规模相当。

2010年,我国服务贸易收入1 712亿美元,较上年增长32%;服务贸易支出1 933亿美元,较上年增长22%;逆差221亿美元,下降25%。2010年我国服务贸易呈现以下特点:服务贸易总体规模继续保持增长,且贸易逆差缩小。逆差主要来源于运输,旅游,保险服务和专有权利使用费和特许费等项目。其中,近年来旅游支出的增加与我国国民收入增加,出境旅游热等密不可分。

2010年,我国收益顺差大幅增加,顺差304亿美元,较上年增长3.2倍。2010年我国对外置产规模的扩大,投资收益为182亿美元。同时,近年来国际劳务往来密切,越来越多的国人选择海外工作。2010年,我国海外务工人员劳动收入大幅上涨,劳务报酬净流入122亿美元,较2009年增长70%。

(2)资本和金融项目。

2010年,由于欧美等国的债务危机影响,我国资本和金融项目略有震荡。2010年,资本和金融项目顺差 2 260 亿美元,比上年增长 25%,外债规模略有上升,外汇贷款增加。

2010 年外国在华直接投资流入 2 068 亿美元,较上年增长 42%,撤资清算等流出 217 亿美元,净流入 1 851 亿美元。从外国来华投资的产业结构看,制造业、房地产业、租赁和商务服务业、银行业、其他金融机构、保险业、证券业受到外资青睐。从在华投资流向看,外国资金依然集中于东部沿海地区,虽然西部少数省份外资直接投资增速,但投资量依然很小。

2010 年我国对外直接投资流入 678 亿美元,较上年增长 41%,撤资清算等流出 76 亿美元,下降 83%;净流出 602 亿美元,增长 37%。从投资目的地来看,我国非金融部门对外直接投资去向依次为亚洲、拉丁美洲、大洋洲、欧洲、北美洲和非洲;从投资的行业分布看,我国非金融部门对外直接投资涉及商务服务业、采矿业、制造业、批发和零售业、交通运输业、房地产、建筑业和电力煤气及水的生产等众多领域;从投资方式看,我国非金融部门的对外直接投资中,国内有竞争力的企业更多地采用兼并收购的方式进行对外投资,跨国并购趋于活跃。

(3) 证券投资。

2010 年,证券投资项目净流入 240 亿美元,较 2009 年下降 38%。其中,我国对外证券投资净流出 76 亿美元,2009 年为净流入 99 亿美元。

(4) 储备资产。

2010 年,我国新增国际储备资产 417 亿美元,较 2009 年新增额扩大 18%。其中,外汇储备增加 4 696 亿美元,在基金组织的储备头寸和特别提款权增加 22 亿美元。

3. 比较分析

我国对外贸易格局日趋多元化,与周边国家或地区的贸易逆差扩大。2010 年,我国与欧盟、美国和日本的进出口总值分别较 2009 年增长 32%、29% 和 30%,合计占我国贸易总量的 39%,较上年略有下降。我国与新兴市场国家进出口增速明显,2010 年与东盟、印度、巴西、俄罗斯进出口总值分别增长 38%、42%、48% 和 43%,均高于总体进出口增速。2010 年,我国对美国和欧盟顺差分别为 1 813 亿美元和 1 428 亿美元;对日本、韩国和东盟等周边国家或地区逆差分别为 556 亿美元、696 亿美元和 164 亿美元,合计较上年扩大 73%。国际分工格局对我国贸易的影响未发生较大变化,外商投资企业加工贸易仍是顺差主要来源。2010 年,我国外商投资企业加工贸易顺差 2 701 亿美元,较上年增长 21%。贸易逆差主要来自国有企业的一般贸易,2010 年逆差 1 798 亿美元,较上年增长 46%。

▊▶ 三、国际投资头寸状况分析

对外资产规模不断扩大,以外汇储备为主。2004—2010 年,我国对外资产年均增速达 28.2%。2010 年末,对外资产余额 4.12 万亿美元,较上年末增长 19.8%,增速有所回落。我国对外投资以储备资产(包括外汇储备、黄金储备、特别提款权和在国际货币基金组织的头寸等)运用为主,主要是外汇储备。2010 年末,储备资产 2.91 万亿美元,占总资产的 70.7%。2004—2010 年新增对外投资中,储备资产贡献了 72%,其中 2010 年贡献了 67%,显示我国的对外投资多元化取得新进展。2010 年末,我国对外直接投资 3 172 亿美元,占 7.7%;对外证券投资资产 2 571 亿美元,占 6.2%;其他对外投资资产 6 304 亿美元,占 15.3%。对外负债持续增长,以来华直接投资为主,2004—2010 年,我国对外负债持续扩张,年均增长 24.5%,略低于对外资产增速。2010 年末,对外负债达到 2.43 万亿美元,较上年增长 24.9%,增速略有上升,高于同期对外资产的扩张速度 5 个百分点。

我国外来投资以外国来华直接投资为主。2010 年末,外国来华直接投资 1.57 万亿美元,占总负债的 61%(该比例历年来基本在 60% 左右,2009 年最高,达到 67.5%)。2004—2010 年新增外来投资中,外来直接投资贡献了 67.5%,其中 2010 年贡献了 52.6%,显示非传统形式的证券投资和其他投资已成为我国外来投资的主要来源。2010 年末,外来证券投资 2 239 亿美元,占 9.2%;其他外来投资(主要是外债)6 373 亿美元,占 26.2%。

对外净资产进一步增加,2004 年以来,我国均呈现对外净资产,且净资产不断增长。2004—2010 年,我国对外净资产年均增长 35.2%,到 2010 年末已增至 1.69 万亿美元。对外负债增长快于对外资产,2010 年对外净资产增速仅为 13.3%。截至 2010 年末,我国对外净资产占 GDP 的比重为 26.7%,较 2007 年峰值回落了约 9 个百分点。

2010 年末,我国对外净资产较上年末增长 1 975 亿美元。理论上,经常项目顺差应转化为当年对外净资产的增加,但现实中两者存在差异。这一方面是因为 2010 年国际收支平衡表中统计误差与遗漏为负值,导致没有增加相应的净资产;另一方面是因为估值因素和其他统计调整的影响,其中包括资产价格和汇率变动导致市价重估后的账面价值变化、统计口径变化及补报数据等形成的资产或负债存量的调整、流量与存量数据来源不同或修订时间不一致所产生的差异、数据源本身不匹配等。

修订情况及研究趋势

在对外经济核算部分,SNA-2008 的改进主要表现在:

(一) 对统计单位的进一步规定及修订

1. 可确认为一个机构单位的非常住单位的分支机构

对于一个由非常住机构单位所拥有的非法人企业,SNA-1993 将其视为所在国的一个名义常住单位,而 SNA-2008 则将其确认为一个分支机构,并视为一个机构单位。SNA-2008 规定了一些指示性条件,以便能够将非常住单位的分支机构识别为一个机构单位,即:该单位在某一经济领土内长期从事大量的货物与服务生产活动,并遵守其所在经济体的所得税法(如果有的话),即使它可能获得免税待遇。

2. 澄清了跨国企业的常住性

SNA-1993对于如何确定跨领土运营企业的常住性问题没有给出明确的指导,而SNA-2008针对那些在一个以上经济领土内进行无缝作业的跨领土运营企业,提出了一些确定其常住性的原则。此类企业通常从事跨境活动,诸如海运、空运、界河上的水电项目、管道运输、桥梁、隧道以及海底电缆等。如果无法确认母公司或独立的分支机构属于哪个经济体,SNA-2008建议将该企业的总营业额在其作业的各个经济领土内按比例进行分配。

3. 主要经济利益中心是确定单位常住性的基本依据

SNA-2008建议根据经济利益中心来确定机构单位的常住性,但是对于有几个国际住所、而在这些住所内可能只作短暂停留的个人常住性问题则没有给出指导。SNA-2008与《国际收支手册(第六版)》(BPM6)都采用了"主要经济利益中心"这一概念,将其作为确定一个实体是否属于一个经济领土内的常住单位的基本依据。

4. 个人常住性变化导致的变动

关于如何记录由于个人常住性变化所引起的货物流动以及金融账户发生的变动,SNA-1993没有提供明确的指导。SNA-2008明确指出,如果一个人改变了他/她的常住国,围绕这个人所有的非金融资产、金融资产与负债的所有权不会有任何变化。需要做的只是对这些项目之(经济)所有者的常住国进行重新分类。因此,此种变化更适于记录在资产物量其他变化账户中,而不是记录为资本转移。

(二)对一些具体项目核算的进一步完善

1. 根据所有权变更原则记录送到国外加工的货物

SNA-1993将送到国外加工、然后又返回货物发出国的货物视为经历了所有权的有效变更。因此,这些货物在离开第一国时被记录为出口,在返回该国时又被记录为进口。从事加工的国家被显示为生产了这些货物,以全价加以记录,尽管加工者根本不必在货物进入本国时进行支付。SNA-2008建议,应严格按照所有权变更原则来记录进口和出口,即:货物在拥有货物的国家与提供加工服务的国家之间的流动不应记录为货物进口和出口,而应记录为拥有货物的国家的加工服务进口,以及提供加工服务的国家的加工服务出口。

2. 关于转口贸易的核算

转口贸易被定义为:(编制国的)一个常住单位向一个非常住单位购买了货物,随后又将该货物转售给另一个非常住单位,而该货物根本没有进入转口贸易商所在的经济体。SNA-1993对于转口贸易的核算没有给出指导。SNA-2008建议,由全球化制造商、批发商和零售商以及其他商品经纪所获得的货物,应在获得时点记录为负出口,而在处置时点记录为正出口。两者之差出现在货物出口项下,但要与国内交易的货物的贸易毛利一样,记录为转口贸易商所在经济体的服务生产。如果货物在一个时期获得但在另一时期处置,则应将其记录为转口贸易商的存货变化,即使这些存货是在国外持有。

3. 关于特别提款权的处理

SNA-2008 建议将由国际货币基金组织发行的特别提款权(SDRs)视为特别提款权持有国的资产,以及对计划参与者的集体求偿权。此外,它还建议将 SDRs 的分配与取消记录为交易。对 SDRs 的资产与负债应分别加以记录。受这一关于 SDRs 核算方法变动的影响,SNA-2008 建议应将货币黄金和 SDRs 分列为子项目,而在 SNA-1993 中,SDRs 被归为没有对应负债的资产。

(三) SNA 与 BPM6 在有关概念与分类上的协调

SNA-2008 修改了 SNA-1993 相关章节的内容,以此达成与 BPM6 的一致。在 BPM6 与 SNA 的起草过程中有广泛的合作,因此在很多情形下,两者的措辞完全相同。BPM6 引入了一套新的账户,与 SNA 的系列账户非常相似,从而使得与 SNA 的沟通更为容易。SNA-2008 引入了 BPM6 的功能性分类,即直接投资、证券投资、金融衍生工具、其他投资以及储备资产。

思 考 与 练 习

1. 在对外经济活动中,界定常住性有何作用? 它对于确定一项经济交易是否属于国际收支的范畴有何作用?

2. 与国际收支核算相比较,国际投资头寸核算显示了什么特点?

3. 国际收支顺差、逆差和平衡项各是什么含义?

4. 什么是在基金组织的储备头寸?

5. 什么是特别提款权?

6. 国际收支平衡表的主要平衡关系有哪些?

7. 国际收支核算中的储备资产包括哪些? 核算储备资产的增减变动有何意义?

8. 如何根据国际收支平衡表分析一国的国际收支平衡状况?

第八章　国民经济核算的灵活运用与附属核算

引　言

国民经济核算的中心框架作为一个严谨的核算体系,对于国民经济中的每一个单位、每一笔交易、每一类产品、每一种目的,它们在中心框架的分类和账户体系中都有一个确定的位置,并且是唯一的。在中心框架中所采用的一系列概念,在逻辑上也都是非常严密的。其目标一是希望通过它对世界各国的国民经济核算人员提供必要的指导,以使他们在研究本国的国民经济核算体系时尽量少走前人已经走过的弯路。目标二是力求在不同国家的国民经济核算账户之间实现国际可比,以方便世界范围内的社会经济分析。然而,中心框架存在一定的局限性,因为世界各国在发展水平和发展阶段、经济和社会结构、法律体制、经济和社会政策方面都存在着很多的差异。中心框架虽然具有一定的普遍性,能够适应世界各国的大部分情况,但不能反映它们的全部特征。

如何解决这一问题,联合国 1993 年 SNA 提出了保证核算结果应用的广泛性和统一性的两个方法:一是强调中心框架的灵活运用,即在遵循中心框架基本概念前提下,核算可以有不同的着重点、不同的处理方法、不同的完备和详细程度,强调其适用于不同国家在不同条件下的灵活运用。二是在不过分加重中心框架负担的前提下,根据附加的或不同的要求,开发补充性的或替代性的类别和概念,建立附属核算框架。这些附属核算框架既与中心框架保持着密切的联系,又为特定领域或特定专题所专有,因而与中心框架为主体的综合经济统计资料建立广泛的联系。

在本章中,只对与我国国民经济核算实践较为密切的那些内容做简要的介绍和评价。首先介绍 SNA 灵活运用的一个方面,即国民经济的季度核算和地区核算的基本问题。接下来介绍 SNA 的附属账户的相关内容,一个是环境与经济核算体系,另一个是人口资源与人力资本核算。最后对 SNA – 2008 就国民经济核算的灵活运用与附属核算的相关概念的修订情况及研究趋势进行介绍。

第一节　国民经济的季度核算和地区核算

国民经济核算可以沿着时间和空间两个维度进行扩展。将国民经济核算的核算周期由年度缩短到季度,就是季度国民经济核算(Quarterly National Accounts,QNA);将国家层次的国民经济核算向下延伸到地区层次,就是地区经济核算(Regional Account)。从基本核算原理看,地区经济核算类似于国家经济核算,季度核算类似于年度核算。但是,和国家相比,地区经济在内容结构上具有不完整性;和年度相比,季度周期所显示的经济过程具有不完整性。因此,地区经济核算和季度核算无论在内容上还是在估算方法上均有自身的特点,不可能是国家年度核算原理的简单套用。作为国民经济核算的重要组成部分,季度国民经济核算与地区经济核算是经济分析和宏观经济管理必不可少的工具。

一、季度国民经济核算

短期国民经济核算主要体现为季度核算,而季度核算主要集中在 GDP 核算方面,其主要目的是提供当前经济发展的描述,它比年度国民经济核算所提供的数据更加及时。季度国民经济核算时效性强,能够及时反映国民经济的发展变化情况,可为短期经济分析、制订经济政策(如货币政策、财政政策等)和加强宏观管理提供依据,也能为经济周期分析和经济建模提供基础数据,因此,季度国民经济核算具有重要的理论和现实意义。尽管理论上季度核算应该遵循与年度核算同样的原则和方法,但由于涉及的周期较短,数据时效性要求较高,所参考的数据基础不同于后者,因此季度核算估算方法常常不同于年度核算,并且在应用上还要处理由于季节变化等因素带来的问题。

(一) 季度国民经济核算的基本模式

季度国民经济核算的两种基本模式:直接模式和间接模式。

直接模式是直接收集季度国民经济核算所需要的基础数据,在此基础上直接计算季度国民经济核算指标和编制国民经济账户的一种核算模式。间接模式是以年度国民经济核算为基础,利用年度国民经济核算数据和收集到的一些关键季度指标来推算季度国民经济核算的有关指标,从而进行季度国民经济核算的一种核算模式。

(二) 季度国民经济核算方法

季度国民经济核算方法可分为两大类:直接法和间接法。

直接法使用的数据来源与年度核算相同,只不过采用的是季度基础数据并经过了适当的简化处理。直接法包括生产法、收入法和支出法。国际货币基金组织的《季度国民经济核算手册》推荐至少应使用两种方法来计算季度 GDP,并特别强调应使用生产法和支出法来计算季度 GDP。生产法、收入法和支出法得到的季度 GDP 数据通常并不相等,应加以处理。一种处理方法是从这三种方法中选择最好的一个,以之对其他方法得到的季度 GDP 进行调整;另一种处理方式是对不同方法得到的季度 GDP 数据进行平均。

间接法是使用数学或统计方法对参照指标进行外推,利用时间分解技术得到当年的季度数据。它通常包括相关指标推算法、增加值率法和速度推算法。

1. 相关指标推算法

先选择一些与季度 GDP 构成项目相关的、具有时间序列的指标,再根据这些指标与 GDP 各构成项目之间的数量关系来推算季度 GDP。

2. 增加值率法

先计算现价总产出,再根据历史资料及当期有关生产情况确定现价增加值率,然后将两者相乘得到增加值。

3. 速度推算法

利用现价总产出的增长速度或相关价值量指标的增长速度代替现价增加值的增长速度,然后用上年同期的增加值乘以该增长速度得出现期增加值。

选择直接法还是间接法,取决于可获得的季度信息以及其他一些因素。

为了反映季度 GDP 的物量增长,还需要计算可比价季度 GDP。可比价季度 GDP 的计算方法有以下几种:第一,缩减法。对于生产法季度 GDP 来说,可以使用双缩减法或单缩减法来计算可比价季度 GDP;对于支出法季度 GDP 来说,可以使用相应的价格指数来缩减支出法 GDP 各构成项目来计算可比价季度 GDP。第二,增加值率法。先计算可比价总产出,然后确定可比价增加值率,将两者相乘就得到可比价增加值。第三,速度推算法。利用可比价总产出的增长速度代替可比价增加值增长速度,进而可求得可比价增加值。第四,相关指标法。利用与可比价增加值密切相关的指标的增长速度代替可比价增加值增长速度,进而可求得可比价增加值。

(三) 季度国民经济核算中的问题

1. 季度国民经济核算中的季节调整问题

季度数据会受到各种季节因素的影响而具有季节变动特征,并有可能掩盖经济循环变动的趋势,因此,需要对季度数据进行季节调整。通常使用一些特定的方法将季节变动因素及偶然因素从时间序列中剔除,使经过季节调整的时间序列能够准确地反映经济运行的基本态势。

对季度 GDP 进行季节调整是直接对季度 GDP 进行季节调整,还是先对季度 GDP 核算所需要的各项基础指标进行季节调整,然后由此计算出经过季节调整的季度 GDP,这是需要考虑的一个问题。前一种方法称为直接调整法,其优点是能得到更好的季度 GDP 总量序列,改进对趋势项的估计结果。缺点是将 GDP 各构成项目季节调整后的数据相加,与经季节调整的季度 GDP 数据可能并不相等,这会破坏国民经济核算的平衡关系。后一种方法称为间接调整法,其优点是具有可加性,能够保证国民经济核算的平衡关系。缺陷是在季度 GDP 数据中可能会残留一些季节因素的影响,使调整后的季度 GDP 数据并不十分平滑。

选择何种调整方法需要考虑不同的情况以及用户的需要。如果各项基础数据具有相同的季节变动模式,或者各序列的趋势循环是高度相关的,适合使用直接调整法。如果各项基础数据不具有相同的季节变动模式,并且各序列的趋势循环并不相关,适合使用间接调整法。一些用户可能更看重核算的平衡关系,强调满足可加性,此时,应使用间接调整法进行季节调整;另一些用户可能对核算平衡关系并不关心,而希望得到较好的季节调整数据,此时,应使用直接调整法进行季节调整。无论是季节调整前的季度数据还是季节调整后的季度数据,都要保持与年度数据的一致性,即将原始的季度数据相加可得到年度数据,将季节调整后的季度数据相加也应与年度数据一致。

2. 季度 GDP 与年度 GDP 的衔接问题

季度 GDP 与年度 GDP 在基本核算理论、核算范围、核算原则、基本概念、口径范围上是一致的,然而在资料来源、计算方法上与年度 GDP 核算存在一定差别,于是一年四个季度的 GDP 之和并不等于年度 GDP。由于年度 GDP 所依据的统计资料比较完整,因而年度 GDP 在准确性和可靠性上要优于季度 GDP。因此,季度 GDP 与年度 GDP 就存在协调、衔接的必要性,即对季度 GDP 资料进行一定的调整,使调整后的四个季度的 GDP 之和等于年度 GDP。

季度 GDP 与年度 GDP 的衔接方法通常有两大类:纯数字方法和统计模型方法。纯数字方法不使用时间序列模型,这类方法包括比例分摊法、改进的 Denton 比例法、Bassie 法和 Ginsburgh-Nasse 法。统计模型方法包括基于 ARIMA 模型的方法、广义最小二乘回归模型法和 Chow-Lin 法,它们都假定季度时间序列遵从某一时间序列模型。在这些衔接方法中,改进的 Denton 比例法是比较好的一种衔接方法,国际货币基金组织的《季度国民经济核算手册》推荐这一方法进行季度 GDP 与年度 GDP 的衔接。

二、地区国民经济核算

地区经济核算是以一个地区经济总体为核算对象,描述该地区在核算期内的经济活动过程以及持有的资产负债存量。如果一国范围较大,且各地区之间在自然条件和经济发展水平方面具有较大的差异,进行地区经济核算具有特别重要的意义。第一,地区经济核算可以提供地区经济运行的整体描述,为地区经济分析提供必要的数据支持,为地区经济管理提供依据。第二,便于考察各地区的经济发展水平、规模、速度、结构,发现各地区经济发展的特点,促进地区经济发展的预测和决策工作。第三,可以揭示各地区之间的经济联系和依存关系。

地区经济核算在核算原则、方法、指标体系、分类等方面与国民经济核算基本一致。然而,由于一个国家内的各地区之间的经济往来比国与国之间的经济往来要频繁得多,而有关各地区之间经济往来的统计登录却又不如国际经济往来的统计资料那样系统和完整,加上在一国之内既有经济利益中心只涉及一个地区的"地区单位",也有经济利益中心涉及一个以上的地区但并不涉及整个国家的"跨地区单位",还有经济利益中心很难在各地区之间划分的"全国性单位"。这些往往很难将其完全地区化,从而大大地增加了地区核算的复杂性。

(一) 地区经济核算的特点

1. 区域性

地区经济核算的区域性主要涉及两点:一是因为地区界线的划分,会对国民经济核算的基层单位作地域上的限制,由此可能会产生一些更小的基层单位;二是因为地区界线的划分,会对国民经济核算中的机构单位作地域上的限制。

2. 复杂性

由于地区经济并不是一个完整的独立经济体系,地区经济核算的难度比国家一级更大。对地区经济核算来说,经济交易在空间上分为地区内交易、国内地区间交易和与国外的交易三个类别。再加上有关各地区之间经济往来的统计记录又不如国际经济往来的统计资料那样系统和完整,因而核算起来更为复杂。

3. 简化性

在实践中难以建立像国家层次国民经济核算那样完整的经济核算体系。第一,依照国家层次的国际收支核算建立地区对外(包括对国外和对国内地区外)经济核算是非常困难的。第二,地区经济核算的内容更侧重于以货物和服务为中心的经济活动。第三,地区经济核算主要涉及的是当地机构单位,而中央政府驻地单位和外地区延伸到本地区单位的经济活动难以全面地纳入到地区经济核算中来。

4. 层次性

地区经济核算在核算项目和内容繁简上,应根据地区层次、职能和核算条件的不同,建立粗细不同的地区核算体系。例如,省、自治区、直辖市一级可以建立比较全面的经济核算体系,在省、自治区、直辖市以下行政区,由于核算条件的限制,只要能及时提供准确可靠的主要经济指标和必要的满足全国国民经济核算需要的数据就可以,而不必建立全面的经济核算体系。

(二)地区经济核算的基本模式

地区经济核算的基本模式有三种:自下而上法、自上而下法和混合法。

1. 自下而上法(bottom-up method)

当可以获得地区基层单位的数据时,可以直接利用这些数据进行地区经济核算,然后将各地区的数据加总,即可得到整个国家的国民经济核算数据。例如,货物生产行业、零售贸易业和其他一些服务业就可以使用这种方法进行核算。自下而上法要求严格区分地区常住单位和非常住单位,其优点是直接利用地区层次的相关信息编制,核算的概念框架与国家层次的国民经济核算是一致的,缺点是不能保证地区经济核算与国家国民经济核算数据的一致性。

2. 自上而下法(top-down method)

这种方法是先在国家层次进行国民经济核算,再选取地区的一些相关指标(如地区就业数据、地区保费收入等),将国家的国民经济核算数据在各地区进行分解。如果不能获得详细的地区基层单位数据,无法直接进行地区经济核算时,可以使用这种方法。该方法的优点是能够保证国家国民经济核算数据与地区国民经济核算数据的一致性,缺点是它不是利用地区基层单位的直接数据编制的,而是根据相关的指标推算出来的。

3. 混合法(mixed methods)

自下而上法是一种比较好的方法,但并不是任何情况下都能使用这种方法。例如,某一个行业的地方单位很难确定或难以测度时,就需要使用自上而下法。将自下而上法和自上而下法两种方法结合起来使用,就是混合法。

(三)地区经济核算的特殊问题

1. 跨地区企业经济活动核算

在对跨地区企业进行核算时,应遵循"在地统计"的原则,即按照基层单位的归属地核算其增加值。跨地区企业有不同的经营组织方式,相应地,在地区经济核算中应采取不同的处理方式。如果该企业在总部所在地作为法人单位注册,同时,其分支单位也在其经营所在地作为法人单位注册,总部属于所在地的机构单位,分支单位属于经营地的机构单位,应分别在各自所在的地区进行核算。如果该企业及其跨地区经营活动作为同一个法人单位在其总公司所在地注册,在其他地区设置非法人性质的分支机构进行经营活动,在注册地,该企业是一个机构单位,其自身直接进行的经济活动应在注册地进行核算,而分布于不同地区的分支机构是各个地区的基层单位,其经营活动应在各个地区进行核算。

2. 中央政府机构单位经济活动核算

中央政府是一个超地区的全国性单位。中央政府与地区政府的财政收支关系主要涉及收入分配和资本转移,这种经济交易比较容易处理,只要将中央政府作为地区外的机构记录这些交易就可以。如果中央政府在一个地区设置机构,从理论上讲是比较容易处理的,只要遵循"在地核算"的原则将其作为所在地的机构单位或基层单位处理即可。在实践中,这一原则难以真正执行,其原因有两点:第一,执行中央政府职能所发生的经济活动可能属于多个地区;第二,地区统计机构难以获得这些机构的经济活动资料。

3. 地区之间经济交易核算

依据国民经济核算原理,要使整个地区核算保持平衡,必须对该地区对外(包括国内其他地区和国外)的经济交易作为该地区的流出流入予以核算。

从地区间交易看,这样的流量有以下三类:(1)货物服务的地区间流动,记录为该地区进口和出口的组成部分;(2)收入分配的地区间流动,包括初次分配收入的地区流动和再分配收入的地区流动,记录为该地区的对外收入分配的组成部分;(3)地区间的资金融通,包括地区间的资本转移和金融交易,记录为对外资本转移和对外金融资产净获得、负债净发生的组成部分。其中的金融交易还会累积形成对外金融资产和负债存量。

为了记录这些对外交易流量,需要在地区生产总值核算表上设置货物服务净流出项目,在地区资金流量表、地区资产负债表上设置国外和地区外部门。但是,搜集这些流量的数据资料非常困难。由于地区之间不存在明确的法律和经济界限,事实上很难搜集到全面的地区间交易流量资料。

(四) 地区经济核算与国家经济核算数据的衔接

理论上,各个地区相应总量的加总应该等于一国核算的该总量,各地区之间的相应流量加总抵消之后在国家层面上应该为零。但在实践中,由于若干方面的原因使得在具体核算实践中,常常无法严格地实现地区经济核算与国家经济核算之间的衔接。究其原因,首先是核算中的估算方法问题。跨地区经济交易的存在可能造成各地区核算的重复或遗漏,围绕中央政府所发生的经济交易可能难以分摊到各个地区。此外,各地区在基础数据来源上可能存在差异,具体核算中可能会采取不同的估算方法和估算比例,由此会导致各地区核算结果在范围和精度上存在差异。其次是资料来源问题。国家经济核算资料不是由地区经济核算资料逐级汇总得到的,而是由国家统计局根据国家一级的基础数据测算得出的。同样,各省、自治区、直辖市的核算资料由各地区按照地区一级的数据来源自己进行核算。地区与国家核算在资料来源方面的不一致性造成核算衔接的困难。最后是人为因素。在核算过程中,由于来自各方处于不同功利性目的的干扰和影响,难以保持统计核算的中立,相反还要应对来自不同方面的行政干预。于是,一个地区的统计系统不仅无法保持尽力提高核算精度和可靠性的内在动力,反而有可能受制于主观操纵核算过程以实现某种目标的外在压力,最终结果是进一步加大了实现核算数据之间衔接的难度。

面对这种情况,在经济核算中,核算方法的规范、核算数据的质量就显得格外重要。它不仅要保证不受地区核算结果的影响,力求准确、全面地反映整个国家国民经济状况,而且要为地区经济核算提供统一的方法规范和可靠的控制总量,以协调各地区核算,保证在一个较为可靠的水平上实现地区核算与国家核算之间的数据衔接。

第二节　环境与经济综合核算体系

环境经济综合核算就是要把环境因素以某种适当的方式纳入到国民经济核算体系中,将环境核算与国民经济核算有机地衔接起来,以便全面地反映经济增长对环境的影响以及环境对经济增长所作的贡献。在实践中,人们提出了多种不同的思路,但归纳起来主要是以下几种:一是只建立实物量形式的自然资源核算。二是建立货币量形式的环境经济核算框架。这又分为以下两种情形:(1)狭义的货币量环境经济核算框架。它是指仅在国民经济核算账户中将有关环境保护的实际支出单列出来。(2)广义的货币量环境经济核算框架。它就是属于 SNA 附属核算框架之一的环境经济综合核算体系(简记为 SEEA)。三是从福利的角度考察环境影响,可简称为环境核算的福利方法。这种方法考虑了自然界向生产者和消费者"免费"提供的环境服务和自然界所遭受的损害,并把它们分别视为由自然界提供的转移和返回自然界的转移,用它们去调整 SNA 的国民净收入,得到"经环境调整的国民净收入",以此衡量国民的福利水平。

▐▶ 一、自然资源实物量核算

自然资源实物量核算是指围绕自然资源存量及其变化而建立的核算框架,但其核算内容也可以扩展到所有自然资源存量以及影响存量变化的所有要素。自然资源核算内容包括生物资产(生产的或野生的)、地下资产(已探明储量)、水、空气以及具有陆上和水生生态系统的地域和水域。自然资源核算既要反映经济原因引起的自然资源存量变化,又要反映各种非经济原因导致的变化。所记录的内容不仅限于资产数量的增减,还应包括质量的变化。

在中国国民经济核算体系的附属表中有反映自然资源状况的自然资源实物量核算表(见表 8-1)。自然资源实物量核算表反映主要自然资源在核算期期初和期末两个时点的实物存量及在核算期内的变动情况。

表 8-1 自然资源实物量核算表

项　目	土地资源				森林资源				矿产资源				水资源			
	土地资产			非资产性土地资源	森林资产			非资产性森林资源	矿产资产			非资产性矿产资源	水资产			非资产性水资源
	农业土地	耕地	房屋及建筑物占地	其他		培育资产	非培育资产			能源矿产	金属矿产	非金属矿产		初始利用量		重复利用量	
							人工林	天然林						地表水	地下水		
一、期初存量																	
二、本期增加																	
(一)自然增加																	
(二)经济发现																	
(三)分类及结构变化引起的增加																	
(四)其他因素引起的增加																	
三、本期减少																	
(一)自然减少																	
(二)经济使用																	
(三)分类及结构变化引起的减少																	
(四)其他因素引起的减少																	
四、调整变化																	
(一)技术改进																	
(二)改进测算方法																	
(三)其他																	
五、期末存量																	

(一)自然资源实物量核算表的基本结构

　　自然资源实物量核算表的主栏反映资产的变化,分为期初存量、本期增加、本期减少、调整变化和期末存量。其中,把引起本期增加或减少的因素归结为自然因素、经济因素、分类及结构变化等,而把影响调整变化的因素主要归结为科技进步、核算方法变化等。实物量核算表的宾栏反映各项资产,主要根据自然资源性质分为土地资源、森林资源、矿产资源和水资源。土地资源又分为土地资产和非资产性土地资源;森林资源又分为森林资产和非资产性森林资源;矿产资源又分为矿产资产和非资产性矿产资源;水资源又分为水资产和非资产性水资源。

通过这样的一个表格形式,反映出各种资产的存量及其变动情况,期初存量加上本期增加减去本期减少再加或减调整变化就得到期末存量。

(二)自然资源概念的界定

自然资源是指我国境内所有自然形成的,在一定的经济、技术条件下可以被开发利用以提高人们生活福利水平和生存能力,同时具有某种"稀缺性"的实物性资源的总称。它包括土地资源、森林资源、矿产资源、水资源等,不包括人文资源(如人力、资金、市场、信息等资源)及具有自然资源和人文资源双重性质的旅游资源等。自然资源分为资源资产和非资产性自然资源。资源资产指所有权已经界定,所有者能够有效控制并能够在目前或可预见将来产生预期经济收益的自然资源。资源资产属于经济资产范畴,包括土地资产、森林资产、矿产资源、水资产等。不具备资源资产性质的自然资源属于非资产性自然资源。培育资产指生产一次性产品或生产重复性产品,其自然生长或更新在机构单位直接控制、负责和管理之下的森林资产,包括部分人工林、重复生产林产品的人工经济林木等。非培育资产指生产一次性产品或生产重复性产品,但其自然生长或更新不在机构单位直接控制下、负责和管理之下的森林资产,如部分天然林及重复生产林产品的天然经济林木等。

(三)记录原则

在存量记录时间上,土地、矿产、森林资源期初期末实物存量以编表时点数据记录,水资源本期与上期实物量状况以本年度和上一年度核算期累计数据记录。在数量变动记录时间上,土地、矿产、森林资源在核算期内的变动及水资源在两个核算期之间的变动,可分为由交易引起的数量变动和非交易引起的数量变动。由交易引起的数量变动,所有权变动的时间就是核算的记录时间。由非交易引起的数量变动增加时,矿产资源应在经济发现时记录,其他自然资源应假定其增加是均匀连续的,在被调查时记录;减少时,包括突发性减少和均匀连续性减少,在物量减少、质量下降时或被调查时记录。

在数量变动记录方式上,自然资源实物量数据变动的记录方式,因其调查形式不同而不同。土地以土地变更登记数据记录,矿产以矿产勘探及可行性研究数据记录,水资源以水勘查与监测数据汇总记录,森林资源,清查核算年度以清查数据记录,其他年度,以清查年度数据为基数推算放大。

▶二、环境与经济综合核算

联合国在总结世界各国和国际组织环境核算研究成果的基础上,制定了《综合环境与经济核算》临时手册,并在1993年修正的SNA中,将环境系统以"环境与经济综合核算附属账户体系"(the System of Integrated Environmental and Economic Accounting,SEEA)的形式纳入了经济核算体系之中,作为世界各国修改经济核算制度的一个参考方案。2000年公布了环境与经济核算SEEA操作手册,2003年公布了SEEA的最终版本,它们描述了环境与经济核算的框架和概念体系。

(一)SEEA的基本结构
SEEA的基本结构如表8-2所示。

表 8－2　SEEA 的基本结构

		经济活动					环境
		生产	国外	最终消费	经济资产		其他非生产自然资产
					生产资产	非生产自然资产	
		1	2	3	4	5	6
期初资产存量	Ⅰ				$K0p.ec$	$K0np.ec$	
供给	Ⅱ	P	M				
经济使用	Ⅲ	Ci	X	C	Ig		
固定资本消耗	Ⅳ	CFC			$-CFC$		
国内生产净值	Ⅴ	NDP	$X-M$	C	I		
非生产自然资产的使用	Ⅵ	$Usenp$				$-Usenp.ec$	$-Usenp.env$
非生产自然资产的其他积累	Ⅶ					$Inp.ec$	$-Inp.env$
货币量形式的环境核算中的环境调整总量	Ⅷ	EDP	$X-M$	C	$Ap.ec$	$Anp.ec$	$-Anp.env$
持有损益	Ⅸ				$Revp.ec$	$Revnp.ec$	
资产物量的其他变化	Ⅹ				$Vo1p.ec$	$Vo1np.ec$	
期末资产存量	Ⅺ				$K1p.ec$	$K1np.ec$	

　　SNA 的流量和存量项在表 8－2 中以阴影部分表示。从具体的流量项目来看,在列的方向上,包括(1) 生产,包括产出 P 减中间消耗 Ci、减固定资本消耗 CFC 构成国内生产净值 NDP；(2) 国外,包括出口 X 减进口 M,构成净出口 $X-M$；(3) 最终消费。在行的方向上有：(Ⅱ)供给,包括产出和进口,(Ⅲ)经济使用,包括中间消耗、出口、最终消费和资本形成总额 Ig,(Ⅳ)固定资本消耗,以及(Ⅴ)国内生产净值。第(4)列分别是反映生产资产平衡的生产资产期初存量 $K0p.ec$、期末存量变化 $K1p.ec$ 以及对这一变化加以说明的因素,即资本形成净额 $I=Ig-CFC$,生产资产的持有损益 $Revp.ec$ 和生产资产的其他变化 $Vo1p.ec$。

　　SNA 的资产平衡包括所有经济资产,因而也包括第(5)列的非生产自然资产,但是这一列的元素不记入国内生产净值的计算,因为非生产自然资产的期初存量 $K0np.ec$ 和期末存量 $K1np.ec$ 之间的所有变化都在 SNA 的框架内,被解释为持有损益 $Revnp.ec$ 和资产的其他变化 $Vo1np.ec$。

　　在 SEEA 的基本结构表中,除 SNA 的流量和存量项外就是反映环境内容的项目。在第Ⅵ行非生产自然资产使用中,在生产中增加了一个附加要素 $Usenp$,它表示生产中使用的非生产自然资产,它等于第 5 列和第 6 列相应项目的相加,其中第 5 列的项目 $-Usenp.ec$ 是 SNA 中属于经济资产的非生产自然资产的使用,包括矿物的耗减、属于经济资产的森林木材开采、水土流失和酸雨等对森林和农业用地等生产能力的损坏等。第 6 列的项目—$Usenp.env$ 是 SNA 中不属于经济资产的其他自然资产的使用,包括对海洋渔业的过度捕捞、猎杀野生动物、从热带和其他原始森林中开采木材、污染排放及其他经济活动对生态系统和生存环境的影响。

在第Ⅶ行的非生产自然资产的其他积累中记录了自然资产向经济资产的转移,以及所引起的非生产经济资产的存量变化($Inp.ec$)。其对应项是自然资产的减少($-Inp.env$),而不是经济资产的减少。$Inp.ec$ 包括土地向经济使用的转移、探明矿藏的净增加、野生森林转变成林场等。如果在自然资产作为经济资产并入的同时发生退化,那么把这种退化作为自然资源使用的一部分,如果这一退化发生在转移之前,它将作为环境中一项资产的使用来记录($-Usenp.env$);如果是发生在转移之后,则作为属于经济资产的自然资源的使用来记录($-Usenp.ec$)。

如果 SEEA 基本结构中是以货币量来记入的话,可以从国内生产净值调整得到新的经过环境因素调整的国内生产净值。就是将非生产自然资产的使用($Usenp$)作为生产中的一项费用,用国内生产净值减去这些费用,就得到经过调整的国内生产净值,也就是第Ⅷ行生产列中所记录的 EDP。第Ⅶ行非生产自然资产的其他积累不影响环境调整的国内生产净值。同时,相对于 SNA 体系中的固定资本形成净额,在 SEEA 体系中有一个新的净积累的概念来取代。这一净积累包括第Ⅷ行的生产资产调整量 $Ap.ec$、非生产经济资产调整量 $Anp.ec$,以及其他自然资产调整量 $-Anp.env$。对于生产资产调整量,实际上就是资本形成净额,即 $Ap.ec = I$。对于非生产经济资产调整量主要反映负的耗减、降级和正的转移到经济使用的自然资产的增加,即:

$$Anp.ec = -Usenp.ec + Inp.ec$$

对于不属于经济资产的自然资产,可以看作经济活动对环境影响的经济估价,是耗减和降级的影响 $-Usenp.env$ 与不属于经济资产的自然资产的减少 $-Inp.env$ 的合计,即:

$$-Anp.env = -Usenp.env - Inp.env$$

如果以净积累代替资本形成净额,那么在国内生产净值和最终支出间的国民核算平衡关系也就发生了变化。在表中,第Ⅴ行反映的是 SNA 体系的平衡关系,即:

$$NDP = C + I + (X - M)$$

如果用经济资产中的资本积累净额($Ap.ec + Anp.ec$)取代资本形成净额 I,那么在第Ⅷ行构成新的平衡关系:

$$EDP = C + (Ap.ec + Anp.ec) - Anp.env + (X - M)$$

加入不属于经济资产的自然资产的变化 $-Anp.env$ 的原因是因为在上面的关系中,支出和经济资产的资本积累净额只是部分来源于 EDP 中经济活动的净产值,还有一部分则来源于环境资产或其服务向经济活动的转移,也就是 $Anp.env$ 所反映的这部分内容,所以加入该项后,保持了新的平衡关系的成立。也可以把上式写成如下的形

式,可以更清楚地表明这种平衡关系:

$$EDP + Anp.env = C + (Ap.ec + Anp.ec) + (X - M)$$

（二）相关概念的界定

1. 资产的界定与分类

资产的界定与分类是 SEEA 不同于 SNA 的最重要特征。在 SNA 中,资产指的只是生产资产,即经过人类劳动加工的物品,包括设备、建筑物、存货等。它们的使用费用在计算净增加值时才明确加以考虑。SEEA 对传统的资产范围进行了扩展,除原有的生产资产外,还包括以下两项:一是非生产自然资产。指处于机构单位控制下的自然资产,包括土地、矿产品和森林等。这类资产虽然包括在 SNA 的资产范围之内,但它们的使用费用没有明确地计入生产成本。要么产品的价格没有反映出这部分费用,要么即使反映了也没有单独列出,而是与其他未分清的项目一起混在营业盈余之中。二是其他非生产自然资产。指没有处于机构单位控制下的自然资源,包括海洋和河流中的鱼类资源、热带雨林和其他原始森林、空气等。在 SEEA 中,将因经济活动引起的这类资产的变化也计入成本。SNA 和 SEEA 中自然资产范围和分类的比较见表 8-3。

表 8-3　SNA 和 SEEA 中自然资产范围和分类的比较

SNA	SEEA
生产资产	
固定资产 培育资产 存货 培育资产中的在制品	
有形非生产资产	有形非生产资产
土地(包括相关的水面) 地下资产 非培育生物资源 水资源	土地(包括生态系统) 地下资产 野生生物群 水 空气

比较 SEEA 和 SNA 中有关自然资产分类,可以看出,SEEA 中的一些资产类项目与 SNA 相同,另外一些则密切相关但范围不同。范围相同的资产类项目有培育资产、培育资产中的在制品。培育资产是作为固定资产处理,而培育资产中的在制品作为存货处理。SEEA 中的水类与 SNA 中的水资源类表面看来相同,但其范围大不相同。SEEA 中的水类比 SNA 中的水资源类范围大得多,SEEA 中的水类包括地下水、湖泊和河流等的水、近海水和海洋水等;SNA 中的水资源类则主要限于人类活动控制的水资源。此外,空气由于受经济活动的影响,包含在 SEEA 中,但它不符合 SNA 关于经济资产的标准,故不包含在 SNA 中。

2. 环境费用概念及其区分

SEEA 区分了两种类型的环境费用,一类是耗减和降级的虚拟费用,另一类是以环境保护支出形式承担的实际费用。

(1) 自然资源耗减和降级的虚拟费用。这项费用涉及非生产自然资产的使用。在 SEEA 中,非生产自然资产的使用以实物量(如开采矿物的量,砍伐树木的量,产生的废物、废液和废气的量)描述耗减和降级,或者以货币量表示耗减或降级补偿金。在 SNA 中,经济资产的耗减和降级是以货币量形式记录在其他积累项目中,而对不属于经济资产的自然资产的非生产自然资产的使用,则不属于记录范围。然而,现实中耗减并不限于经济资产,它可能还包括其他非生产自然资产。因此,非生产自然资产在 SEEA 中被看作成本,并且同时作为存货的负变化来处理。当诸如矿物的非生产经济资产的耗减发生时,SEEA 首先将矿藏转移到经济使用,然后再记录非生产自然资产的使用。而当耗减不属于经济资产耗减时,如从河流湖泊和海洋中捕鱼或从原始森林中采集燃材,SEEA 就假定向经济使用的转移和耗减同时发生,这些资产并入经济资产的仅仅限于开采或收获时耗减和降级的量。至于降级,无论是属于经济资产的自然资产,如耕地和受控制的森林,还是其他自然资产,如原始森林、水、空气和非耕地土地,由实物量或货币量表示的降级影响,都作为实物量或货币量表示的附加成本因素包括在 SEEA 中。

(2) 环境保护支出形式的实际费用。这类费用包括各部门在生产或提供服务的过程中,为防止或消除环境污染而作为辅助活动进行的内部环境保护活动所需要的各种投入。这部分环境费用虽然包含在国民经济核算体系中,但往往未予以单独反映,而混同在其他费用之中。为了全面反映国民经济各部门在进行环境保护活动上的实际支出情况,SEEA 建议将这部分支出予以外部化。SEEA 一般只考虑那些对生产造成影响立刻作出反应的环境保护支出,不包括对其他环境影响作出反应的环境保护支出。后者只是在 SEEA 中未做进一步阐述的福利核算方法中进行了考虑,这也正是 SEEA 没有特别考虑居民环境保护支出的原因。居民的环境保护支出是对居民所承受的影响作出的反应,他们在 SEEA 中的处理方式与在 SNA 中的一样,作为附属活动。政府的环境保护服务在 SNA 中就作为非市场产出的一部分而包括进去。在 SEEA 中,此类服务被确定为独立的基层单位。如果政府消除的是它自身污染所造成的影响,那么此类服务的产出就作为政府消费处理;而如果这类活动是为帮助生产者消除他们所造成的降级影响,那么此类服务的产出则作为资本形成处理。这一处理方式适用于所有政府环境保护活动,如净化湖泊和河流,恢复被工业污染、采矿业影响和军事活动影响的土地的地力等,而不管这类活动的目的是在于消除他人还是政府本身所造成的降级影响。

3. 资本积累概念的引入

在 SEEA 中,资本积累替代 SNA 中的资本形成。这种变化同 SEEA 扩大资产的范围是密不可分的。对经济活动所引起的自然型经济资产的耗减和降级被作为像使用经济资产一样提取折旧,因而引起了现有国民经济核算体系中资本形成总额的变化。根据国民经济核算体系中资本形成净额的计算公式:资本形成净额=资本形成总额-固定资本消耗,得到:资本积累净额=生产型经济资产资本形成总额-固定资本消耗＋自然型经济资产的资本净积累－自然型非经济资产的耗减和降级。这也就是说，SEEA 中的资本积累同 SNA 中的资本形成类似，包括由经济决策引起的在生产中使用的资本的存量变化。不过 SEEA 中的这种变化不仅包括传统生产资本的变化，而且还包括由耗减和降级引起的资本存量的减少，以及自然资产作为经济资产被合并及与生产活动相联系的经济决策引起的自然资产在经济使用中的转移。但下列内容不被包含在 SEEA 中，而仍作为其他积累项目：（1）非培育生物资源的自然生长；（2）灾害损失；（3）无偿没收；（4）非金融资产物量的其他变化；（5）分类和结构上的变化。

（三）估价方法的选择

由于对环境费用和环境成本的估价是一个有争议的问题，所以 SEEA 仅在提出系列估价原则的基础上，推荐了一些方法。主要有三种：市场估价法、维持费估价法和或有估价法。目前，在 SEEA 中，市场估计法是中心估价方法，其估价原则与 SNA 中的估价方法相同，它们适用于 SNA 中属于经济资产的自然资产的存量和由于使用自然资产而造成的变化以及不属于经济资产的自然资产的耗减。

SEEA 和 SNA 都使用市场价值来估价属于经济资产的非生产自然资产的存量。在这两个体系中，对于 SNA 中属于经济资产的自然资产的耗减和降级的市场估价与相应的非生产（自然）经济资产的存量的估价是一致的。然而，在这两个体系中，对于不属于 SNA 经济资产的非生产自然资产的期初期末存量都没有以货币量形式的表示。虽然它们在 SEEA 中进行了记录，但也只是以实物量形式出现。而以货币量形式估价非生产资产的存货变化时，实际中通常使用的两种估价方法，主要集中在耗减方面。一种是所谓的净租金法，它根据产出和耗减引起的所有费用（包括劳动力费用和正常利润）之间的差额来估价采掘的每单位非生产资产量；另一种是所谓的用户费用法，它是用净租金的一部分来估价采掘的每单位非生产资产量，这部分净租金产生的持续收入应等于耗减引起的收入形成能力的损失。

SEEA 中使用的另外两种估价方法，即维持费估价和或有估价，仅用于非生产自然资产的使用，而不用于它们的存量。按这两种方法估价的资产使用，包括属于 SNA 经济资产的自然资产的使用以及其他自然资源的使用。其中维持费估价所依据的是自然资产维持在耗减或降级前的水平所需的费用，或有估价所依据的是支付意愿原则。在整个 SEEA 估价处理中，始终隐含着两个重要假设：其一，如果购买者所负担的价格中已明确地考虑了虚拟的附加费用，那么附加环境费用将不影响有关产品产出的价格；其二，如果实际进行了恢复活动，那么所需的资源会有足够的供给，而不会与供生产其他货物和服务的资源发生冲突。依据这些假设，SEEA 用来说明耗减和降级费用的虚拟附加支出，在很大程度上减少了增加值及环境调整的国内生产净值，但没有考虑由于产出和中间投入的价格变化引起的影响。

第三节　人口资源与人力资市核算

人是社会经济活动的主体，人口现象与经济现象之间必然存在着紧密的联系。这种联系主要表现在：一方面，人口是社会再生产的基本条件之一，作为生产的主体为社会经济活动提供最重要的生产要素；另一方面，人作为消费的主体，又是生产成果的最终享用者。因此，人既是经济活动的主体，又是经济活动服务的客体，人口资源与人力资本核算在国民经济核算中也占有十分重要的地位，人口资源与人力资本核算对于掌握人口资源和人力资本状况，把握人口资源变动规律，对社会经济发展都具有重要意义。

▶ 一、人口总量核算

（一）人口数和平均人口数

人口数即人口总量，它是人口统计中最基本的指标。人口数指居住在某一国家或地区的全部人口总数。作为一个时点指标（存量），它所说明的是特定时点上的人口规模。

平均人口数是综合反映某一时期内人口总量一般水平的综合指标。平均人口数的一种比较精确的计算方法是，将一定时期内每天的人口数相加后除以相应的日历天数。但实际上，人口数即便在一天之内也是变动着的，而且难以取得每天的人口数字。因此，一般需要假设考察期内人口数均匀变动，以便计算平均人口数的近似值。若已知某一时期内间隔相等的若干时点的人口数，可按"首末折半法"的序时平均公式计算平均人口数；若只掌握期初和期末的人口数，则可将两者简单算术平均计算平均人口数。

（二）常住人口、现住人口和户籍人口

在人口统计学意义上，人口数一般有常住人口和现住人口两种统计口径。在中国，由于居民户籍管理体制的原因，还有重要的户籍人口统计。

1. 户籍人口。它是指中国公民依照《中华人民共和国户口登记条例》，已在其经常居住地的公安户籍管理机关登记了常住户口的人。这类人口不论是否外出或外出时间长短，均为户口所在地区的户籍人口。户籍人口数一般通过公安户籍管理部门的经常性统计报表取得。

2. 现住人口，也称现有人口，一般是指在调查时点上实际居住于某国或某地区的全部人口。它不考虑调查对象的户籍登记地归属和在实际居住地居住时间的长短，也就是说，现住人口不包括在调查时点上离开当地的户籍人口，却包括在调查时点上实际居住于当地的非户籍入口。

3. 常住人口，一般是指截至调查时点已在某国或某地区实际居住一定时间的全部人口。目前中国人口普查和抽样调查中使用的常住人口范畴具体包括：（1）常住户籍人口，即除离开本地半年以上（不包括在国外工作或学习的人）的全部常住本地的户籍人口；（2）外来人口，即在本地居住半年以上的外地户籍人口，或调查时点在本地居住且离开户籍所在地半年以上的人口；（3）持有"口袋户口①"的人口。可见，常住人口与

---

① 调查时居住在本地，但在任何地方都没有登记常住户口，如手持户口迁移证、出生证、退伍证等尚未办理常住户口的人，也就是所谓"口袋户口"的人。

户籍人口的差别就体现在对于"外来人口"、"外出人口"和"口袋户口"的调整上。而且，根据定义，全国各地的户籍人口之和不一定等于常住人口之和，前者一般小于或等于后者。由于中国的人口普查每十年进行一次，非普查年度的常住人口数一般需要以普查年度的人口资料为基础，根据户籍人口数据和有关行政记录加以调整，或通过人口变动情况抽样调查的结果加以推算。

（三）经济活动人口

经济活动人口包括能够在某个特定时间段提供劳动用于生产经济物品和服务的所有人。经济物品和服务是国民核算体系所界定的为市场销售或自己消费的初始产品的所有生产和加工，以及所有其他为市场的或自己消费的产品和服务的生产。经济活动人口具体又包括两种测算口径。一个是经常性活动人口，主要是指较长时间段，比如一年，也就是就某个较长的时间段而言，超过特定年龄的所有人，他主要所处的是就业的或失业的状态；另一个是当前活动人口，也称为"劳动力"，主要是指一个短的时间段，比如一个星期或一天，也就是满足一定的条件处于就业或失业状态的所有人。就业是指一定年龄以上，特定时间段或者是一个星期或者是一天，被雇佣或自我雇佣的所有人。而失业则是指一定年龄以上，特定时间段内，没有工作、等待工作或正寻找工作的所有人。非当前活动人口也就是处于非劳动力状态的人，包括某个短期阶段既非就业也非失业的这样一种非活动状态，比如由于参加教育培训、承担家庭义务、其他原因如疾病等。非经常活动人口则是指在某个更长的特定阶段，主要活动状态处于既非就业也非失业的所有人。包括学生、类似犯人的收入接受者以及其他诸如公共或私人资助的接受者等。

▶▶ 二、劳动力投入的核算

在 SNA 体系中，对劳动投入的核算主要是通过总工时数和雇员劳动投入这两个方面的指标来加以考察。

（一）总工时数

1993 年的 SNA 体系使用总工时数作为劳动投入的度量。劳工组织第十次国际劳工统计人员会议通过的"关于工时数统计的决议"中对工时数进行了界定：工时数应包括：（1）正常工作期内的实际工时数；（2）正常工作期内实际工时数外的附加工作工时数（加班）；（3）工作场地的准备，工器具的保养、维修、准备和清理以及收据、工时单据和报表等准备工作的工时数；（4）由于供应不及时致使缺乏所需原材料，机器发生故障或工作事故而在工作场地等候所耗费的工时数，或者由于调度不周无活可干但仍需付酬的工时数；（5）在工作场地短暂工休的工时数。

计算实际工时数需要加以扣除的是：（1）付酬但不工作的工时数，例如带薪年假、公共节假日和病假；（2）吃饭耗费的工时数；（3）上下班回家途中所耗费的工时数。

总工时数等于一年中雇佣职业和自我雇佣职业的实际工时数之和。雇佣职业的实际工时数等于付酬工时数减去付酬但不工作的工时数，加上工作但不付酬工时数。

此外，还用全日制等值工作年数作为度量劳动投入的另一种方法。它是用总工时数除以全日制职业的平均工时数而得到全日制等值就业。由于全日制职业时间的长短长期来看是变化的,各产业间的差别也很大,因此对于每一类职业,都需要分别确立非全周、非全日制职业的平均工时数。这一方法虽然复杂,但是考虑到有些国家只能估计全日制等值就业,这样便于进行国际比较;另一方面也由于各类职业的年全日制时数,也随时间的推移而发生变化,因而使用这一方法仍有必要性。

（二）不变报酬的雇员劳动投入

总工时数和全日制等值就业都是劳动投入的实物量测量。产出也可以用实物量来测量,但是由于产品之间单位实物量价值差异太大,从而使这种实物量测量缺乏经济意义,所以不为国民核算所采用。这对于劳动投入的实物量测度也同样如此,这种实物量测度的意义只在于假定在不同国家或不同阶段不同类别劳动综合在一起大体上是一致的,或者在用于社会和政策含义上,主要关注于个人福利而不是经济方面的生产和收入形成。

对劳动投入的度量就像产出度量一样,也有现价和不变价的区别,而且其度量也与产出的度量有着一致的地方:(1)工资同商品的价格一样,是度量不同职业的经济相对重要性的尺度。(2)不变报酬是在基期报酬水平上对数量的重估价,也可以按现行报酬水平把他们估算成各类总量,再分别除以一个适当的指数。因此,不变报酬雇员劳动力投入的价值可以用紧缩现值而得到,或者是把各个职业类的职业数乘以该职业类的基期年均职业报酬而得到。(3)报酬指数的构成同价格指数一样,是对职业的代表性样本计算估计数,用权数反映该职业的相对重要性。

对于职业、总工时数、全日制等值就业及不变报酬劳动力投入,同样要考虑国民界限问题。某国经济领土上的一个职业是指一个人,尽管他可能是另一个经济领土的常住者,而不是该国的常住者,但他有与该国经济领土上的一个常住机构单位,或本身作为自我雇佣之间的一个明确的或默认的合同,按此合同他在一个规定的期限或另行通知前从事有酬工作或获得混合收入。在某国的总工时数是指在该国经济领土内的雇佣和自我雇佣职业在一定期间内的实际工作总时数,包括在该国经济领土外为没有经济利益中心的国内机构单位从事的工作,而不包括为在该国经济领土内没有经济利益中心的外国机构单位所进行的工作。在某国的全日制等值就业是其总工时数除以在其经济领土内的年均全日制职业工时数。

（三）劳动力的分类

劳动力的分类与增加值和雇员报酬的分类相同,都是以联合国全部经济活动国际标准产业分类为标准。根据这一标准,把全部经济活动划分为 17 个大类,99 个小类。这 17 个大类分别是:农业、狩猎和林业,渔业,采掘业,制造业,电力、蒸汽和水的供应业,建筑业,批发、零售、汽车摩托车和个人或家庭物品修理业,宾馆、饭店,交通、仓储和通信业,金融中介服务业,房地产、租赁和商业,行政活动防卫,教育,医疗和社会服务,其他团体、社会和个人的服务,家庭雇佣,境外组织和实体。

此外,核算体系对于劳动力还给出了其他的一些分类。比如,在农村,把自我雇佣者分为农业和非农业自我雇佣,农业自我雇佣又按规模分为小型农户、中型农户和大型农户,非农业自我雇佣又分为非正规的独立核算、非正规的雇主和正规的独立核算和正规的雇主;把雇员分为农业雇员、非农业雇员,非农业雇员按技术程度又分为无技术、一

225

般技术和熟练技术非农业雇员;在城市,也分为自我雇佣和雇员,自我雇佣又分为非正规自我雇佣和正规自我雇佣,雇员分为无技术、一般技术和熟练技术雇员。

还可以根据分析目的,对雇员按其受雇佣的机构单位或子部门进行分类,如住户和为住户服务的非营利机构、公营公司和政府、私营公司和国外公司等。

▐▶ 三、人口资源与人力资本实物量核算

人口资源实物量核算反映人口资源与人力资本在期初、期末两个时点的存量状况及在核算期内的变动情况,我国人口资源与人力资本实物量核算表见表8-4。

(一) 核算表的基本结构

从表8-4可以看到,整个核算表分为五个部分,分别反映我国0~15岁人口、就业人口、失业人口、非经济活动人口以及总人口的期初期末存量、结构以及变动情况。核算表主栏为期初人口、本期增加人口、本期减少人口和期末人口。其中引起本期增加或减少的因素包括出生、死亡及迁入迁出等。宾栏设置根据人口与经济活动的相关关系分为两个基本部分:0~15岁人口、16岁及16岁以上人口。在每个部分通过突出各部分所受教育程度,来反映人力资本的一些基本状况。

核算表所具有的基本平衡关系包括:期末人口等于期初人口加上本期增加人口再减去本期减少人口。

(二) 主要指标的含义

我国采用人口资源与人力资本实物量核算表来对人口和劳动投入进行核算,这一核算表中主要指标的口径和含义同联合国SNA的相关指标基本一致。在我国所核算的人口资源是指我国在特定时点具有生命的常住"自然人"的人口数量,包括人力资源和其他人口资源,其中人力资源包括初级劳动力和人力资本。人力资本是指人口资源中"自然人"具有的知识、健康、技能与能力等素质的总和,包括受教育程度、再培训水平、卫生健康状况、劳动技能与能力等。经济活动人口,是指在一定年龄以上,有劳动能力,参加或要求参加社会经济活动的人口。包括就业人员和失业人员。而非经济活动人口则是指在一定年龄以上,有劳动能力,未参加或不要求参加社会经济活动的人口。

我国对就业和失业人口作出了具体的规定。就业人口,指在一定年龄以上,有劳动能力,从事一定社会劳动并取得劳动报酬或经营收入的人员。在城镇劳动力调查中对城镇16岁及以上,具有劳动能力并符合以下条件之一的人员列为就业人员:(1)为取得报酬或经营利润,调查周内从事了1小时以上(含1小时)的劳动;(2)由于学习、休假等原因在调查周内暂时处于未工作状态,但有工作单位或场所。

失业人口,是指在一定年龄以上,有劳动能力,在调查期间无工作,当前有就业的可能并以某种方式寻找工作的人员。在城镇劳动力调查中对城镇16岁及以上,具有劳动能力并同时符合以下各项条件的人员列为失业人员:在调查周内未从事为取得报酬或经营利润的劳动,也没有处于就业定义中的暂时未工作状态;在某一特定期间内采取了某种方式寻找工作;当前如有工作机会可以在一个特定期间内应聘就业或从事自营职业。城镇登记失业人口,指有非农业户口,在一定的劳动年龄内,有劳动能力,无业而要

表 8 - 4　人口资源与人力资本实物量核算表

合计	0~15岁			16岁及以上								总计
	按性别分 I	按城乡分 II	按教育程度分 III	就业人口			失业人口			非经济活动人口		
	男 女	城镇 乡村	小学/初中 其他 合计	按城乡分 I II	按教育程度分 III	按年龄分 IV	按性别分 I	按教育程度分 III	按年龄分	按性别分 I	按年龄分 II	按性质分 小计 合计	
					文盲/半文盲 小学/初中 高中/中专 大专以上	16~24 25~34 35~44 45~54 55~64 65以上 小计			16~24 25~34 35~44 45~54 55~64 小计		按城乡分	在校生 料理家务 离休退休 丧失劳动能力 其他 小计 合计	

一、期初人口

二、本期增加

　（一）出生

　（二）迁入

　（三）其他

三、本期减少

　（一）死亡

　（二）迁出

　（三）其他

四、期末人口

求就业,并在当地就业服务机构进行求职登记的人员。

(三) 记录原则

对于有人口普查的年度,对规定时点普查数据进行汇总记录,没有人口普查的年度则以人口普查年度资料为基础,以年度人口抽样调查资料为依据推算相关年度人口数据。人口存量数据以普查年度年末时点为记录时间;若普查时间不是年末时点,则应通过外推法将数据换算成年末时点数据。

▮▶ 四、人力资源价值量核算

人力资源的价值量与人力资源的实物量有所不同,它是关于人所具有的科学知识、经验技能、体力和健康. 以及获取未来收入的能力等素质的综合测度。一般认为,人力资源的价值量是通过投资于人的营养和保健、教育和培训,以及择业过程中所发生的人事成本和迁徙等费用而逐渐形成的,是资本化的人力资源价值,且具有一些类似于无形资产的性质,称之为"人力资本"。然而,另一种不同的看法则认为,人力资源不同于人力资本,后者是在人身上投资的结果,而前者则还包含未经过专门教育和培训的初级劳动力的价值。

人力资本理论的创立者是美国著名经济学家舒尔茨,他的人力资本理论有五个要点:(1) 人力资本存在于人的身上,表现为知识、技能、体力(健康状况)价值的总和;(2) 人力资本是投资形成的,投资渠道有营养及医疗保健费用、学校教育和在职人员培训费用,以及择业过程中所发生的人事成本和迁徙费用;(3) 人力资本投资是经济增长的主要源泉;(4) 人力资本投资是效益最佳(回报率最高)的投资;(5) 人力资本投资的消费部分实质上是耐用性的,在这方面甚至超过了物质的耐用性消费品。

人力资本理论一旦被引入国民经济核算体系,就引起一系列的相应变化。一是消费与投资两者的界限会有所变化,原来作为经常性消费支出的教育培训费用、购买图书开支、营养保健开支和择业成本等,都需要考虑逐步作为人力资本投资计入投资指标(广义投资);二是与消费、投资相对应的储蓄的定义和计算方式也会相应变化。随着消费计算口径的缩小,储蓄(真实储蓄)将会扩大;三是由此得到的人力资本测度势必进入宏观层面的资本和财富范畴,是构成国民财富(广义国民财富)的一个重要组成部分。目前,这种变化趋势已经日益明显。在有关经济增长因素的核算与分析中,人力资本的作用与贡献问题已成为重要的研究内容。

在核算上,人力资本存量取决于历年积累下来的教育、培训、营养和保健等投资费用扣除人力资本消耗之后的余额。人力资源的存量则通常体现为它在未来若干时期所能提供的累计经济收益的贴现额。对人力资源或人力资本进行核算的难点在于怎样对其进行适当的货币化计量,并进行合理的价值量核算。

国际上最早对人力资源进行大规模实际测算的是世界银行,它采用未来收入现值余额法测度人力资源存量价值。该方法的基本原理是:首先计算蕴含人力资源的社会人口在平均剩余生存年限中所能创造的未来收入贴现值,再从中减去人造资产和土地(自然)资源的价值,即得人力资源存量价值。这里的未来收入贴现值可由今后各年的国民净收入(或国内生产净值等)贴现得到。世界银行的这种人力资源核算方法带有一定的实验性质,但便于操作和进行国际比较,不失为一种具有代表性的测定方法。

修订情况及研究趋势

本章内容的修改情况主要体现在国民经济核算的灵活运用与附属核算的相关概念的扩展及进一步规定方面。

(一) 关于矿藏勘探与评估

SNA-2008保留了矿产资源勘探(视为生产资产)与矿产资源自身(视为非生产资产)之间的区别。术语"矿藏勘探"被更名为"矿藏勘探与评估",以求与国际会计准则中的用语相一致,且定义也与后者相吻合。

关于矿藏勘探与评估的估价,SNA-2008建议,如果在市场上出售,则应按照市场价格估价,如果是内部活动,则按照总成本加上适当的利润估价。SNA-2008承认如下事实:由于很少能够获得矿产资源的市场价格,因此默认的估价方法是未来资源租金收入的现值。根据资源租金的份额,由开采者向矿物资源所有者所做的支付应记录为财产收入,即使政府财政将其作为税处理。

(二) 对水资源的定义做了扩展

SNA-2008对水资源的定义做了扩展,除了蓄水层和其他地下水资源外,还将河流、湖泊、人造水库以及其他地表蓄水池等也包括在内。水资源是指因其稀缺性导致行使所有权或使用权、进行市场估价和采取某些经济控制措施来提取的地表水和地下水资源。SNA-2008建议,水资源估价原则上应按照与矿产资源相同的估价方法进行,但同时指出,也可能不得不采用某些更为实用的做法,例如按照获取费用进行估价。

(三) 培育资产改称为培育性生物资源

SNA-2008将SNA-1993中的培育资产改称为培育性生物资源,使培育性生物资源的定义与非培育性资源的定义相对称。SNA-2008对培育性生物资源的定义进行了澄清,特别指明,只有当其自然生长与再生是在机构单位的直接控制、负责与管理之下,才被视为生产。

(四) 引入了针对自然资源的资源租赁概念

SNA-2008引入了资源租赁的概念,该概念是指如下情形:自然资源仍然出现在其法定所有者的资产负债表中,但是承租人是在生产中使用该资产的单位,因此是实质上的经济所有者。作为回报,承租人需要对资产所有者进行定期支付,该支付被记录为所有者的财产收入,称为租金。按照惯例,在SNA中,自然资源价值的下降不会作为与固定资本消耗相类似的交易而加以记录。因此,在SNA中,就收入形成而言,自然资源实质上被视为有无限的寿命。资源租赁可以适用于SNA中确认为资产的所有自然资源。

思考与练习

1. 为什么说 GDP 的国际对比是应用最广泛、最重要的专项对比？它有哪些不足？

2. 为什么要提出国民经济核算的灵活运用和扩展问题？如何才能对国民经济核算进行灵活运用和扩展？

3. 简述引入附属账户对国民经济核算的重要意义，并说明附属账户与国民经济核算的中心框架的关系。

4. 环境经济核算从哪些方面对国民经济核算进行了改进与拓展？

5. 你认为对人力资源进行价值核算可行吗？为什么？

第九章　国民经济核算的动态比较

引　言

　　前面各章介绍了国民经济核算的基本框架和方法原理,国民经济核算进一步面临的任务,是如何利用当期核算信息与相应的参照物进行各种经济对比,以便为宏观分析和决策管理提供更为翔实的数据和方法支持。国民核算数据的对比分析一般包括不同时间的动态对比和不同空间的横向对比问题。本章集中讨论国民经济核算动态对比问题,包括物量指数的编制、国内生产总值的动态比较及其价格指数的编制原理与基本方法。

第一节　国民经济核算动态比较的基本问题

　　国民经济核算的动态比较主要是指同一指标在不同时期数值的对比。在国民经济核算的动态比较方面,首先需要阐明两个问题:第一是国民经济核算动态比较的实质,即要对什么做动态比较;第二是国民经济核算动态比较的方法,即采用什么手段实现动态比较。

▮▶ 一、国民经济核算动态比较的基本思路

　　所谓国民经济核算的动态比较,就是要针对国民经济核算所提供的经济指标进行不同时期的比较,一般常将比较中的当前时期称为报告期,将用作比较参照的时期称为基期。通过比较,反映国民经济运行及其结果的动态特征。动态比较主要包括两个方面:第一是国民经济活动实际规模的动态变化,以国内生产总值及其构成项目为中心,进而延伸到收入等流量;第二是国民经济存量实际规模的动态变化,以经济资产及其构成项目表现为中心。

　　国民经济核算是用货币单位表示的价值数据体系,所提供的指标数据服从于当期的价格水平,是按照当期价格水平对当期经济活动和存量水平的计量,其中每一个指标的价值额中都包含价格和物量两个要素。例如,国内生产总值就是各种最终产品当期产量与当期价格的积和,最终消费支出是各种货物服务消费量和购买价格的积和。从动态来看,依据各指标价值额进行比较,其间变化同时包含了物量变化和价格变化。例如,如果当期最终消费支出比上期增长了 10%,那也应该是消费物量变化(增长或降低)和购买价格变化(上升或下降)两个因素共同作用的结果。因此针对每一项核算指

标有三个动态变化:价值额变化、物量变化、价格变化。

进行国民经济核算的动态比较,观察国民经济的动态特征,其最本质的要求是什么? 是价值额变化、物量变化还是价格变化? 显然,国民经济活动的规模首先是由各种货物服务(及资产)的物量表现的,比如当期生产或消耗了多少吨粮食、多少台电视机、多少立方米木材,以及当期拥有汽车多少台、房屋多少平方米等,这些就是各个指标中包含的物量。但在市场机制下的国民经济运行过程中,首先看到的不是物量,而是服从于当期市场价格水平的交易价格,物量则被隐含在价值额之中了。比如住户消费所花费的购买支出,企业出售产品获得的价款。从核算上看,这样的交易价值解决了不同产品(资产)物量之间由于其异质性而不能相加总(比如木材无法与电器相加)的困难,相当于借助价格作为同度量因素,得到了经过加总的各个指标总量——指标的价值额。因此,国民经济核算提供的数据首先是价值额数据,而不是仅仅反映物量的数据。实际上,国民经济核算描述国民经济运行过程的指标并不仅限于这些可用物量表示的指标,还包括大量表现收入、金融交易的价值指标。

这就是说,宏观上观察判断国民经济运行的动态特征,其本质是要通过物量来体现,即所谓经济的"实际"变化,该变化应该内涵地反映了货物服务物量(可具体表现为生产量、消费量、进口量等)和资产物量(可具体表现为建筑物保有量、畜禽存栏量、机器设备拥有量等)的变化,以有别于交易价值变化;即使那些难以直接用物量表述的收入指标,也可以借助货物服务来显示其作为"实际"收入的变化。但在另一方面,国民经济核算却是反映交易价值额的数据,以此为基础进行动态比较,则无法直接体现物量变化特征。

为了解决上述矛盾,以便从物量上揭示国民经济宏观动态特征,需要采用一定方法,对国民经济核算的价值数据进行加工,剔除价格和价格变化影响,分解出其中的物量以及价值额变化中的物量变化。基于此思路,国民经济核算动态比较应该包括以下工作:第一是编制不变价账户,即以与基期可比的价格计算国民经济核算的指标并编制相关账户,给出各指标的物量值;第二是编制主要指标的物量指数,计算不包含价格变化因素的国民经济动态变动速度。

通过上述介绍,可知价格及其变化完全是一个需要从中剔除的因素,和国民经济核算动态比较无关。这是一个不全面的理解。要观察宏观经济的实际变化,确实要通过剔除价格变化来实现,但在市场经济机制下,价格是国民经济状况的重要指示信号,价格水平变化本身就是宏观经济动态的重要组成部分。针对特定一揽子货物服务对象编制各种价格指数,既可以为编制不变价账户和物量指数提供价格缩减因子,同时本身还可以用于反映通货膨胀的程度,因此它也属于国民经济核算动态比较的范畴。

▮▶ 二、数量(物量)、价格与价值

(一) 数量(物量)、价格与价值的概述
对于每一种货物或服务,必须找到适合度量该货物或服务的数量单位。货物或服

务的单位可能是离散变量也可能是连续变量,汽车、飞行器、电脑、理发是以离散或整数单位计的货物或服务,其数量可以通过简单地记录单位个数得到。石油、电、糖和运输是以连续单位计的货物或服务,这类单位会根据不同特征连续变化,例如重量、体积、能量、持续时间和距离。选择物体单位及相应于此单位的价格是为了方便,例如,按每吨计的价格是按每千克计的价格的 1 000 倍。只要价格以与物量单位一致的方式计,对于单一同质货物或服务,价值(v)总是等于价格(p)乘以数量(q),即:$v = p \times q$。

简单来说,数量、价格和价值有以下几个重要的性质:

(1)数量只可以对单一同质产品相加,例如,20 吨煤加上 20 吨糖是没有经济意义的,不太明显的是,如果两种类型的汽车在质量上不同,其中一种 10 辆与另一种 20 辆相加也是没有经济意义的。

(2)货物或服务的价格定义为一单位该货物或服务的价值。价格随所选数量单位的尺度不同而变化,在许多情况下,通过改变数量单位,价格即可随之改变,例如,用吨计可以取代用千克计。价格和数量一样,不能针对不同产品或服务进行相加,不同产品或服务价格的平均数是没有经济意义的,也不能用来度量随时间推移的价格变化。

(3)价值以共同的货币单位形式表示,不同产品的价值可以相加。价值不会因为数量单位的不同选择而产生差异。

在一个市场系统中,不同货物和服务的相对价格应该既反映生产的相对成本,又反映购买者的相对效用,无论购买者是用来进行生产还是消费。相对成本和相对效用会影响销售者和购买者市场上打算以此交换货物服务的比率。必须有一个不同货物服务的价值总和,用以反映在当期通行价格水平上所做出的货物和服务生产的消费选择。

(二)数量(物量)、价格和单位价值指数

国民经济核算的动态比较,主要涉及那些对应物量而存在、可以在动态上分解为物量变化和价格变化的内容,即与货物服务有关的流量和与非金融资产有关的存量。可以使用与基期可比的计算价值总量,用以代表各个指标物量的"实际价值",或者直接计算各个指标的物量指数,来表现动态比较。如果放松限制,也可以将这样的动态核算扩展到一些收入总量,主要是可支配收入,如上一段所提到的,将其作为消费总量的表征,以与基期可比的消费价格计量可支配的"实际收入",衡量其变动率。但是,一般来说,这样的扩展难以延伸到金融流量和金融资产、负债。因为,尽管某些金融工具(比如股票)也有"价"和"量"的概念,但都属于金融经济的构成要素,与所要考察的实体经济无关。

数量(物量)指数是指两段时期之间某组货物或服务数量成比例变化的平均数。不同货物和服务的物量由其使用价值、计量单位的不同,不能直接相加编制指数。因此,不同货物和服务的物量变化也必须通过同度量因素并按照它们的经济重要性——价值来加权。和度量货物或服务在一个时期或者其他时期、或者两个时期的相对价值一样,这种随时间推移的数量比较必须是针对同质产品的,不同货物服务的数量变化必须用其经济重要性进行加权。因此,为了强调必须对数量进行调整以反映质量变化,物量一词比数量更正确、更合适。但是有时,尤其是在采用海关文档记录的对外贸易统计领域,价格和物量指数方面的数据实际上是不够详细的,或者说是不适当的。例如,可

以得到的基本信息主要限于进口或出口某组产品的单位总数,或者其总重量(比如鞋的总双数,或某种类型设备的总重量)。如果单位数或者重量包括以不同价格销售的不同产品,在这样的信息基础上构建的指数不是物量指数。因此,这种指数有时被称为"数量指数"。相应的"价格"指数常常被称为平均指数或"单位价值"指数。单位价值指数度量的是非同质并且同时受产品组合及其价格变化影响的平均单位价值的变化。因此,单位价值指数不是度量非同质产品组随时间推移之平均价格变化的好指标。

▶▶▶ 三、价格和物量的时期指数

(一)动态比较中的价格与物量的时期指数

在统计学中,指数是指同一指标在不同时间上的动态相对数。尽管可以就某单一事物计算指数表现其动态特征,比如根据粮食产量计算粮食生产指数,但如果探究统计指数产生的本源可以看到,更能体现统计指数之意义的使用领域是针对多项事物测定其综合变动,比如多种产品的生产产量指数,多种消费品的销售价格指数。国民经济核算作为针对一国经济活动的综合性核算,所提供的各项指标均为多项事物的集合,比如总产出是多种产品的生产产出,中间消耗是多种中间产品在生产中的投入,最终消费支出是多种消费品和服务的购买支出,进出口总值也是多种货物服务进出口的价值合计。因此,国民经济核算的动态比较,正是统计指数的"用武之地"。反过来说,国民经济核算的动态比较,也特别依赖于统计指数这个有力的工具。

指数的编制起源于物价指数可追溯到 17 世纪,用于度量物价的变化状况。其后指数的应用范围不断扩大,从价格指数扩展到物量指数,从动态比较扩展到空间比较。伴随其广泛应用,统计指数的方法研究也日渐深入,出现了不同的统计指数形式,可以应对不同的基础数据类型,从而为正确应用指数、在更大范围内应用指数起到了重要的保证作用。

在国民经济核算的动态比较中,最基本的统计指数包括两类:一是物量指数,反映各种经济活动实物量(以及资产实物量)在不同时间上的动态变化程度,比如生产物量指数、消费物量指数、投资物量指数、资产物量指数。在实际应用中,有时会省略词语中的"物量"二字,比如直接称生产物量指数为生产指数,有时则省略指数中包含的基数百分之百,以"增长率"形式表现之,如经济增长率实际上就是整个经济之生产物量指数的变形。二是价格指数,反映价格水平在不同时间上的动态变化程度,如生产者价格指数、消费者价格指数、投资价格指数等。

由于国民经济核算所提供的价值指标大都是数量与价格相乘求和的结果,因此面对一个可以用价值额表现的现象,物量指数和价格指数是对应存在的。比如,对应一时期的消费支出额,可以构造消费物量指数和消费价格指数,它们和根据该指标价值额直接计算的指数(比如最终消费支出指数)一起,在逻辑上构成一个指数体系。一般而言,价值额指数很容易取得资料也很容易计算,这就为我们编制指数、应用指数提供了一种便利:只要得到物量指数和价格指数中的某一个,就可以利用上述指数体系,推算出另一个。由此可以避免专门搜集基础资料直接编制该指数的困难。在第二节可以看到,国民经济核算动态比较中经常利用这样的思路,最基本的做法是:利用独立编制的各种价格指数去缩减价值额或价值指数,借此得到相应的物量和物量指数。

国民经济核算是一个逻辑严谨的数据体系,各个总量指标之间具有严格的连接关系,比如从国内生产总值到国民总收入、再到国民可支配收入,从可支配收入到最终消费支出,从生产法国内生产总值到支出法国内生产总值;同时国民经济核算又是一个加总式的数据体系,各个总量指标都可以按照交易者和交易内容分解到更加详细的层面,比如最终消费支出可以分解到住户消费和政府消费,可以分解到不同消费品和服务类别。因此,理想状态下,国民经济核算动态比较中的指数也应该是一个体系。在此体系中,对应不同内容的总量,其指数应该是相互连接和协调的;一个综合性总量指数,应该是其下层指数的平均值。比如,针对国内生产总值计算的物量指数(经济增长率),一方面应该是各个产业生产物量指数的综合,另一方面应该是最终消费、资本形成、进出口物量指数的综合,这两个方面的指数之间应该是协调一致的。

(二)常用的价格与物量指数

SNA-2008对指数的兴趣主要在于把价值总量变化分解为全部价格变化和全部物量变化。在经济指数理论的发展过程中,指数的编制方法经历了从简单指数法、平均数指数法、综合指数法到函数指数法的发展过程。期间主要采用的指数编制公式有拉氏指数、帕氏指数、费舍指数和唐氏指数。各种指数公式的差别主要在于对各单项价比或量比采用的权数不同和对其加权平均的形式不同。

1. 拉氏指数和帕氏指数

(1)拉氏指数。

按照惯例,以q代表各种货物或服务的数量,p表示相应的价格;基期下标为0,报告期下标为t。即一种特定货物或服务在时期t的价格或数量的比率分别为:价比$=\dfrac{p_t}{p_0}$以及量比$=\dfrac{q_t}{q_0}$,令$V_{ij}=p_{ij}q_{ij}$,即时期j的第i种货物或服务的价值。拉氏指数(L_P)被定义为用基期0的价值份额为权重的相对价格的加权算术平均:

$$L_p = \sum_{i=1}^{n}\left(\frac{p_i^t}{p_i^0}\right)s_i^0 = \frac{\sum_{i=1}^{n}\left(\frac{p_i^t}{p_i^0}\right)p_i^t q_i^0}{\sum_{i=1}^{n}p_i^0 q_i^0} = \frac{\sum_{i=1}^{n}p_i^t q_i^0}{\sum_{i=1}^{n}p_i^0 q_i^0} \qquad \text{(公式 9-1)}$$

由式9-1可知,拉氏价格指数是将用于计算的一篮子产品组合固定在参考期0水平上而得到的价值变化。类似地,拉氏物量指数(L_Q)可以定义为每一时期的产品组成都在更新,但一直采用参考期0的价格计算从而得到的价值变化,即:

$$L_Q = \sum_{i=1}^{n}\left(\frac{q_i^t}{q_i^0}\right)s_i^0 = \frac{\sum_{i=1}^{n}p_i^0 q_i^t}{\sum_{i=1}^{n}p_i^0 q_i^0} \qquad \text{(公式 9-2)}$$

（2）帕氏指数。

帕氏指数也有价格指数和物量指数之分。帕氏指数与拉氏指数之间的区别在于两个方面：帕氏指数采用调和平均而不是算术平均；物量或价格的固定时期是在报告期 t。帕氏价格指数即为：

$$p_p = \left[\sum_{i=1}^{n} \left(\frac{p_i^t}{p_i^0} \right) s_i^t \right]^{-1} = \frac{\sum_{i=1}^{n} p_i^t q_i^t}{\sum_{i=1}^{n} p_i^0 q_i^t} \qquad \text{（公式 9 - 3）}$$

固定报告期权重或价格的帕氏物量指数为：

$$p_Q = \left[\sum_{i=1}^{n} \left(\frac{q_i^t}{q_i^0} \right) s_i^t \right]^{-1} = \frac{\sum_{i=1}^{n} p_i^t q_i^t}{\sum_{i=1}^{n} p_i^t q_i^0} \qquad \text{（公式 9 - 4）}$$

（3）拉氏指数与帕氏指数的比较。

① 拉氏指数与帕氏指数的同度量因素不同，所选取的权数不同。拉氏指数按基期水平加权：拉氏价格指数按基期数量加权，拉氏物量指数按基期价格加权；帕氏指数按报告期水平加权：帕氏价格指数按报告期数量加权，帕氏物量指数按计算期价格加权。

② 由于拉氏指数以固定基期作权数，这样各期指数就具有可比性，有利于反映长期连续性的价格和物量变动，并且资料比较容易取得；帕氏指数以报告期作权数，使该指数具有一定的现实经济意义，但在研究长期连续性的价格变动时，受各期权数的影响，各期指数不具有可比性。

③ 拉氏指数较少地考虑新产品或新品种的变化，若计算期距固定基期时间过长，权数结构会发生较大的变化，难以准确地反映计算期的价格变动和物量变动；帕氏指数按报告期加权，可以把新产品的影响考虑进来，把旧产品或淘汰的产品排除掉，比较符合客观实际，但帕氏价格指数把基期的价值量按基期的价格和报告期的数量乘积计算，容易夸大基期价值水平，从而有可能低估价格水平的变动。

（4）拉氏指数与帕氏指数的关系。

在一定条件下，拉氏指数和帕氏指数可以构成指数体系。如果已知两个时期的总价值 $\sum V_t$、$\sum V_0$，可以通过两者的对比直接编制价值指数。除此之外，也可以通过指数体系求得价值指数。若对同一组货物或服务进行核算，拉氏指数和帕氏指数构成一个对称变化的指数体系。具体来说，拉氏价格（物量）指数和对应的帕氏物量（价格）指数的乘积等于所涉及的货物或服务流量总价值的对称变化，用公式表示：

$$L_p \times P_Q = \frac{\sum_{i=1}^{n} p_i^t q_i^0}{\sum_{i=1}^{n} p_i^0 q_i^0} \times \frac{\sum_{i=1}^{n} p_i^t q_i^t}{\sum_{i=1}^{n} p_i^t q_i^0} = \frac{\sum V_t}{\sum V_0} \text{ 和 } L_Q \times P_p = \frac{\sum_{i=1}^{n} p_i^0 q_i^t}{\sum_{i=1}^{n} p_i^0 q_i^0} \times \frac{\sum_{i=1}^{n} p_i^t q_i^t}{\sum_{i=1}^{n} p_i^0 q_i^t} = \frac{\sum V_t}{\sum V_0}$$

$$\text{（公式 9 - 5）}$$

由上述公式可知,拉氏指数和帕氏指数是一对互补指数,利用这个关系,反过来,若已知总价值指数和互补指数中的一个指数可间接推导出另外一个指数。由于通常直接计算价格指数比直接计算物量指数相对容易些,且成本小,因此,在国民经济核算中,常用帕氏指数除价格指数来间接地求出拉氏物量指数,即:$L_Q = \dfrac{\dfrac{\sum V_t}{\sum V_0}}{P_p}$。这种方法被称为价格缩减法,在国民经济核算中得到了广泛的应用。

2. 费舍指数与唐氏指数

经济理论假定存在无差异曲线,该曲线反映消费者如何对价格变化做出反应以改变其支出模式。除非无差异曲线所代表的效用函数在 0 期和 t 期是相同的,否则该期拉氏指数和帕氏指数会对应不同的效用函数。拉氏指数和帕氏指数由于其采用的平均方法不同或指数选用的权数不同,存在指数偏误。由于指数编制选择的平均方法不同,产生的指数间数值间差异称为型偏误。由于指数选用的权数不同产生的数值差异称为权偏误。拉氏指数和帕氏指数既有型偏误又有权偏误。为了解决这个两难的局面,出现了一系列指数,被称为超越指数,它们与效用函数相对应,适用于随时间推移由价格变化带来的数量变化。费舍指数就是超越指数的一个代表,唐氏指数是另一个代表。

(1) 费舍指数。

费舍采用对不同指数公式再平均方法解决指数的偏误问题。费舍指数是拉氏指数和帕氏指数的几何平均数,即:

$$F_p = (L_p P_p)^{\frac{1}{2}} \text{ 和 } F_Q = (L_Q P_Q)^{\frac{1}{2}} \qquad (公式 9 - 6)$$

由于这个指数满足费舍提出的各种指数检验,如"时间转换"和"因子转换"检验,因此,这个指数又称为"理想"指数。

(2) 唐氏指数。

唐氏指数公式主要采用不同权数内容的再平均方法解决指数的偏误问题。唐氏指数是两个价比或量比的加权几何平均数,所用的权数是报告期与基期价值份额的平均值,即:

$$T_Q = \prod \left\{ \left(\frac{q_t}{q_0} \right)^{\frac{s_0 + s_t}{2}} \right\} \text{ 和 } T_P = \prod \left\{ \left(\frac{p_t}{p_0} \right)^{\frac{s_0 + s_t}{2}} \right\} \qquad (公式 9 - 7)$$

式中,s_0 和 s_t 表示基期和报告期每种产品在总值中的份额。

费舍指数和唐氏指数出于加权的目的都要同时使用两个时期的价值份额信息,都认为这两个时期的价值份额信息是同等重要的。因此,它们会如人所愿地介于拉氏指数和帕氏指数之间。在唐氏指数和费舍指数以及其他这样的对称指数之间,其数值差异是很小的。而且唐氏和费舍物量指数并没有使用一个具体单一时期的价格,"按照不变价格"一词对于指数序列来说是不恰当的,正确的术语是物量序列。

ⅢⅢ▶ 四、链式指数

随着时间的推移,基期相对价格模式与近期经济环境的相关性会越来越差。因此,继续使用这样的基期相对价格来测度物量变化是不恰当的。于是,有必要更新权重。对于长期序列而言,对很久以前的时期使用最新权重,对当前时期使用很久以前的权重,两者都不恰当。因此,有必要把旧序列与采用新权重的新序列通过连乘链接起来。实现链接有许多种计算方法,按新权重计算的当期指数,乘以一个旧指数比新指数所得的链接系数,即可将新指数转化到旧指数的参考期。另外,指数可以把参考期更改到新权重引入的时期,以旧指数除以链接系数就可以进行这样的更改。通过一个重叠期链接把老序列和新指数链接起来的过程,就是所谓的链锁。

环比指数(chain index)是将相邻两个时期的价格或物量相比所得到的指数,而将时期 0 与时期 t 之间所有相邻时期的环比指数相乘就得到链式指数。下面以拉氏指数为例说明环比指数与链式指数的计算方法。假定第 m 期为 0 到 t 中间的某一时期,第 m 期的环比拉氏价格指数和环比拉氏物量指数分别为:

$$p_{LC}^m = \frac{\sum_{i=1}^{n} p_i^m q_i^{m-1}}{\sum_{i=1}^{n} p_i^{m-1} q_i^{m-1}} \text{ 和 } Q_{LC}^m = \frac{\sum_{i=1}^{n} p_i^{m-1} q_i^m}{\sum_{i=1}^{n} p_i^{m-1} q_i^{m-1}} \tag{公式 9-8}$$

第 t 期的链式拉氏价格指数和链式拉氏物量指数公式分别为:

$$p_{LCD}^t = \prod_{m=1}^{t} P_{LC}^m \text{ 和 } Q_{LCD}^t = \prod_{m=1}^{t} Q_{LC}^m \tag{公式 9-9}$$

一般地,如果用链式指数代替定基指数,拉氏和帕氏指数之间的数值差距可能会大大缩小。因此链式指数较之定基指数更有优势。然而,定基指数和相应的链式指数之间的关系并不总是一成不变的,因为这种关系必须依赖于个体价格和数量随时间的变化轨迹。如果个体价格和数量随着时间而稳定地上涨或下跌,可以看到,链锁将显著地降低两个指数的数值差距,甚至会使差异得到完全消除。CPI 和 PPI 手册的第 9 章和第 19 章提供了解释性的例子,第 15 章解释了这个现象背后的理论。但是,如果个体价格和数量不稳定,使早期相对价格和相对数量的变化与近期恰好相反。那么,链式指数会比一个简单的指数造成的后果更严重。

总的来说,支持使用链式拉氏和帕氏指数的情况多于不支持的情况。导致相对价格和数量观测值长期变化的那些潜在经济动力——比如技术进步和收入增长——常常不会逆转,因此,一般建议对年度价格指数进行链锁。受季节性和短期无规律变化影响,月度和季度数据中的价格和物量值常常不如相应年度值稳定。所以,在这些较高频率的指数基础上,进行链锁就会丧失优势,并且不能对没有进行季节波动调整过的季度数据进行链锁。

五、指数编制中的质量调整问题

(一) 指数编制中为什么要进行质量调整

货物和服务及其销售条件都会随时间推移而不断变化，一些货物或服务从市场上消失了，而另一些新质量或者新的货物或服务取代了它们。而在编制价格指数时，要求同种产品在不同时期是完全同质的，这样才能反映纯价格变化。但在现实中，产品的质量会随时间发生变化，不能满足编制价格指数的要求。实际上，产品价格变化包括两个部分：纯价格变化和质量变化，用公式表示即：价格变化＝纯价格变化＋质量变化引起的价格变化。

将质量变化和纯粹的价格变化加以严格的区分具有重要的意义，因为两者代表的含义并不相同。如果确认是质量变化的话，若出现向价格较高，也即向质量较好的货物或服务转化的情况，这是一种物量增加，而不是价格提高。但质量相同的货物或服务的价格发生变化时，这是一种纯粹的价格变动，这种情况必须记录为价格上升，而不是物量增加。

价格指数必须反映纯价格变化，因而在编制价格指数时必须进行质量调整。严格来讲，质量变化应该属于物量变化而不是价格变化，因而在编制价格指数时，若不对质量变化进行调整，将会对价格指数的准确性产生严重的影响，进而影响物量变化的准确性。

(二) 指数编制中质量调整的方法

在实践中，统计学家和统计工作者使用了很多质量变化调整的方法，这些方法总的来说可以分为直接法和间接法。

1. 直接法

直接质量调整方法直接估计新老项目之间的质量变化，并对新项目的价格或老项目的价格做出相应的调整。这样，根据调整后的价格，可对纯价格变动作出估计。直接质量调整方法包括数量调整法、部件价格法、生产成本法和 Hedonic 法等。

Hedonic 法是采用 Hedonic 价格函数计算出产品价格指数的统称，其基本思想是以 Hedonic 价格理论为基础，为建立一个反映商品的物理特征与该商品的价格相联系的 Hedonic 价格函数，将影响商品价格的各种特征作为解释变量，用回归的方法剔除质量变化带来的价格变化，只留下仅有市场供求变化引起的价格变化，由此而计算的价格指数。Hedonic 方法研究在国内基本属于初级阶段，从实际应用层面来看，许多国家的统计机构在构建价格指数如 CPI、RPI 时使用 Hedonic 法考虑了质量调整问题。如美国 BLS、BEA、调查局、美国联邦储备组等机构针对性地编制了不同类型、不同层面的价格指数，许多 OECD 国家则更多的是针对具体商品计算了经质量调整的价格指数，如计算机、微波炉、摄像机甚至包括大学教材。目前，越来越多的国家准备使用这种方法对价格指数进行质量调整。

2. 间接法

间接法是以类似产品的价格变动为依据，估计出新老项目之间价格差别中的纯价格变动部分。所观察到的价格变化与估计出的纯价格变化之差,就是由质量差别引起的变化。间接质量调整方法包括可比替换法、无价格变化的连接法、重叠法、总均值虚拟法、组均值虚拟法、样本更新法等。

第二节　国内生产总值(GDP)的物量核算

从国民经济核算的内容看,物量动态描述的对象主要有两个:一是与货物服务有关的流量指标;二是与非金融资产有关的存量指标,进而可以将描述对象扩展到一些收入指标。相比较而言,其中应用比较广泛的无疑是以国内生产总值为中心的综合物量核算,主要工作包括编制不变价 GDP 账户、计算 GDP 物量指数。

▶一、物量核算的基本方法

GDP 物量核算的目的是剔除价值变化中的价格变化因素,以反映物量部分的变动。常用的物量核算方法有三种:基年价格估价法、价格指数缩减法和物量指数外推法。

(一)基年价格估价法

基年价格估价法也称不变价格法,是将产品价格固定在某一个年份,然后利用这个固定的年份的价格来衡量其他年份产出或支出的价值,这个固定的年份称为基年(基期)。基年一旦选定,一般在一段时间内是不变的。在实际中,一般每 5 年或 10 年更换一次基年。基年价格估价法可以表示为:

$$V_0^t = \sum_{i=1}^{n} p_i^0 q_i^t \qquad (公式 9-10)$$

式中,p_i^0 为各种产品的基年价格或不变价格,V_0^t 表示按基期不变价 p_i^0 计算的报告期的物量值。基年价格估价法的最大问题是,不变价格在使用若干年之后,基年的价格结构就会与现实经济状况发生较大的偏离,需要更新基期,确定新的不变价格,并对原来的不变价格数列进行调整。由于市场上的产品多种多样,数量巨大,因而工作量十分巨大。此外,新产品在市场上的不断出现大大缩短了不变价格标准的适用期间,并且也不可能让所有企业都去全面计算各种产品的不变价产值,目前编制全国统一的不变价格已经不太现实。因此,我国在进行 GDP 物量核算时已经很少使用这种方法。

(二)价格指数缩减法

价格指数缩减法是使用价格指数缩减按当期价格计算的现价价值量指标,以剔除价格因素变动影响的方法。这里使用的价格指数常被称作价格缩减指数。价格指数缩减法包括单折算法(单缩法)和双折算法(双缩法)。

单缩法的要点是:根据生产法 GDP 的基本核算式,首先利用帕氏公式分别构造关于总产出和中间消耗的下述价格指数:

$$P_p = \frac{\sum\limits_{i=1}^{n} p_i^t q_i^t}{\sum\limits_{i=1}^{n} p_i^0 q_i^t}, P_z = \frac{\sum\limits_{i=1}^{n} z_i^t q_i^t}{\sum\limits_{i=1}^{n} z_i^0 q_i^t} \qquad (公式\ 9-11)$$

式中，q 和 p 仍是各种产品的总产量和单位产品价格；z 为单位产品的中间消耗价格，$t(=1, 2, \cdots)$ 为不同的报告期。分别用上述两个价格指数去除相应的现价总价值（总产出和中间消耗）或总值指数（总产出指数和中间消耗指数），就得到相应的不变价总值或拉氏物量指数。

$$\frac{\sum\limits_{i=1}^{n} p_i^t q_i^t}{\sum\limits_{i=1}^{n} p_i^0 q_i^t} : p_p = \frac{\sum\limits_{i=1}^{n} p_i^0 q_i^t}{\sum\limits_{i=1}^{n} p_i^0 q_i^0} = L_q, \frac{\sum\limits_{i=1}^{n} z_i^t q_i^t}{\sum\limits_{i=1}^{n} z_i^0 q_i^t} : p_z = \frac{\sum\limits_{i=1}^{n} z_i^0 q_i^t}{\sum\limits_{i=1}^{n} z_i^0 q_i^0} = L_q'$$

$$(公式\ 9-12)$$

将两个拉氏物量指数的分子、分母对应相减后再对比，即得到如下拉氏形式的 GDP 物量指数：

$$L_q'' = \frac{\sum\limits_{i=1}^{n} p_i^0 q_i^t - \sum\limits_{i=1}^{n} z_i^0 q_i^t}{\sum\limits_{i=1}^{n} p_i^0 q_i^0 - \sum\limits_{i=1}^{n} z_i^0 q_i^0} = \frac{\sum\limits_{i=1}^{n} (p_i^0 - z_i^0) q_i^t}{\sum\limits_{i=1}^{n} (p_i^0 - z_i^0) q_i^0} = \frac{\sum\limits_{i=1}^{n} r_i^0 q_i^t}{\sum\limits_{i=1}^{n} r_i^0 q_i^0} \qquad (公式\ 9-13)$$

式中，r 为单位产品的"增加值价格"。表面上看，该指数似乎已经将与产出有关的两个价格因素（p 和 z）都固定起来了，消除了价格因素对 GDP 变动的影响。但实质上，却只是运用单一的增加值价格（r）作为同度量因素构造的拉氏物量指数，它的指数化指标仍然是总产出物量 q。由于只对指数中的增加值价格 r 进行了价格缩减，并没有真正对总产出和中间消耗各自的价格变化分别进行必要的调整，所以被称为单缩法。

与单缩法有所不同，双缩法比单缩法更为科学。双缩法的关键在于适当地分别折算（缩减）了产出和消耗中的价格因素，其物量指数的指数化指标具有更为合理的经济内涵。因此，双缩法应该成为编制 GDP 生产指数的主要方法，在可能情况下应尽量采用双缩法。当然在核算实践中，由于受到资料条件的限制，往往无法分别编制双缩法所要求的两个价格指数，这时，一般有限制地运用单缩法。

（三）物量指数外推法

物量指数外推法是使用适当的物量指数对基期按现行价格计算的价值量指标进行外推，以得到报告期按基期价格计算的价值量指标。用公式可以表示为：

$$\sum\limits_{i=1}^{n} p_i^0 q_i^t = \sum\limits_{i=1}^{n} p_i^0 q_i^0 \times Q_L \qquad (公式\ 9-14)$$

式中，$\sum\limits_{i=1}^{n} p_i^0 q_i^0$ 为按基期现行价格计算的价值量指标，Q_L 为物量指数。为了达到国民经济核算的内在一致性,物量指数所反映的指标范围必须与价值量指标的范围相一致,物量指数应使用拉氏指数公式计算。

二、GDP 的物量核算

在反映国民经济总量的变动中,由于按现价货币计算的价值随着综合物价水平的上下变动而逐年变动,从而失去其动态对比的意义。为消除价格变动的影响,测度国内生产总值物量的变动,GDP 的物量核算是国民经济核算与分析的一个重要方面。

国内生产总值物量变化通常是通过现价国内生产总值与计算出的"可比价"或"不变价"国内生产总值对比得到的。"可比价"国内生产总值是按上一年度价格计算的;而"不变价"国内生产总值是按某一固定基年价格计算的。从理论上讲,直接用某一固定时期的不变价格乘以物量就可以得到不变价国内生产总值,这种编制物量指数的方法,称固定价格法或直接核算法。而在实际社会经济生活中,编制国内生产总值物量指数主要采用价格减缩法(间接推算法)。

(一)生产法 GDP 物量核算

生产法 GDP 物量核算是分产业部门进行的,即先分别计算各产业部门的不变价增加值,然后加总得到不变价 GDP。而各部门不变价增加值的基本计算方法主要有价格指数缩减法与物量指数外推法,SNA－2008 认为,在进行 GDP 的物量核算时,双缩减法是较好的一种方法。当现有数据的可靠性和稳定性不足以允许使用双缩减法时,用总产出价格指数来缩减现价增加值或用总产出物量指数外推基年增加值以估计不变价增加值,是一种次优的方法。

在国民经济核算中,产出可以分为市场产出和非市场产出。其中,非市场产出可以分为由政府和为住户服务的非营利机构(NPISH)提供的非市场产出以及为自己最终使用的产出。

1. 市场产出

市场产出的物量值一般使用生产者价格指数(PPI)对现价值进行缩减。但是,在一些情况下,编制标准的生产者价格指数是困难的。例如,企业每年生产不同的产品,没有可做比较的价格,这时可以使用"模型定价"或"规格定价"的方法来解决。在其他一些情况下,要将产品区别开来可能也是困难的,对于一些服务业尤其如此。有时候要对服务估价可能也是困难的,例如,付出的酬金是与工作的小时数(如律师)而不是与所提供的产出有关,这时可以使用每小时付费率作为价格指标。

2. 政府和为住户服务的非营利机构提供的非市场产出

对于政府和为住户服务的非营利机构免费提供的非市场产出,因为产出没有对应的价格,不变价估计一般有两种方法可以选择,一是缩减投入,二是直接估计物量。目前,绝大多数国家都是以缩减投入为基础计算的。这样做暗含着一种假设,即投入的物量变化能够代表产出的物量变化。但是,并不是投入越多产出就越多,用投入法无法研究非市场产出的生产率变化。因此,SNA－2008 建议使用产出物量法(output volume method)来编制非市场服务产出的物量指标。

3. 为自己最终使用的产出

为自己最终使用的产出一般是使用市场上销售的类似产品的价格来测算。因此，对为自己最终使用的产出进行缩减，其原则与类似产品的市场产出的缩减原则相同。

4. 中间消耗

中间消耗可以使用投入生产者价格指数进行缩减。中间消耗包括对国内生产产品和对国外生产产品的使用。对于这两部分，要使用不同的价格指数进行缩减。应逐个产品进行缩减，对进口产品进行缩减时应使用进口价格指数。

（二）支出法 GDP 物量核算

支出法 GDP 物量核算的基本思路是：用适当的价格指数缩减支出法 GDP 的各个构成项目，然后进行加总，即得到不变价支出法 GDP。计算方法可用公式表示为：

$$不变价 GDP = 不变价最终消费支出 + 不变价资本形成总额$$
$$+ 不变价货物和服务的净出口$$
$$= 不变价住户最终消费支出 + 不变价政府与 NPISH 最终消费支出$$
$$+ 不变价固定资本形成总额 + 不变价存货变化$$
$$+ 不变价货物服务出口 - 不变价货物服务出口 \qquad (公式 9-15)$$

缩减过程中所使用的价格指数都应是从使用者角度编制的，缩减质量的好坏在很大程度上取决于价格指数与各构成项目的一致程度。例如，若 CPI 用作国民经济核算中的缩减指数，CPI 的消费范围应界定为住户实际最终消费。

（三）不变价 GDP 核算

不变价 GDP 支出核算，主要是通过缩减法或基年价格估价法分别计算出不变价的居民消费、政府消费、固定资本形成总额、存货增加、货物与服务净出口求得。目前，实际核算中各不变价构成项目的计算方法分别如下。

1. 居民消费

居民消费按照居民不同种类的消费支出分别采用相应的价格指数进行缩减计算不变价值。具体来说，居民在食品、衣着、家庭设备用品、医疗保健用品、交通和通信工具、文化教育娱乐用品上的消费支出，分别用居民消费价格指数中的食品、衣着、家庭设备用品、医疗保健用品、交通和通信工具、文化教育娱乐用品类的指数缩减。居民对住房服务的消费支出，按照房租支出和私人自有住房服务两部分分别计算。房租支出使用房租价格指数缩减，不变价私人自有住房服务等于当期新增住房服务不变价值，加上上期不变价自有住房服务，减去本期废弃的自有住房服务不变价值。新增住房服务不变价值用固定资产投资价格指数缩减。金融媒介服务和保险服务的消费支出，利用居民消费价格指数和固定资产投资价格指数的加权平均数缩减。居民享受的集体福利服务消费支出，用居民消费服务价格指数缩减。

2. 政府消费

政府消费按照政府消费构成的不同，先把政府消费分成货物支出、工资支出、服务支出和固定资产虚拟折旧四个部分。其中，前三个部分分别使用商品零售价格指数、城市居民消费品价格指数和居民消费服务价格指数缩减得到各部分的不变价值。固定资产虚拟折旧使用其他服务业固定资产投资价格指数缩减计算出当期新增固定资产的虚拟折旧，再加上上期不变价固定资产虚拟折旧，减去本期废弃的固定资产不变价值求得。

3. 固定资本形成总额

固定资本形成总额利用固定资产价格指数直接缩减现价固定资本形成总额得到不变价值。

4. 存货增加

存货增加采用基年价格估价法和缩减法计算。其中，农林牧渔业存货增加中的猪、羊、粮食、家禽和其他家养动物的不变价值，采用基年价格估价法；农林牧渔业以外的其他存货增加，采用缩减法计算；存货增加按照用途划分为生产资料、生活资料和收购的农副产品三类，分别用生产资料出厂价格指数、生活资料出厂价格指数和农副产品收购价格指数缩减得到不变价值。

5. 货物和服务净出口

货物和服务净出口采用出口货物价格指数、进口货物价格指数分别缩减货物和服务出口总额和进口总额，计算出不变价出口总额和进口总额，两者相减得到不变价净出口。由于我国缺少进出口服务价格指数，因此在实践中用出口货物价格指数和进口货物价格指数近似替代。

▮▶ 三、经济总量的实际收入核算

（一）名义收入与实际收入

收入分配是一类重要的经济交易，它依托各种分配工具，发生在国民经济各个机构部门之间以及国内与国外之间，形成了各种收入分配流量，对收入分配进行分阶段核算，进一步就形成了各种收入总量。因此提到"收入"，并非是指单一指标，而是一个指标体系，表9-1是对收入指标体系的归纳。这些收入都是在当期价格水平上形成的，在当期价格水平上形成了增加值（现价总产出减去现价中间投入的余值），进而发生劳动报酬、生产税、财产收入支付和获得，形成来自生产的原始收入；然后是收入税、社会保障的缴款与赔付及其他经常转移，形成可以按照当期价格水平消费使用的可支配收入；扣除实际发生的消费支出之后，最后形成结余下来的储蓄。如果在两个时期进行比较，报告期对基期的收入变化自然也与价格变化有关。

表9-1 不同层次的收入指标

	增加值（GDP）	劳动者报酬，生产税，财产收入	原始收入	收入税，社会保障缴费和社会补助，其他经常转移	可支配收入	最终消费支出	储蓄
非金融企业 金融机构 政府 住户 国民经济合计	生产者创造的收入	收入初次分配流量	与生产有关的收入	收入再分配流量	可用于消费的收入	用于消费的收入	节余的收入

应该如何考虑动态比较中价格变化对收入的影响？由第一节所述可知,这些收入并不是直接对应货物服务,难以直接按照所谓物量和价格进行分解,不能计算所谓"不变价收入"。另一方面,各种收入确实内在地与价格变化具有关系,因为收入代表特定货物服务的购买能力,尽管本身不直接对应货物服务,但如果用于货物服务购买,其能力就会与特定货物服务的价格联系起来。如果价格上升,同样数额的收入就只能购买相对较少数量的货物服务,反之其购买数量就会加大。因此,如果说在当期价格水平上计量的收入是一种"名义收入",与此对应还应该有一个不包含价格变化影响的"实际收入",以便在同一价格水平前提下,用实际购买力衡量当期形成的收入以及与基期相比收入变化。

显然,从名义收入到实际收入,需要用一个价格指数进行缩减,就像现价 GDP 需要用价格指数缩减以得到不变价 GDP 一样;为了找到一个对应价格指数,必须假定有一组充当定值标准的产品,收入与这一组特定的货物服务直接关联,并承受其价格变化的影响。为此,理解实际收入要注意以下几点:第一,实际收入是参照某一选作参照年的价格水平衡量额,依参照年的选择而变化,不是孤立存在的;第二,以实际收入衡量的购买力变化,是相对于某一组作为定值标准的产品而言的,其计量结果在一定程度上与定值标准的选择有关;第三,尽管存在一个收入指标体系,但未必需要针对每一个收入指标都核算其实际收入。以下的讨论说明,选择哪些收入指标计算实际收入,实际分析中可能有不同的选择,但从国民经济核算角度看,可能仅限于少数常用的收入指标。

(二) 实际收入计算中的相关问题

由定义可知,实际收入计算依赖于名义收入和价格指数,即

$$实际收入 = \frac{名义收入}{价格指数} \qquad (公式 9-16)$$

进一步考虑,有两个相互联系的问题需要进一步说明:第一,选择哪些收入指标计算实际收入;第二,针对特定的收入指标,选择什么价格指数作为价格缩减因子。

从国民经济运行过程看,收入分配一头连接着生产,另一头则连接着最终使用,从表 9-1 可以看到,从增加值到可支配收入以及储蓄,收入指标体系体现了从靠近生产到靠近最终使用的流程。由此可以形成这样的思路:(1)计算实际收入既可以选择生产者价格指数,也可以选择购买者价格指数;(2)从收入形成角度,可以选择生产者价格指数,从收入使用角度,则可以选择购买者价格指数;(3)对那些靠近生产的收入指标,应该用生产者价格指数,对那些靠近最终使用的收入指标,则应该用购买者价格指数。

实际收入主要是从其购买力角度定义的。这就决定了,第一,实际收入一般应该着眼于选择购买者价格指数;第二,需要计算实际购买力的收入指标主要是那些靠近最终使用的收入。通常,应用最多的是可支配收入指标,相应选择的价格指数主要是消费者物价指数,因为在概念上,可支配收入是当期可用于消费的最大数额。

可支配收入可以在经济总体层次上给出,即国民可支配收入,也可以在机构部门层次上给出,即各部门可支配收入,相应的实际收入也可以在这两个层次上分别计算。但

是,由于非金融企业和金融机构部门没有消费功能,可支配收入作为"最大消费可能"的定义没有意义,计算实际收入也就失去了意义。因此,可支配收入的实际价值,主要是针对住户部门以及政府部门计算,尤其是针对住户部门计算居民实际收入。

针对居民可支配收入计算实际收入,应该采用消费价格指数,其内含的假定是以消费性货物服务作为"一篮子"定值标准,在价格不变前提下计算报告期收入。可以就所有居民收入总量计算实际收入,但应用更多的是就人均计算实际收入,分城镇和农村计算人均实际收入。不仅可就可支配收入计算实际收入,各种体现来源的收入流量指标也可以计算实际收入,比如劳动报酬、财产收入,甚至社会福利方面。实际上,结合价格指数计算实际收入,这些思路已经不同程度地纳入国家的经济社会管理之中。如要考虑价格指数确定货币工资的最低变动幅度(即所谓指数化工资),政府发放的最低生活保障金要随着价格上涨幅度而调整等,其目的就是要保护以这些收入为主要生活来源的居民能够获得与上期不变的实际购买力。

第三节 价格指数与实践

在 GDP 指数编制中,GDP 主要的核算方法——价格缩减法在实际中应用最为广泛。无论是按"生产法"还是按"支出法"缩减现价国内生产总值时都要使用相应的价格指数,其中使用最多的是居民消费价格指数、工业品出厂价格指数、固定资产投资价格指数和房地产价格指数。这些指数都是我国主要国民经济指数的重要组成部分。

▶ 一、居民消费价格指数(CPI)

居民消费价格指数,是反映一定时期内城乡居民所购买的生活消费品价格和服务项目价格变动趋势和程度的相对数,是对城市居民消费价格指数和农村居民消费价格指数进行综合汇总计算的结果。利用居民消费价格指数,可以观察和分析消费品的零售价格和服务价格变动对城乡居民实际生活费支出的影响程度,同时,也可作为衡量通货膨胀的重要指标。在国民经济核算中,居民消费价格指数是不变价总消费的缩减指数。国际上通常将 CPI 作为反映通货膨胀(或通货紧缩)程度的重要指标。

(一) 调查方式与步骤

居民消费价格指数的资料一般采用分层抽样调查方法取得,即在全国选择不同经济区域和分布合理的地区,以及有代表性的商品作为样本,对其市场价格进行经常性的调查,以样本推断总体。居民消费价格的调查内容分为食品、烟酒及用品、衣着、家庭设备用品及服务、医疗保健及个人用品、交通和通信、娱乐教育文化用品及服务、居住等八大类。根据我国城乡居民消费模式及消费习惯,参照抽样调查原理选中的 12.4 万户城乡居民家庭(其中,城镇 5.6 万户,农村近 6.8 万户)的消费支出数据,并结合其他相关资料,选取了 262 个基本分类、约 700 种商品和服务项目,作为经常性调查项目。价格调查范围涉及全国 31 个省(自治区、直辖市)的 500 多个市县、50 000 多个调查网点。

国家统计局直属的全国调查系统采取定人、定时、定点的直接调查方式,由近 3 000 名专职物价调查员到不同类型、不同规模的农贸市场和商店现场采集价格资料。对于与居民生活密切相关、价格变动比较频繁的商品,至少每五天调查一次价格,从而保证了居民消费价格指数能够及时、准确地反映市场价格的变动情况。

(二) 编制方法与步骤

居民消费价格指数按消费品和服务项目的用途不同,共分为食品、烟酒及用品、衣着、家庭设备用品及维修服务、医疗保健和个人用品、交通和通信、娱乐教育文化用品及服务、居住等八大类、262 个基本分类的商品与服务价格。每个基本分类由若干个代表规格品组成,因此,居民消费价格指数是从代表规格品开始采用层层汇总方法编制。居民消费价格指数的具体编制方法如下。

1. 计算代表规格品的平均价格

代表规格品的平均价格使用简单算术平均法计算。计算公式为:

$$p_i^t = \frac{\sum\limits_{j=1}^{m} p_{ij}^t}{m} \qquad\text{(公式 9 - 17)}$$

式中,p_i^t 为第 t 期第 i 个规格品的平均价格,p_{ij}^t 为第 t 期第 i 个规格品第 j 次调查的价格,m 为价格调查次数。

2. 计算每一代表规格品的价格指数

计算公式为:

$$G_i^t = \frac{p_i^t}{p_i^{t-1}} \qquad\text{(公式 9 - 18)}$$

3. 计算基本分类的价格指数

(1) 环比指数采用几何平均法计分别对各基本分类中的各代表规格品的环比价格指数平均,各基本分类环比价格指数计算公式为:

$$K_i^t = \sqrt[n]{G_1^t \times G_2^t \times \cdots \times G_l^t} \qquad\text{(公式 9 - 19)}$$

式中,G_1^t,G_2^t,$\cdots$,G_l^t 分别为第 1 至第 l 个规格品报告期(t)的价格指数。

(2) 定基指数是月环比指数的连乘积。各基本分类定基指数的计算公式为:

$$I_{\text{基}} = K_i^1 \times K_i^2 \times \cdots \times K_i^t \qquad\text{(公式 9 - 20)}$$

式中,K_i^1,K_i^2,$\cdots$,K_i^t 分别表示基期至报告期各期的月环比指数,我国居民消费价格定基指数编制起步较晚,首轮基期为 2000 年,以后每 5 年更换一次基期。

4. 逐级计算类别及总指数

采用加权平均法,计算公式为:

(1) 各类别环比指数:

$$L_{t(\text{环比})} = \sum W_{t-1} \frac{p_t}{p_{t-1}} \qquad\text{(公式 9 - 21)}$$

(2) 各类别定基指数：

$$L_{t(定基)} = \left[\sum W_{t-1} \frac{p_t}{p_{t-1}} \right] \times L_{t-1} \qquad (公式 9-22)$$

式中，p 代表价格，t 代表报告期，$t-1$ 代表报告期的上一期，在大类、中类、基本分类三层逐级计算中，$\frac{p_t}{p_{t-1}}$ 分别为大类指数、中类指数、基本类指数。W 代表权数——居民在某类别消费品或服务上支出占全部消费品和服务总支出的比重，大类、中类、基本分类的权数是依次分层计算的，权数一般是每 5 年更换一次，但每年根据居民消费支出情况进行适当调整。

全省(区)指数根据全省(区)城市和农村指数按城乡居民人均消费支出金额和人口数加权平均计算；全国城市(农村)指数根据各省(区、市)指数按各地人均消费支出金额和人口数加权平均计算；全国指数根据全国城市和农村指数按城乡居民人均消费支出金额和人口数加权平均计算。

(三) CPI 指数的应用

居民消费价格指数(CPI)是宏观经济分析和决策、价格总水平监测和调控以及国民经济核算的重要指标。它既是反映通货膨胀程度的重要指标，也是国民经济核算中的缩减指标。我国的 CPI 按月编制与发布，国家统计局大致在每月 13 日(逢法定节假日顺延)发布上月的居民消费价格指数，国家统计局网站(http：//www.stats.gov.cn)也会及时更新。年度 CPI 数据一般在次年 1 月份首次公布，其分类与月度指数相同。包括更细分组的 CPI 年度数据在每年出版的《中国统计年鉴》中公布。

分析和预测 CPI 指数的走势对宏观经济决策有着重要的意义。一方面，CPI 是宏观经济决策的重要参考数据，为一国政府分析和制定货币政策、财政政策、价格政策以及进行国民经济核算提供科学依据。由于 CPI 所反映的价格水平和走势是各国政府宏观经济调控的主要目标，CPI 自然也成为衡量政府财政和货币政策是否有效以及效果如何的重要指标之一。从我国货币政策目标来看，我国的货币政策目标是"保持物价稳定，并以此促进经济增长"，物价稳定是我国宏观经济决策的重要目标之一。另一方面，国际上通常以 CPI 为主要指标来反映通货膨胀(或通货紧缩)的程度。按照国际惯例，当 CPI 增幅连续超过 3% 时，即意味着发生了通货膨胀；当 CPI 低于 1% 时，则有通货紧缩的风险。当通货膨胀发生时，随着货币贬值，名义工资与实际工资背离，大多数居民的利益和生活就会受到影响。因此，CPI 关系国计民生，是管理层制定宏观经济政策、分析货币市场和债券市场及央行公开市场操作的重要参考依据。

▶▶ 二、工业品出厂价格指数(PPI)

工业品出厂价格是工业品第一次出售时的出厂价格。工业品出厂价格指数属于产出角度的生产者价格指数(PPI)，它是反映全部工业产品出厂价格总水平的变动趋势和程度的相对数，包括工业企业售给本企业以外所有单位的各种产品和直接售给居民用于生活消费的产品。通过工业品出厂价格指数能观察出厂价格变动对工业总产值的影响,工业品出厂价格指数也是计算不变价工业增加值的重要依据。

（一）调查方式

工业品出厂价格调查一般采用重点调查与典型调查相结合的调查方法。重点调查对象为全部国有企业和年销售收入在 500 万元以上的非国有工业企业;典型调查对象为年销售收入在 500 万元以下的非国有工业企业。调查采用企业报表形式,每月 5 万家左右工业企业上报数据资料。目前,《工业品价格调查目录》包括 4 000 多种产品（9 500 多个规格）,所代表的行业销售额占当年全国工业品销售总额的 90% 以上。编制工业品出厂价格指数所用的权数用工业品销售额计算,计算资料来源于工业普查数据。若近期没有工业普查数据时,采用工业统计资料和部门统计资料来推算。权数一般五年更换一次。

（二）编制方法与步骤

1. 计算代表规格品的价格指数

全国（省、市）代表规格品的价格指数是调查企业代表规格品价格指数的简单几何平均数,公式为:

$$K_i = \sqrt[m]{K_1 \times K_2 \times \cdots \times K_m} \qquad （公式 9-23）$$

式中,K_i 是第 i 个代表规格品的价格指数,K_m 为第 m 个企业的规格品价格指数。企业规格品价格指数是该规格品报告期单价除以基期单价。

2. 计算代表产品的个体价格指数

代表产品个体指数是该产品代表规格品指数的简单平均数,公式为:

$$k_j = \frac{\sum k_i}{n} \qquad （公式 9-24）$$

式中,k_j 为代表产品个体价格指数,k_i 是第 i 个代表规格品的价格指数,n 为代表规格品数量。

3. 计算工业品出厂价格总指数

采用加权算术平均法计算,计算公式为:

$$K = \sum k_j \frac{W_j}{\sum W_j} \qquad （公式 9-25）$$

式中,K 代表工业品出厂价格总指数,k_j 为第 j 个代表产品个体价格指数,$\dfrac{W_j}{\sum W_j}$ 为第 j 个代表产品的权数。

（三）PPI 指数的应用

工业品出厂价格指数是反映全部工业产品出厂价格总水平的变动趋势和程度的相对数,它是衡量工业企业产品出厂价格变动趋势和变动程度的指数,是反映某一时期生产领域价格变动情况的重要经济指标,也是制定有关经济政策和国民经济核算的重要依据。

我国工业品出厂价格指数一般于每月后 20 日在《中国信息报》上首次公布,包括总指数与 30 个工业大类的分类指数。总指数及分省指数于月后的 25 日公布在《中国景气月报》中。年度数据除年后 30 日在新闻媒体公布外,也发布在《中国统计年鉴》上。同时国家统计局网站也公布相关数据。

我国工业品出厂价格上涨的三大主要因素为工资上涨、输入型成本因素和交易性货币供给增加,三大因素对不同产品出厂价格上涨的推动作用存在较大差别。工资上涨对生产资料出厂价格上涨的推动作用远大于对生活资料出厂价格上涨的推动作用,对原材料工业出厂价格和加工工业出厂价格的贡献最大。输入型成本因素对各类产品出厂价格的推动作用,从上游产业的采掘业到中下游产业的原材料工业、加工工业和生活资料依次递减。交易性货币供给因素对生产资料出厂价格的推动作用略高于对生活资料出厂价格的推动作用。从控制工业品出厂价格上涨幅度、抑制通货膨胀的角度看,适度控制交易性货币供给增速和工资上涨幅度、加大人民币汇率升值幅度,是降低工业品出厂价格及居民消费价格涨幅的有效措施。

三、固定资产投资价格指数

固定资产投资价格指数是反映固定资产投资额价格变动趋势和程度的相对数。固定资产投资额是由建筑安装工程投资完成额、设备、工器具购置投资完成额和其他费用投资完成额三部分组成的。编制固定资产投资价格指数应首先分别编制上述三部分投资的价格指数,然后采用加权算术平均法求出固定资产投资价格总指数。

(一)调查方式与原则

固定资产投资价格调查所涉及的价格是构成固定资产投资额实体的实际购进价格或结算价格。调查的内容包括构成当年建筑工程实体的钢材、木材、水泥、装饰材料、化工材料等主要建筑材料价格;作为活劳动投入的劳动力价格(单位工资)和建筑机械使用费用;设备工器具购置和其他费用投资价格。

固定资产价格调查是一种非全面调查,采用重点调查与典型调查相结合的方法。价格调查方式采用企业报表和调查员走访相结合的方式。固定资产投资价格调查样本的选择,应遵循样本单位具有一定覆盖面、投资经济活动代表性强、兼顾不同经济类型、选择重点工程、兼顾国民经济各门类及不同工程类别。指数计算中所使用的权数是建筑安装工程、设备工器具购置和其他费用三者前三年的平均比重。

(二)编制方法

编制固定资产投资指数时先编制建筑安装工程投资价格指数,设备、工器具购置投资价格指数和其他费用投资价格指数,然后再采用加权算术平均法求出固定资产投资价格总指数。计算公式为:

$$I = \sum I_i \frac{W_i}{\sum W_i}$$

(公式 9 - 26)

式中，I 是固定资产投资价格总指数，I_i 是分类价格指数，$\dfrac{W_i}{\sum W_i}$ 为权数，这里的权数是建筑安装工程投资、设备工器具购置投资、其他费用投资三个部分连续三年投资完成额的平均比重。

(三) 固定资产投资价格指数的应用

固定资产投资是社会再生产的重要环节，是拉动经济增长的三驾马车之一，其规模、速度、结构、比例和效益直接影响国民经济的发展。各类投资品价格作为生产领域价格是国民经济价格体系中的重要组成部分。我国从 1991 年开始按年度编制固定资产投资价格指数，1997 年以后改为半年报、年报，并增加了分类工程投资价格指数。随着我国国民经济核算体系和社会主义市场经济体制的逐步建立，编制固定资产投资价格指数可以准确地反映固定资产投资中涉及的各类商品和收费项目价格变动趋势和变动幅度，消除按现价计算的固定资产投资指标中的价格变动因素，真实地反映固定资产投资的规模、速度、结构和效益，为国家科学地制定、检查固定资产投资计划并提高宏观调控水平，为完善国民经济核算体系提供科学的、可靠的依据。

在国外特别是西方发达国家，投资主体主要是法人，政府一般投资于一些大型科研项目和公用设施，因此一般只编制投资品和建筑业价格指数，不编制固定资产投资价格指数。通过使用一些相关资料来推算固定资产投资的价格指数，其投资品和建筑业价格指数是采用几百种不同建筑物的各组成部分的价格指数加权平均计算的。而长期以来，我国政府是固定资产投资的主体，为了更好地调控和监测固定资产投资的规模和发展速度，同时也为了反映建筑业发展的规模和速度，我国同时编制固定资产投资价格指数和建筑安装工程投资价格指数，编制的方法是根据固定资产投资各种费用的构成加权计算固定资产投资价格总指数和建筑安装工程投资价格指数、设备工具购置价格指数以及其他费用投资价格指数。

▮▶ 四、房地产价格指数

房地产价格指数是反映房屋销售、租赁和土地交易过程中房地产价格水平随时间而变动的相对数。房地产从广义上讲，是房产与地产的总称。因此，一定时期内房地产价格变动趋势和程度的相对数，包括房屋销售价格指数、房屋租赁价格指数、土地交易价格指数和物业管理价格指数。房地产价格指数可以准确地反映全社会及各类房地产价格变动幅度和变动趋势，同时，也是计算房地产不变价净增加值的缩减指数。

(一) 调查内容与方式

目前，我国房地产市场主要是集中在大中城市。据估计，35 个大中城市的房地产投资额约占全国的 70%，也由于我国当前没有对农村房地产行业开发经营与管理等活动进行统计，因此，目前我国房地产价格调查在 70 个大中城市开展，调查样本超过 1 万个。湖南、山东、陕西、山西等十几个省已开展了全省的房地产价格调查。房地产价格调查的主要内容包括：房屋销售价格、房屋租赁价格、土地交易价格。

房地产价格调查采用重点调查与典型调查相结合的方法,调查方式采用报表与走访相结合的方式。为保证调查资料的代表性,各地每月都要调查一次房地产价格、数量及金额。季度数量、金额由该季度三个月的实际交易数相加求得,季度价格则由该季度三个月的调查样本价格算术平均求得。

(二)编制方法与步骤

房屋销售价格指数、房屋租赁价格指数和土地交易价格指数这三套指数的编制方法相似,均采用由下到上逐级汇总的方法。即由细类到小类,由小类到中类,再由中类到大类,最后由大类汇出总指数。对没有细类或小类的部分,其起始类就是小类或中类。中类以下(含中类)指数采用样本资料作权数的加权调和平均公式计算,大类和总指数采用固定权数加权的算术平均数公式计算。以房屋销售价格指数为例,具体编制步骤如下:

(1)计算细类、小类、中类价格指数,计算公式为:

$$K_{\text{细、小、中}} = \frac{\sum W_i}{\sum \frac{W_i}{K_i}} \qquad \text{(公式 9 - 27)}$$

式中,K_i 为细项中第 i 个调查对象的个体指数,即第 i 个调查对象的报告期与基期单价之比。W_i 表示权数,即不同调查对象的报告期销售额。

(2)计算大类价格指数,计算公式为:

$$K_{\text{大}} = \sum K_{\text{中}} \frac{W_{\text{中}}}{\sum W_{\text{中}}} \qquad \text{(公式 9 - 28)}$$

式中,$K_{\text{中}}$ 为该大类下某中类的价格指数,$\dfrac{W_{\text{中}}}{\sum W_{\text{中}}}$ 为中类权数,即某中类上年的销售额占全社会销售额的比重。

(3)编制房屋销售价格总指数。根据计算出的商品销售、公房销售和私房销售三大类的类指数,汇总计算总指数,计算公式为:

$$K_{\text{总}} = \frac{K_1 \times W_1 + K_2 \times W_2 + K_3 \times W_3}{W_1 + W_2 + W_3} \qquad \text{(公式 9 - 29)}$$

式中,K_1、K_2、K_3 分别为商品房销售、公房销售和私房销售三大类指数,W_1、W_2、W_3 分别表示上年度商品房销售、公房销售和私房销售的金额。

(三)房地产价格指数的应用

房地产价格指数编制方法种类虽然较多,但其遵循的思路大致可分为两种:一种是直接应用价格指数理论,常用的方法有加权平均法、成本投入法(Input Cost Method)和中位数价格法(Median Price Method);另一种是应用特征价格理论,常用方法有特征价格(Hedonic)指数模型、重复售出(Repeat Sale)模型和混合(Pooled)模型,混合模型又有两种模型:广义最小二乘法(GLS)模型和极大似然法(MLE)模型。

国外的房地产市场有很长的历史,相对国内房地产市场更为理性和成熟,房地产价格指数作为衡量房地产价格变动的指标,在国外得到了广泛应用。国外的房地产价格指数非常完善,能够准确地提供房地产价格信息,为政府相关机构、房地产及相关产业从业人员和研究人员以及普通居民提供及时、准确的房地产市场信息。国外的房地产价格指数的编制单位大都是一些专业的房地产中介公司,拥有充分、完整的房地产交易数据,便于特征价格法及重复销售法的应用。并且价格指数的资料来源广泛,除编制单位的调查数据外,还有不动产估价师协会的估价数据、抵押贷款机构的抵押贷款交易数据,房地产价格指数的结构也相对完整,能够代表不同区域,不同城市的房价变动和趋势。

而伴随着国内房地产市场的建立和发展,为了适应投资者,房地产从业人员及政府决策者做出科学决策,政府部门及民间机构相继推出了一系列的房地产价格指数,总计达有十几种之多。例如:中房指数(CREIS)、戴德梁行指数(DTZ index)、伟业指数、深圳房价指数、中原城市指数、郑州房地产指数、全国 35 个大中城市房地产价格指数、上海房地产指数、西安房地产市场价格 40 指数、武汉房地产指数等。在这些指数中,在实践中最为权威的是中房指数,为政府、房地产投资商和房地产咨询服务公司广泛运用。从国内房地产价格指数覆盖范围来看,全国性的房地产价格指数只占四个,而地方性的房地产价格指数占大部分,主要是一线城市和二线城市,这些城市的房地产市场规模较大,物业结构也较合理。从编制主体及发布机构来看,民间编制和发布的房地产价格指数只占一少部分,官方的占绝大多数,一方面官方指数能保证数据来源的及时性和稳定性;另一方面作为政府部门编制的数据,能取得公众的信任。从编制的指数构成来看,主要是房屋销售价格的分类物业价格指数,而房屋租赁价格指数和土地交易价格指数涉及的相对较少,说明了我国房地产指数目前还不完整,还有待于进一步的完善。

修订情况及研究趋势

SNA-2008 中,价格和物量的讨论包括了 1993 年以来出版的各种手册所给出的主要修改,如消费者价格手册、生产者价格手册、进口和出口价格手册以及修订后的国际比较项目手册等。

消费者价格手册利用过去十年来指数理论和方法领域的大量研究新成果,建议采用一些新的做法。而不是只整理统计机构的现行做法和据此制定标准。手册针对各项主要关注的问题较详细论述了许多专题。典型的消费者价格指数的正统编制方法基于拉斯贝尔价格指数概念。基期消费者购置产品和服务篮子先按基期价格定价,然后按随后各期的价格定价。这一方法至少有以下三项实际优点:易于向公众解释;可以反复使用过去完成的一些住户调查报告或行政部门采集的消费者购置数据,而不需每月采集新数据;如果用户对拉斯贝尔概念感到满意,即不必修订指数。另一项显著优点是,在拉斯贝尔指数中,一直到最低集合层次,集合数据都是连贯一致的。该指数可细分为简单相连的分项总量。目前大部分统计机构实际上以另一种方式计算拉斯贝尔消费者价格指数,其具体做法是使用基期支出份额作为权数,对价格变化或价格比率观察值进行加权平均。

多数统计机构通常使用拉斯贝尔指数作为其目标指数。而根据经济理论和指数理论,其他一些种类的指数可能是更适合的目标指数,如 Fisher、Walsh 或 Törnqvist-Theil 指数。众所周知,与这些目标指数相比,拉斯贝尔指数存在向上偏差。当然,统计机构可能无法编制这些目标指数,但仍有必要确定某种理论目标指数。可以根据这些目标指数评估统计机构实际编制的指数,衡量这一指数与理想的理论指数之间的距离。并且指数手册不建议使用异质产品的单位价格,而只建议应计算相同产品的单位价格。

虽然统计机构普遍认识到在如何处理质量变化和新产品方面存在问题,但难以找到连贯一致的方法解决在使用一组固定数量编制拉斯贝尔指数时遇到的这些问题。"特征回归法"是对价格指数进行质量调整的最流行的良好方法。根据此项方法,任何时点的产品价格均与该产品相对于替代产品的有形特征和经济特征密切相连。事实上,对于如何将特征回归法纳入消费者价格指数的理论框架尚有很多争议。

第四个令人关注的主要问题是如何处理季节性产品问题,这与以上第一个问题有关。如果想了解价格变动的较长期趋势,使用年度数量或年度支出份额有一定的合理性。但央行等一些用户主要关心的是短期的月度变化,在此情况下使用年度权数就可能会发出错误信号。由于季节性产品在月份的权数很小,使用年度权数可能会严重高估过季产品的月度价格变动。如果产品在一年的某些月份完全脱销,问题尤其严重。虽有办法解决这些季节性问题,但由于这需要编制用于短期衡量价格变动的指数和剔除季节性影响的较准确的长期指数,消费者价格指数的许多编制者和用户并不一定会喜欢这些办法。

另外,尽管服务业已变得极为重要,但在消费者价格指数中,与多数的经济统计一样,相对而言,服务仍未获得足够重视。在典型的消费者价格指数中,采集的产品价格数目大大多于服务价格的数目,产品组数目亦大大多于服务组数目。衡量服务的价格变化和数量变化问题虽涉及严肃的理论问题和实际问题,但向来未获重视。较难衡量的服务业有:保险、博彩、金融服务、广告、电信、娱乐以及住房服务等。在许多情况下,统计机构根本没有资源或方法适当处理这些困难的衡量问题。

最后,现行消费者价格指数方法的一个问题是,没有考虑到可能需要为满足不同用户的需求而编制多个消费者价格指数。例如,一些用户可能需要及时获得价格的逐月变动情况。这就需要用事先确定的、也许不当或过期但却立即可得的权数来编制篮子指数。而其他一些用户则可能希望获得更准确或更有代表性的价格变化情况,所以可能愿为获得更准确的信息而等候一段时间。出于这一考虑,美国劳工统计局追溯发表的优指数对称使用了当期权数信息和基期权数信息。这是完全合理的安排,考虑到了不同用户的不同需求。房主自住房的处理问题是编制多个指数的另一个原因。可用获得法、等价租金法或用户成本法处理这一问题。每种方法都有一定道理,但这三种方法短期内可能会得出相当不同的结果。统计机构必须选用其中一种方法,不过这三种方法各有所长,所以也可采用另外两种方法编制指数,作为序列分析数据,供感兴趣的用户使用。编制多个指数的第三个原因是,受季节性产品影响,逐月指数所涵盖的产品可能有别于同比月度指数所涵盖的产品。

思考与练习

1. 国民经济指数核算在国民经济核算中有何重要的作用?

2. 在国民经济核算中,价值总量指标的动态变化受到哪两类因素的影响?"价格分析"和"物量比较"有何区别,又有何联系?

3. 同一般经济指数相比,国民经济核算指数具有哪些特点?国民经济核算指数体系主要包括哪些内容?什么是拉氏指数和帕氏指数?它们与总值指数之间可能存在何种形式的数量关系?怎样利用这些关系进行有关价值总量指标的动态分析?

4. 什么是总产出指数?它具体包括哪几种指数,这些指数彼此之间存在何种关系?

5. 当总产出物量指数是采用拉氏公式编制时,它所暗含的价格指数是何种形式的?当用拉氏的总产出价格指数去紧缩相应的总值指数时,得到的总产出物量指数又将是何种形式的?

6. 有了总产出指数,为何还要编制国内生产总值指数?它们又分别说明什么问题?

7. 什么是 GDP 生产指数和 GDP 使用指数?它们所依据的核算关系式分别是什么?

8. 用"单折算法"编制 GDP 生产指数主要存在什么缺陷?"双折算法"与"单折算法"的具体差异表现在什么地方?

9. 给出有关四种产品生产情况的资料(见下表)。要求:(1)用拉氏公式编制四种产品的产量总指数和价格总指数;(2)再用帕氏公式编制四种产品的产量总指数和价格总指数;(3)比较两种公式编制出来的产量总指数和价格总指数的差异。计算结果精确到 0.01%。

产品种类	计量单位	产品产量		产品价格(元)	
		基期	计算期	基期	计算期
A产品	吨	550	560	160	180
B产品	台	224	250	200	190
C产品	件	308	320	100	90
D产品	公斤	168	170	240	300

10. 给出国民经济三大产业的有关产出、消耗和最终使用资料(见下表,单位:亿元)。依据此表计算有关的基期价格总值指标和价格指数,填入表中空格。计算精确到亿元或1%。

项目	总产出			总产出指数(%)		
	上年产出按上年价格计算	当年产出按当年价格计算	当年产出按上年价格计算	总值指数	物量指数	价格指数
	(1)	(2)	(3)	(4)	(5)	(6)
总　计	910	1 040	985			
第一产业	200	230	215			
第二产业	450	510	490			
第三产业	260	300	280			

11. 给出国民经济三大产业的有关产出、消耗和最终使用资料(见下表,单位:亿元)。依据此表计算有关的基期价格总值指标和价格指数,填入表中空格。计算精确到亿元或1%。

项目	国内生产									项目	最终使用		
	总产出			中间消耗			GDP或增加值				按当年价格	按上年价格	价格指数(%)
	按当年价格	按上年价格	价格指数(%)	按当年价格	按上年价格	价格指数(%)	按当年价格	按上年价格	价格指数(%)				
甲	(1)	(2)	(3)	(4)	(5)	(6)	(7)	(8)	(9)	乙	(10)	(11)	(12)
总计	1 040			570						总计	470		
第一产业	230		107	110		106				总消费	335		106
第二产业	510		104	340		110				总投资	105		91
第三产业	300		107	120		112				净出口	30		88

参考文献

1. 联合国、欧盟委员会、经济合作与发展组织、国际货币基金组织、世界银行：《2008 国民账户体系》，中国统计出版社 2012 年版。

2. 联合国等：《国民经济核算体系 1993》，中国统计出版社 1995 年版。

3. 国家统计局：《中国国民核算体系（2002）》，中国统计出版社 2003 年版。

4. 邱东：《国民经济统计学》，东北财经大学出版社 2001 年版。

5. 杨廷干、刘小瑜、蔡定萍：《国民经济核算——理论、方法及应用》，经济管理出版社 1998 年版。

6. 钟契夫、陈锡康：《中国投入产出分析》，中国财政经济出版社 1986 年版。

7. 刘小瑜：《中国产业结构的投入产出分析》，经济管理出版社 2003 年版。

8. 瓦西里·列昂惕夫：《投入产出经济学》，中国统计出版社 1990 年版。

9. 国家统计局国民核算司：《中国投入产出表（延长表）编制方法》，中国统计出版社 1997 年版。

10. 高敏雪、李静萍、许健：《国民经济核算原理与中国实践》（第二版），中国人民大学出版社 2007 年版。

11. 袁寿庄、赵彦云、高敏雪、阮健弘：《国民经济核算原理》，中国人民大学出版社 1999 年版。

12. 肖红叶、周国富：《国民经济核算概论》，中国财政经济出版社 2004 年版。

13. 徐向新：《国民经济核算》，中国统计出版社 1990 年版。

14. 邱东、蒋萍、杨仲山：《国民经济核算》，经济科学出版社 2002 年版。

15. 郑菊生、卞祖武：《国民经济核算体系原理：宏观经济统计学》，上海财经大学出版社 2000 年版。

16. 李连友：《国民经济核算学》，经济管理出版社 2001 年版。

17. 杨灿：《国民经济统计学——国民经济核算原理》，科学出版社 2008 年版。

18. 韩云虹等：《国民经济核算与分析》，经济科学出版社 2005 年版。

19. 向蓉美、杨作廪、王青华：《国民经济核算及分析》，西南财经大学出版社 2005 年版。

20. 邱东：《国民经济核算分析》，格致出版社 2009 年版。

21. 王德发、朱建中：《国民经济核算概论》，上海财经大学出版社 2006 年版。

22. 杨仲山、何强：《国民经济核算体系（1993SNA）修订问题研究》，东北财经大学出版社 2008 年版。

23. 曹俊文：《环境与经济综合核算方法研究》，经济管理出版社 2004 年版。

24. ［美］萨缪尔森、诺德豪斯:《经济学》,萧琛主译,人民邮电出版社 2008 年版。

25. 许宪春:"国内生产总值核算的重要意义和作用",《中国统计》,2003 年第 2 期。

26. 许宪春:《中国国内生产总值核算》,北京大学出版社 2000 年版。

27. 杨文雪:"国民经济核算中固定资本消耗价值的测算",《统计与决策》,2003 年第 11 期。

28. 国家统计局国民经济核算司:《中国季度国内生产总值计算方法》,中国统计出版社 1997 年版。

29. 国家统计局国民经济核算司:《中国年国内生产总值计算方法》,中国统计出版社 1997 年版。

30. 蒋萍:"非市场服务生产、非市场服务交易与非市场服务产出",《统计研究》,2003 年第 8 期。

31. 欧盟统计局:《国民核算中的价格与物量测算手册》,中国统计出版社 2004 年版。

32. 徐国祥:《统计指数理论与应用》,中国统计出版社 2004 年版。

图书在版编目(CIP)数据

国民经济核算原理/刘小瑜,李海东主编. —上海:复旦大学出版社,2013.10(2023.7重印)
信毅教材大系
ISBN 978-7-309-10064-8

Ⅰ.国…　Ⅱ.①刘…②李…　Ⅲ.国民经济核算-高等学校-教材　Ⅳ.F222.33

中国版本图书馆 CIP 数据核字(2013)第 218855 号

国民经济核算原理

刘小瑜　李海东　主编

责任编辑/宋朝阳

复旦大学出版社有限公司出版发行
上海市国权路 579 号　邮编:200433
网址:fupnet@ fudanpress.com　http://www.fudanpress.com
门市零售:86-21-65102580　团体订购:86-21-65104505
出版部电话:86-21-65642845
江苏省句容市排印厂

开本 787×1092　1/16　印张 17　字数 363 千
2023 年 7 月第 1 版第 3 次印刷
印数 5 201—7 300

ISBN 978-7-309-10064-8/F·1970
定价:42.00 元

如有印装质量问题,请向复旦大学出版社有限公司出版部调换。
版权所有　侵权必究